झारखंड के वीर शहीद

भारतीय स्वतंत्रता दिवस के अमृत महोत्सव के उपलक्ष्य में रचित

डॉ. विनय कुमार पांडेय

प्रकाशक • **प्रभात प्रकाशन प्रा. लि.**
4/19 आसफ अली रोड,
नई दिल्ली–110002

संस्करण • 2024
मूल्य • पाँच सौ रुपए
मुद्रक • आर–टेक ऑफसेट प्रिंटर्स, दिल्ली

JHARKHAND KE VEER SHAHEED

by Dr. Binay Kumar Pandey ₹ 500.00

Published by Prabhat Prakashan Pvt. Ltd., 4/19 Asaf Ali Road, New Delhi-2

e-mail: prabhatbooks@gmail.com ISBN 978-93-5562-010-1

गृहस्थ संन्यासी स्वरूप अपने पूज्य पिता
स्व. सरयू प्रसाद पांडेय एवं
देवी स्वरूपा माता श्रीमती गुणवंती देवी को
श्रद्धापूर्वक समर्पित,
जिन्होंने कठिन साधना कर
अपनी छत्रच्छाया में मेरा पालन-पोषण किया
एवं मुझे इस योग्य बनाया।

पुरोवाक्

झारखंड क्षेत्र का नाम मध्यकाल में स्थापित नाम के रूप में स्वीकार हो चुका था। चुनारगढ़-रोहतासगढ़ से बंगाल तक की यात्राएँ, सैनिक अभियान, वाणिज्यिक-व्यापारिक सार्थवाहों की गतिविधियाँ मध्य झारखंड से गुजरनेवाले इसी सार्वजनिक पथ से ही होती थीं। 'पद्मावत' (जायसी कृत) आदि काव्यों में इसका उल्लेख मिलता है—

मांझ रतनपुर सौंह दुआरा।
झारखंड के बाऊँ पहारा॥

—पद्मावत (जायसी)

शेरशाहकालीन इस महत्त्वपूर्ण काव्य में झारखंड का उल्लेख झारखंड की ऐतिहासिक स्वीकृति ही है। इस पथ को शेरशाह ने पेशावर तक बढ़ाया था और सहसराम तथा दिल्ली को जोड़नेवाला राजमार्ग बनाया था—सुविधा और सुरक्षा की निगरानी वह स्वयं करता था। आज यह मार्ग 'शेरशाह सूरी पथ' के नाम से भारत का एक प्रमुख राजमार्ग है और बड़े नगरों, व्यापारिक प्रतिष्ठानों से जुड़ा है। झारखंड आज भी पर्वतों और वनों से आच्छादित है। मध्यकाल में यह क्षेत्र अत्यंत दुर्गम और बीहड़ था। इस क्षेत्र के रहवासी सदा से स्वतंत्र रहे हैं। इनका रहन-सहन, वेशभूषा, आवास, खान-पान प्रकृति से गहरे जुड़ाव के कारण अलग रहे हैं। इनके आखेट, स्वच्छंद विहार आज भी 'नोटिस' किए जाते हैं। इनके संस्कार गीत, नृत्य, वाद्य यंत्रादि की महिमा से हम आज भी प्रभावित होते हैं। इनकी स्वतंत्र-स्वच्छंद जीवन-शैली में किसी तरह की दखलअंदाजी इन्हें स्वीकार नहीं थी। तुर्क-अफगान, मुगल और अंग्रेजी शासन काल में जब-जब इनकी स्वतंत्रता बाधित हुई है, इस क्षेत्र के लोगों ने विद्रोह किया है। जान पर खेलकर इन्होंने अपनी अस्मिता की रक्षा की है। इनके साहित्य, संस्कार-गीतों, नृत्यों में ये झलकियाँ आज भी देखने को मिलती हैं।

डॉ. विनय कुमार पांडेय ने अठारहवीं शती के उत्तरार्ध के वीर शहीद रघुनाथ महतो से लेकर बीसवीं शती के पूर्वार्ध के वीर शहीद जतरा टाना भगत तक के सोलह वीर शहीदों की गाथाएँ अपनी पुस्तक 'झारखंड के वीर शहीद' में संकलित की हैं और इस पुस्तक को एक रोचक अंजाम तक पहुँचाया है। पुस्तक कथात्मक शैली में अभिव्यंजित है। यह एक अच्छा और लोकमन को छूनेवाला काम है। जिन सोलह वीर शहीदों की कथाएँ इस पुस्तक में हैं, उनमें स्वतंत्रता सेनानियों की अदम्य वीरता की चर्चा है, जिन्होंने अंग्रेजों के आततायी शासन से लोहा लिया था। डॉ. पांडेय के लेखन से मैं अभिभूत हूँ, साथ ही गौरवान्वित भी। यह इसलिए कि यह कार्य मेरे प्रिय शिष्य डॉ. पांडेय ने कर दिखाया है। उम्मीद करता हूँ कि इस पुस्तक को लोग हाथोहाथ 'लोक' लेंगे।

—डॉ. महाकालेश्वर प्रसाद

पूर्व अध्यक्ष,

स्नातकोत्तर हिंदी विभाग,

राँची कॉलेज, राँची

(वर्तमान में डॉ. श्यामाप्रसाद मुकर्जी

विश्वविद्यालय, राँची)

प्राक्कथन

झारखंड की धरती रत्नगर्भा है। इसके गर्भ में जहाँ बहुमूल्य खनिजों का अकूत भंडार है, तो वहीं तल पर वनसंपदाओं का आगार। यहाँ की धरती हरे-भरे वनों से आच्छादित पहाड़ियों और पठारों से समृद्ध तो है ही, अत्यंत उर्वरा और शस्य श्यामला भी है। इस धरती पर अनेक ऐसे वीरों और वीरांगनाओं ने जन्म लिया है, जिन्होंने मातृभूमि की आन-बान-शान और सम्मान के लिए अपनी जान तक की कुरबानी दे दी है। उन्हीं वीर सपूतों में शामिल हैं—रघुनाथ महतो, तिलका माँझी, तेलंगा खड़िया, अर्जुन सिंह, जग्गू दीवान, कुर्जी मानकी, पोटो सरदार, गोनो पिंगुआ, बुधु भगत, ठाकुर विश्वनाथ शाहदेव, पांडेय गणपत राय, टिकैत उमराँव सिंह, शेख भिखारी, सिदो, कान्हू, चाँद, भैरव, फूलो, झानो, बिरसा मुंडा, गया मुंडा, जतरा टाना भगत आदि। देश के स्वाधीनता दिवस के 'अमृत महोत्सव' के अवसर पर प्रस्तुत पुस्तक में इन्हीं बलिदानी सपूतों की वीरगाथा को सँजोने का प्रयास किया गया है। इसकी प्रथम प्रेरणा प्रधानमंत्री श्री नरेंद्र मोदी के उस भाषण से मिली, जिसमें उन्होंने लेखकों से अपने क्षेत्र के स्वाधीनता सेनानियों पर पुस्तक लिखने का आह्वान किया था।

ऐतिहासिक तथ्यों के अनुसार रघुनाथ महतो ने सन् 1769 ई. में उस समय आजादी का आंदोलन छेड़ा था, जब ईस्ट इंडिया कंपनी भारत में व्यापार से लेकर सत्ता तक पहुँच चुकी थी और देश के विभिन्न भागों में अपने पाँव जमाने के प्रयास में जी-जान से जुटी थी। इस क्रम में कंपनी के कारिंदों ने भय और लालच का खेल शुरू कर दिया था और आम जनता पर उसका विपरीत प्रभाव पड़ने लगा था। कंपनी की सरकार ने जनता से लगान की वसूली प्रारंभ कर दी थी और उसकी सहायता के लिए जमींदारों और शोषकों का एक वर्ग खड़ा हो चुका था। अंग्रेजों ने लोगों की गरीबी का लाभ उठाते हुए, यहाँ की जमीन की मिल्कियत में भी हेरा-फेरी शुरू

कर दी थी। लगान का भुगतान करने में विलंब होने पर वे जनता की जमीन जब्त कर बेचने भी लगे थे। लगान चुकाने के लिए आम लोग सूदखोर महाजनों के जाल में फँसकर तबाही की ओर बढ़ने लगे थे। इसी के विरोधस्वरूप रघुनाथ महतो के नेतृत्व में जबरदस्त आंदोलन प्रारंभ हुआ। ठीक उसी कालखंड में तिलका माँझी ने भी कुछ ऐसी ही परिस्थितियों में अंग्रेजों के खिलाफ सशस्त्र आंदोलन छेड़ दिया। इसलिए अंग्रेजों के खिलाफ देश में पहले सशस्त्र आंदोलन का नायक तिलका माँझी को माना जाता है। इसे दुर्भाग्य ही कहा जा सकता है कि इन वीर स्वाधीनता सेनानियों की ओर देश के इतिहासकारों की दृष्टि नहीं जा सकी थी। परिणाम यह हुआ कि इनके संबंध में अभी तक सर्वमान्य ऐतिहासिक तथ्य प्राप्त नहीं होते। कुछ इतिहासकारों ने इनके संबंध में व्यापक शोध कर अपने इतिहास ग्रंथों में इन पर प्रकाश डाला है, किंतु कई स्वाधीनता सेनानियों के मामले में उनके बीच मतैक्य के बजाय मुंडे-मुंडे मतिर्भिन्ना की स्थिति ही परिलक्षित होती है। कई मामलों में तो बात चार अंधों द्वारा हाथी को स्पर्श कर उसके संबंध में की जानेवाली चर्चा की तरह हो जाती है। तिलका माँझी को कुछ इतिहासकारों ने पहाड़िया माना है। उनका यह भी कहना है कि तिलका माँझी का असली नाम जबरा पहाड़िया था, लेकिन झारखंड, विशेषकर संथाल परगना के इतिहासकारों ने इस बात पर जोर दिया है कि जबरा पहाड़िया और तिलका माँझी दो व्यक्ति रहे हैं। उनका यह भी तर्क है कि पहाड़िया जनजाति समाज में माँझी उपनाम नहीं होता। इसी प्रकार कई स्वाधीनता सेनानियों के व्यक्तित्व, जन्मस्थान तथा जन्म वर्ष को लेकर इतिहासकारों के मत भिन्न हैं। सर्वमान्य ऐतिहासिक तथ्यों के लिए झारखंड के इतिहास पर विशेष शोध किए जाने की आवश्यकता है।

'झारखंड के वीर शहीद' शीर्षक इस पुस्तक में झारखंड के सोलह स्वनामधन्य स्वाधीनता सेनानियों के जीवन-वृत्त पर आधारित वीर गाथाएँ संकलित हैं। यह उन सपूतों के साधारण से असाधारण बनने और मातृभूमि की अस्मिता की रक्षा के लिए अपना सर्वस्व न्योछावर करने की करुण गाथा है, जो स्वयं जलकर स्वाधीनता की ऐसी ज्योति जगा गए, जो पूरे देश में फैल गई और 15 अगस्त, 1947 को हमारा देश गुलामी की जंजीरों को काटकर स्वाधीन हुआ। इन वीर गाथाओं की प्रासंगिकता वर्तमान में भी उतनी ही है, जितनी तब थी। इसलिए कि उनमें वर्णित बहुत सारी परिस्थितियाँ देश की आजादी के 75 वर्षों के बाद भी ज्वलंत हैं और समाधान की बाट जोह रही हैं। झारखंड की धरती से उठे इस स्वाधीनता आंदोलन को बड़े फलक तक पहुँचानेवाले बिरसा मुंडा स्वभावतः संत थे। अपनी जनसेवा के

कारण जनसाधारण के बीच भगवान् का दर्जा पा चुके थे। वे समस्या का शांतिपूर्वक हल निकालने के पक्षधर थे, लेकिन अंग्रेजों, तब की मिशनरियों, सूदखोर महाजनों और शोषक जमींदारों ने कुछ ऐसी परिस्थितियाँ उत्पन्न कर दीं कि उन्हें अपने अनुयायियों को अस्त्र-शस्त्र उठाने की अनुमति देनी पड़ी। बिरसा मुंडा सहित अधिकतर स्वाधीनता सेनानियों को अंग्रेजों ने मौत के घाट उतार दिया, क्योंकि हर स्वाधीनता सेनानी के कालखंड में गद्दारों की सक्रिय टोलियाँ अंग्रेजों का साथ देती रहीं। वैसी टोलियाँ आज भी हमारे समाज में मौजूद हैं, जिनसे सावधान रहना भी आसान नहीं है।

इस पुस्तक की रचना के क्रम में कई प्रकार की चुनौतियों का सामना करना पड़ा। हालाँकि ऐतिहासिक कथावस्तु पर साहित्यिक कृति की रचना के समय इस प्रकार की चुनौतियों का प्रकट होना कोई असामान्य घटना नहीं है। साहित्यकार उन्हीं चुनौतियों के बीच अपने विवेक से रचना का मार्ग प्रशस्त करता है। स्वयं को उस कालखंड में ले जाता है और उस व्यक्तित्व को ढूँढ़ निकालता है, जिस पर रचना करनी होती है। फिर साहित्यकार टुकड़े-टुकड़े में बिखरी ऐतिहासिक तथ्य रूपी ईंटों को सहेजता है और किंवदंतियों तथा कल्पना की सीमेंट से उन्हें जोड़कर अपनी रचना का महल खड़ा करता है। मुझे भी कुछ वैसा ही करना पड़ा है। अपने श्रद्धेय गुरु राँची महाविद्यालय (वर्तमान में श्यामाप्रसाद मुकर्जी विश्वविद्यालय, राँची) के पूर्व हिंदी विभागाध्यक्ष डॉ. महाकालेश्वर प्रसाद के सान्निध्य में आचार्य रामदीन पांडेय, हवलदारी राम गुप्त हलधर, डॉ. वी. वीरोत्तम, डॉ. कुमार सुरेश सिंह, डॉ. वी.पी. केशरी, डॉ. शत्रुघ्न कुमार पांडेय आदि इतिहासकारों द्वारा लिखित पुस्तकों और एस.एस. मेमोरियल कॉलेज के इतिहास विभागाध्यक्ष डॉ. रामकिशोर भगत, आकाशवाणी, राँची की कार्यक्रम अधिशासी मेरी कलाउडिया सोरेंग, पूर्व सांसद श्री शैलेंद्र महतो, डॉ. कनक लता सहाय, डॉ. वंदना राय आदि विद्वज्जनों के समय-समय पर विभिन्न पत्र-पत्रिकाओं में प्रकाशित आलेखों से जो ऐतिहासिक तथ्य प्राप्त हुए, उन्हें अपने विवेक से सहेजा। फिर मोहनलाल महतो वियोगी, वृंदावन लाल वर्मा, आचार्य चतुरसेन, डॉ. राकेश कुमार सिंह, महाश्वेता देवी, अनिंदिता जैसे गण्यमान्य साहित्यकारों से नाटकीय अभिव्यक्ति शैली की प्रेरणा ग्रहण करते हुए सृजन के मार्ग पर अग्रसर हुआ और इस पुस्तक की रचना संभव हो सकी। मैं अपने इस प्रयास में किस हद तक सफल हो पाया, इसका निर्णय सुधी पाठकों के ही हाथ में है। रचना के क्रम में मैंने अपनी ओर से भरपूर सावधानी बरती है, फिर भी यदि न्यूनाधिक्य हो गया हो तो इसके लिए मैं समस्त सुधी पाठकों से क्षमाप्रार्थी हूँ। इन

इतिहासकारों, साहित्यकारों तथा लेखकों के साथ ही उन तमाम सुधी जनों के प्रति हार्दिक आभार व्यक्त करता हूँ, जिनसे प्रत्यक्ष या परोक्ष रूप से मुझे सहयोग प्राप्त हुआ है। लेखन कार्य में पत्रकार मित्र श्री संजय कृष्ण, श्री मनोज कुमार कपरदार, धर्मपत्नी श्रीमती अहिल्या पांडेय, अनुज श्री हृषिकेश पांडेय, ज्येष्ठ पुत्र श्री ब्रजभूषण पांडेय, पुत्रवधू श्रीमती सुनीता पांडेय, कनिष्ठ पुत्र श्री चंद्रभूषण पांडेय, पुत्री श्रीमती कविता तिवारी तथा जामाता श्री संकेत कुमार तिवारी की ओर से प्राप्त प्रोत्साहन अविस्मरणीय हैं।

रथयात्रा, 2021

—डॉ. विनय कुमार पांडेय
इंद्रपुरी, रोड नंबर-चार, रातू रोड
राँची-834005 (झारखंड)
मोबाइल : 9430702107, 8789084522
इ-मेल : drbinaykpandey@gmail.com

अनुक्रम

रघुनाथ महतो

माघ का महीना था। आकाश में उजले बादल मचल रहे थे। उड़ रहे थे रुई के फाहे की तरह। जहाँ-तहाँ जमकर सूर्य को अपनी ओट में छिपाने के प्रयास में लगे थे। ठंडी हवा की लहर धूप को जबरन रोक रही थी, लेकिन भगवान् सूर्य मौका निकालकर बादलों के प्रयास को विफल कर उनकी ओट से कुछ देर के लिए बाहर निकल आते थे। लोगों के शरीर को कुछ गरमी का अहसास करा जाते थे। ऐसे ही वातावरण में लगभग पचीस साल का एक हट्टा-कट्टा युवक घुटियाडीह गाँव के एक तालाब में अपने बैल जोगना को स्नान क़रा रहा था। इसी समय गाँव का ही दूसरा युवक वहाँ आ पहुँचा। आते ही बोला, "इस ठंड में आप यह क्या कर रहे हैं, रघुनाथ भइया ?"

रघुनाथ ने मुड़कर उस युवक की ओर देखा और जोगना के माथे पर पानी डालते हुए बोला, "अपने जोगना को स्नान करा रहा हूँ ?"

"सो तो देख ही रहा हूँ, लेकिन इस ठंड में··· ?"

"क्या कहूँ, आज खेतों में काम नहीं था, सो सोचा कि जरा इनकी ही सेवा कर ली जाए।"

"चलिए, ठीक है भइया। आप गलत सोच भी नहीं सकते, करने की बात तो दूर रही।"

"इतना भरोसा है तुमको मुझ पर?"

"इससे भी ज्यादा।"

"जानते हो बीफन भाई", रघुनाथ महतो ने जोगना के सींग को धोते हुए कहा, "ये बैल नहीं, हम किसानों के लिए देवता हैं और गायें देवी।"

"हाँ भइया, आप ठीक ही कह रहे हैं। अपने कंधे पर जुआठ रखकर जब ये हल खींचते हैं, तभी तो धरती माता सोना उगलती है और हमारा पेट भरता है। गायें तो सचमुच देवी हैं, क्योंकि वे अमृत देती हैं। जिस घर में गाय माता का अमृत नहीं बरसता, वहाँ सबकुछ होकर भी समझ लीजिए कि कुछ भी नहीं है।" बीफन ने उसका समर्थन किया।

रघुनाथ महतो बोले, "इसीलिए भाई, मैं इनका खूब ध्यान रखता हूँ। चाहे कुछ भी हो जाए, मैं इनके खाने-पीने की व्यवस्था में कोई कमी नहीं होने देता। इनकी पूजा करता हूँ।"

बीफन महतो ने कहा, "करनी ही चाहिए। मैं भी अपने बैलों और गायों की खूब सेवा करता हूँ। उन्हें एकदम चकाचक रखता हूँ।"

रघुनाथ महतो कुछ बोलते, इससे पहले ही जोगना ने एक छलाँग लगा दी और एक झटके में वह रस्सी टूट गई, जिसे एक हाथ से पकड़कर वे जोगना को नहला रहे थे। जोगना सरपट भाग खड़ा हुआ। उन्होंने जोर से चिल्लाकर कहा, "अरे भागता कहाँ है? अभी तुम्हारा स्नान बाकी ही है।"

बीफन ने हँसते हुए कहा, "रघुनाथ भाई, लगता है, अब इसको नहाने-धोने का मन नहीं है। इस ठंड में तो हमें भी नहाने की हिम्मत नहीं होती। यह तो बेचारा बैल है।"

"इसे तो आज नहाना ही पड़ेगा", कहते हुए रघुनाथ महतो बैल के पीछे दौड़ पड़े, लेकिन बैल उनसे ज्यादा तेज निकला। वह खेतों की मेड़ों को तेजी से लाँघता हुआ आगे बढ़ता जा रहा था, जैसे कह रहा हो—मुझे पकड़ो तो जानूँ! काफी दूर तक दौड़ने के बाद भी रघुनाथ महतो उसे पकड़ नहीं सके और हाँफते हुए वापस लौट गए और वहाँ खड़े दूसरे बैल की गरदन में लगी रस्सी पकड़कर फिर तालाब में उतर गए।

उन्होंने हाँफते हुए कहा, "आज तो छोड़ दिया है, लेकिन कल उस बच्चू को पता चलाएँगे।"

बीफन ने उसी प्रकार हँसते हुए कहा, "अरे इतना भी गुस्सा क्या करना? माफ कर दीजिए। आखिर है तो बैल ही न!"

रघुनाथ महतो उसकी बात सुनकर उसके साथ ही हँस पड़े और बोले, "बहुत परेशान करता है, जोगना। देखा, आज मुझे कितना दौड़ाया?"

रघुनाथ महतो ने अपने दोनों बैलों का नाम जोगना और भोगना ही रखा था। जोगना तो भाग गया और अब भोगना उसके हाथों से इस ठंड में भी नहाने के लिए मजबूर था।

अचानक बीफन ने कुछ देखा और चुप लगा गया। उसके चेहरे पर चिंता और भय का साया मँडराने लगा। ठंड के बावजूद उसके माथे पर पसीने की बूँदें झिलमिला उठीं। रघुनाथ महतो ने चौंककर कहा, "क्या हुआ बीफन भाई?"

बीफन ने अपनी तर्जनी से दूर पगडंडी की ओर इशारा किया, जिस पर एक मोटा-तगड़ा अधेड़ चला जा रहा था। उसने काला फुल पैंट और हलके नीले रंग की कमीज पहन रखी थी। सिर पर उजले रंग का एक हैट भी लगा रखा था। उसने कहा, "बहुत कमीना है यह। हमारी ही बस्ती की ओर जा रहा है।"

रघुनाथ महतो ने उत्सुकता से पूछा, "कौन है यह, जिसकी तुम इतनी तारीफ किए जा रहे हो?"

उसने कहा, "नहीं जानते? यह अंग्रेजी सरकार का तहसीलदार है। यह किसानों से लगान वसूलता है। सुनते हैं, इसको सरकार ने बहुत पावर दे रखा है। लगान नहीं मिलने पर यह खेतों को जब्त भी करा देता है। जिस गाँव में जाता है, तहलका मचा देता है।"

इस गंभीर मसले पर विचार-मंथन चल ही रहा था कि बस्ती की ओर जानेवाला तहसीलदार आँखों से ओझल हो गया। बीफन कहता ही गया, "रोज किसी-न-किसी गाँव में पहुँच जाता है और किसानों से कहता है कि अभी और इसी समय लगान जमा करो, वरना अच्छा नहीं होगा।"

रघुनाथ महतो भी बीफन की बात सुनने के बाद गंभीर हो गए। उन्होंने कहा, "हमको भी पता चला है कि यह बहुत बदमाश है। लोगों को बहुत तंग कर रहा है।"

बीफन ने कहा, "रघुनाथ भाई, यह भी जो कर रहा है, अपने मन से थोड़े ही कर रहा है। अंग्रेजों की सरकार का जो हुक्म है, उसे यह तामील कर रहा है। हुकूमत के डर से कोई कुछ बोल भी नहीं पाता है।"

रघुनाथ महतो ने झुँझलाकर कहा, "देश हमारा, खेत हमारा, जंगल हमारा,

हाड़तोड़ मेहनत कर अनाज उपजाते हैं हम। फिर ये अंग्रेज कौन होते हैं हमसे लगान वसूलनेवाले? ये तो इस देश के हैं भी नहीं। सात समंदर पार कर यहाँ आए हैं। इनकी इतनी औकात!"

"औकात की बात तो मत कहिए भइया", बीफन ने कहा, "चाहे जो कुछ भी हो, देश की हुकूमत तो उसी के हाथ में है और जिसके हाथ में हुकूमत होती है, वह कुछ भी कर सकता है। उसके लिए हम जनता के लोग कीड़े-मकोड़े से अधिक कुछ भी नहीं होते।"

बैल के नहलाने-धुलाने का काम पूरा हो चुका था। रघुनाथ महतो ने खुद स्नान किया और ठंड से 'हूँ-हूँ' करता हुआ बाहर निकलकर धोती-कुरता पहना और ऊपर से चादर ओढ़ ली। फिर दोनों तालाब के किनारे बैठ गए।

रघुनाथ महतो चिंतित स्वर में बोले, "लेकिन आखिर कब तक यह सब चलेगा और हम अत्याचार सहते रहेंगे?"

"हम किसान तो मजबूर हैं भइया।" बीफन महतो ने कातर स्वर में कहा, "हुकूमत हम किसानों पर जुल्म ढाने को तैयार है। उसके पास कानून की ताकत है, बंदूक की ताकत है, लाठी-डंडे की ताकत है।"

"बीफन भाई, हम किसानों के पास भी बहुत बड़ी ताकत है, जिसे हम भी नहीं समझ पा रहे और हम पर अन्याय करनेवाले भी नहीं। जिस दिन देश के किसान एकजुट होकर हुँकार भरेंगे तो हुकूमत भी काँप उठेगी, इतना तो तय मानो। जब सहने की सीमा समाप्त हो जाएगी तो वह सबकुछ होगा, जो हम सोच···!"

अभी रघुनाथ महतो का वाक्य पूरा भी नहीं हो पाया था कि एक किशोर दौड़ता-हाँफता तालाब के निकट आ पहुँचा और कहने लगा, "रघुनाथ चाचा··· रघुनाथ चाचा!"

"क्या हुआ रे?" रघुनाथ महतो ने चौंककर पूछा।

किशोर ने उसी प्रकार हाँफते हुए कहा, "आपके घर पर···एक ठो आदमी आया है···वह टोप पहने हुए है और···और बाबा से झगड़ा कर रहा है···जल्दी चलिए।"

"बीफन भाई", रघुनाथ महतो ने कहा, "वही तहसीलदरवा तो नहीं है?"

"हाँ भइया, वही कमीना होगा। मेरा माथा तो पहले ही ठनक रहा था।"

"चलो देखते हैं।" कहकर रघुनाथ महतो ने भोगना बैल को आजाद कर दिया और किशोर को बोले, "तुम इसको सँभालना।" फिर बीफन के साथ तेज कदमों से बस्ती की ओर चल पड़े।

बस्ती में पहुँचे तो उनके घर के सामने गाँव के दर्जनों लोग जमा थे। तहसीलदार गरज रहा था, "सब कोई कान खोलकर सुन लो। आज और इसी समय सभी लोग यहाँ लगान जमा कर दो। जो नहीं जमा करेगा, उसको हम बरबाद कर देंगे। तुमको कानून की ताकत का अंदाजा नहीं है। एक मिनट में तुम्हारा घर भी ढहवा दूँगा।"

अधेड़ काशीनाथ महतो हाथ जोड़कर विनती कर रहे थे, "तहसीलदार साहेब, जब सरकार ने नियम बना दिया है कि लगान देना है तो हम देने के लिए तैयार हैं, लेकिन इसके लिए हमको थोड़ा समय चाहिए। हमारी विनती सुनिए, कोई कानूनी काररवाई मत कीजिए।"

तहसीलदार ने ताव से कहा, "वह सब यहाँ नहीं चलेगा। आज हम लगान तो लेकर ही जाएँगे। जो नहीं देगा, उसकी जमीन-जायदाद जब्त कर ली जाएगी और उसे जेल भेज दिया जाएगा।"

यह धमकी सुनते ही रघुनाथ महतो का पारा सातवें आसमान पर चढ़ गया। उन्होंने चिल्लाकर कहा, "तहसीलदार! तुम होश में नहीं हो क्या? जानते हो तुम किससे बात कर रहे हो?"

तहसीलदार ने रघुनाथ महतो की ओर सिर घुमाकर देखा और बोला, "तुम कौन है रे?"

"मैं रघुनाथ महतो हूँ और तुम जिससे बात कर रहे हो, वे मेरे पिताजी हैं चौदह मौजा के जमींदार।"

तहसीलदार व्यंग्य से मुस्कराया और फिर चिढ़ाने के अंदाज में बोला, "तुम्हारे पिताजी हैं! चौदह मौजा के जमींदार! अरे तुम्हारे पिताजी जमींदार हैं तो क्या कोई लाठ साहेब हैं, जो मैं इससे बात नहीं कर सकता? सरकार की रहमोकरम पर यह जमींदार हैं, समझे! मैं अपनी ड्यूटी पर हूँ। तुम्हारे बाप से मैं बात कर रहा हूँ, बोलो, क्या कर लोगे?"

"यहाँ से जिंदा वापस नहीं जा पाओगे?" रघुनाथ महतो ने उसी अंदाज में जवाब दिया, "अभी बात से समझा रहा हूँ। नहीं समझोगे तो आगे क्या करना है, मैं समझ रहा हूँ। सरकारी ड्यूटी बजा रहे हो तो शौक से बजाओ, लेकिन जरा उम्र का भी तो खयाल करो।"

तहसीलदार समझने को तैयार नहीं था। वह अभी भी शेखी बघारने पर ही आमादा था। उसने चिल्लाकर कहा, "क्या कर लोगे? मारोगे मुझे? मारो। आओ मारो मुझे। अभी मैं थाने चला गया तो समझ लो, तुम्हारी क्या गत बन जाएगी!"

काशीनाथ महतो ने मामले को शांत करने की कोशिश में कहा, "तहसीलदार साहेब, जाने दीजिए। यह अभी बच्चा हैं। बात बढ़ाने से कोई फायदा नहीं है।"

तहसीलदार ने तैश में आकर कहा, "देख रहे हो, यह तुम्हारा बेटा कैसे बात कर रहा है ? अब तो बताना ही पड़ेगा कि हम क्या हैं ? तुम अभी लगान जमा करो। अब तुम्हारे बेटे को तो जेल में सड़ा देंगे। अभी हमारा पावर देखा नहीं है।"

अपने बेटे को जेल में सड़ा देने की धमकी सुनकर भीड़ के साथ खड़ी करमी देवी भयभीत हो गई। वह तहसीलदार के सामने खड़ी हो गई और हाथ जोड़कर बोली, "इसे माफ कर दीजिए, बाबू। चाहे जैसे भी होगा, हम आपको लगान दे देंगे।"

तहसीलदार ने कहा, "अब हमको लगान नहीं चाहिए। अब हम लगान बाद में लेंगे। पहले इन दोनों बाप-बेटों को और तुमको भी जेल भिजवा देंगे, इसके बाद⋯।"

इसके बाद तहसीलदार की बात मुँह में ही रह गई। रघुनाथ महतो ने उसके गाल पर एक ऐसा जोरदार घूँसा जड़ दिया कि तहसीलदार वहीं जमीन पर लुढ़क गया। उसका हैट सिर से निकलकर कुछ दूर जा गिरा। रघुनाथ महतो ने कहा, "साला, धमकी दे रहा है ! मेरे माँ और बाप को जेल भेजने की धमकी दे रहा है !"

तहसीलदार ने जमीन पर लेटे हुए ही कहा, "पता चल जाएगा। जरा मुझे थाने तो जाने दो। तुमको तो हम गोली मरवा देंगे। छोड़ेंगे नहीं।"

रघुनाथ महतो ने कहा, "वह तो तुम बाद में करोगे, जब यहाँ से जिंदा वापस जा सकोगे, लेकिन मैं तुम्हें अभी ही खत्म कर दूँगा।" इतना कहते हुए रघुनाथ महतो जमीन पर पड़े तहसीलदार पर एक बार फिर टूट पड़े और दनादन घूँसे बरसाने लगे। काशीनाथ महतो, करमी देवी एवं गाँव के कई लोग रघुनाथ महतो को सँभालने में लग गए। काशीनाथ महतो ने उसे पकड़कर कहा, "बेटा, शांत हो जाओ। छोड़ दो, अब मारपीट मत करो। कहीं मर गया तो लेने के देने पड़ जाएँगे।"

इसके बावजूद रघुनाथ के घूँसे तहसीलदार के शरीर के विभिन्न भागों पर बरसते जा रहे थे।

करमी देवी ने कहा, "रघुनाथ बेटा, तुम्हें मेरी कसम। इसे छोड़ दो।"

माता की कसम सुनकर रघुनाथ महतो का गुस्सा शांत हो गया और उनके घूँसे की रफ्तार थम गई। उसने तहसीलदार को कॉलर पकड़कर उठाया और बीफन महतो के सहयोग से खड़ा करते हुए कहा, "चलो, निकलो यहाँ से। आज के बाद कभी गाँव में दिखाई दिया तो काटकर यहीं जमीन में गाड़ देंगे। इसके बाद भले ही हम फाँसी पर चढ़ा दिए जाएँ, लेकिन तुम इस दुनिया में नहीं रहोगे।"

इसके बाद रघुनाथ महतो उसे पकड़े हुए गाँव से बाहर की ओर चल पड़े। पीछे-पीछे गाँव के दर्जनों लोगों का दल चल रहा था। ऐसा लग रहा था, मानो घुटियाडीह गाँव के लोग जुलूस निकालकर उस तहसीलदार को विदाई दे रहे थे। गाँव के सिवाने पर पहुँचकर रघुनाथ महतो ने तहसीलदार की कॉलर छोड़ दी और बोले, "आइंदा इस गाँव में मत आना।" यह वही रघुनाथ महतो हैं, जिन्हें सन् 1769 ईसवी में भारत की आजादी की पहली लड़ाई छेड़ने का श्रेय प्राप्त है। इनका जन्म 21 मार्च, 1738 ईसवी में झारखंड के खरसावाँ-सरायकेला जिलांतर्गत नीमडीह प्रखंड के घुटियाडीह गाँव में एक किसान परिवार में हुआ था।

□

लाखो काकी जोर-जोर से रो रही थीं। उनकी आवाज घर से निकलकर गाँव के अन्य लोगों को भी बेचैन करने लगी। पता नहीं अचानक काकी को क्या हो गया? अगल-बगल के लोग वहाँ पहुँच गए। सुरिया काकी उनसे उम्र में बड़ी थीं, उन्होंने आगे बढ़कर उनसे पूछा, "यह अचानक क्या हो गया कि तुम इतना जोर-जोर से रो रही हो?"

लाखो काकी ने कहा, "का कहें दिदिया, सबकुछ बरबाद हो गया। अब हम कहीं के नहीं रहे।"

सुरिया काकी ने चौंककर पूछा, "बताओ तो सही, क्या हुआ तुम्हारे साथ?"

लाखो काकी रोती हुई बोलीं, "पूरी जमीन-जायदाद कंपनी सरकार ने लूट लिया। अब हम कहाँ जाएँगे, हो दादा? हमारे मुनुआ के बाप आज कचहरी गए थे। वहीं पता चला कि सरकार ने हमारी जमीन को लूटकर जमींदार को दे दिया है। साहेब के पास गए तो वहाँ बोल दिया कि तुम लगान नहीं दे पाए थे, इसलिए तुम्हारी जमीन ले ली गई है। अब हम लोग अपने परिवार को कैसे पालेंगे, हो दिदिया?" इसके साथ ही वे दहाड़ मारकर रोने लगीं।

सुरिया काकी ने सांत्वना दी, "यह केवल तुम्हारे साथ ही नहीं हुआ लाखो, पूरा गाँव इसी आग की चपेट में आ गया है। सरकार ने गाँव के सभी लोगों की जमीन लूट ली है और जमींदार को दे दी है।" इस बीच गाँव के लोग एक-एक कर वहाँ पहुँचने लगे। देखते-ही-देखते भीड़ लग गई। काशीनाथ महतो, करमी देवी और रघुनाथ महतो भी वहाँ पहुँच गए। काशीनाथ महतो ने कहा, "यह तो अन्याय है।"

एक युवती ने कहा, "ये अंग्रेज लोग बहुत बदमाश होते हैं। कहाँ-कहाँ से सात समंदर पार से इहाँ आ गए और हम लोगों को नाकों में दम कर रहे हैं। इन लोगों को तो मारकर भगा देना चाहिए।"

रघुनाथ महतो ने कहा, "तुम ठीक कहती हो बहन। इनसे लड़ना पड़ेगा। नहीं तो हम भूखों मर जाएँगे।"

काशीनाथ महतो गंभीरता के साथ बोले, "बहुत खराब समय आनेवाला है। अंग्रेजों का जुल्म बढ़ता ही जा रहा है।"

सोना महतो नामक एक युवक ने टोका, "जानते हैं काका, हमको एक अच्छे आदमी ने बताया है कि 1764 में बक्सर युद्ध की जीत के बाद अंग्रेजों का दिमाग सातवें आसमान पर पहुँच गया है। ऊपर से 1765 में शाह आलम द्वितीय ने अंग्रेजों को बंगाल, बिहार, उड़ीसा और छोटानागपुर की दीवानी दे दी है। उसके बाद ही तो अंग्रेजों ने किसानों से लगान वसूलना शुरू कर दिया है।"

"बात इतनी ही नहीं है, बेटा।" वहीं खड़े एक अधेड़ ग्रामीण ने कहा, "सुन रहे हैं कि अब अंग्रेज लोग लगान के नाम पर हम किसानों की जमीन लूटकर बेचने भी लगे हैं। बगल के गाँव में तो कई किसानों की जमीन को अंग्रेजों ने लगान देने में देर होने का बहाना बनाकर जब्त कर लिया है और उसे बेच दिया है।"

सोना महतो ने अधेड़ से सवाल किया, "जिसकी जमीन लूटी जा रही है, वे थाना-पुलिस, कोर्ट-कचहरी क्यों नहीं करते?"

अधेड़ ने समझाने की कोशिश की, "बेटा, थाना-पुलिस, कोर्ट-कचहरी सब अंग्रेजी सरकार का ही है। बगल के गाँव के सोहन महतो थाना गया था। दारोगा ने उसे मार-पीटकर भगा दिया। ऊपर भी गया, लेकिन कोई सुननेवाला नहीं है।"

रघुनाथ महतो ने कहा, "यह तो अन्याय है!"

अधेड़ ने कहा, "बेटा, जिसके पास ताकत होती है, उसके लिए न्याय और अन्याय में कोई फर्क नहीं होता।"

रघुनाथ महतो ने झुँझलाकर कहा, "यही तो परेशानी का कारण है, काका। हम अपनी ताकत भूल चुके हैं। ताकत हमारे पास भी है, अगर हम एकजुट होकर खड़े हो जाएँ तो अंग्रेजों को नानी याद आ जाएगी। हमारा गाँव, हमारा देश, हमारी पुरखों की दी हुई जमीन। ये अंग्रेज कौन होते हैं हमारे ऊपर शासन करनेवाले? ब्रिटिश सरकार हमारे ऊपर अत्याचार इसलिए कर रही है कि हम उसके अत्याचार को दूध-भात समझकर चुपचाप सह ले रहे हैं, लेकिन अब और नहीं। अब हमें अंग्रेजों के खिलाफ एकजुट होना होगा। हथियार उठाना होगा।"

बात 1763 की है, जब लाखो काकी की तरह प्रायः सभी घरों में इसी प्रकार ब्रिटिश शासकों के अत्याचारों की चर्चा हो रही थी और अपनी बेबसी पर आँसू

बहाए जा रहे थे। सभी के माथे पर चिंता की लकीर गहरी होती जा रही थी कि घर-परिवार चले तो कैसे? स्थिति धीरे-धीरे गहराती चली गई और जैसी कि आशंका थी, गाँवों में निवास करनेवाले किसान भुखमरी के शिकार होने लगे, क्योंकि वे अपने खेत में ही मजदूर बनकर जमींदारों और महाजनों की मेहरबानियों पर निर्भर हो चुके थे। चारों ओर अंधकार-ही-अंधकार था, लेकिन उसी अंधकार के एक कोने में क्रांति की एक चिनगारी झिलमिला उठी थी।

इसी बीच एक दिन एक जीप गुर्राती हुई घुटियाडीह गाँव में काशीनाथ महतो के घर के पास आकर रुक गई। जीप पर सवार वही तहसीलदार एक अंग्रेज अफसर और पाँच हथियारबंद जवानों के साथ नीचे उतरा।

उत्सुकतावश गाँव के कुछ लोग वहाँ जमा हो गए। एक अंग्रेज अफसर ने वहाँ पहुँचे लोगों से पूछा, "हाम खासीनाठ महटो से मिलना माँगटा है। कौन है खासीनाठ महटो?"

"हम हैं काशीनाथ हुजूर।" भीड़ से बाहर निकल अंग्रेज अफसर के सामने आकर काशीनाथ महतो ने कहा, "कहल जाए, का बात है?"

अंग्रेज अफसर ने गुस्से में कहा, "यू आर खासीनाठ? यू डिड नॉट पे टैक्स टू माई गवर्नमेंट। टुम लगान काहे नहीं देता, मैन? वी कांट टॉलरेट। हम बरडास्ठ नहीं करेगा।"

काशीनाथ महतो ने हाथ जोड़कर कहा, "हम लगान देते हैं, हुजूर। इस बार थोड़ी देर हो गई।"

अंग्रेज अफसर बोला, "ऐसा माफिक नाई चलने का। हमारा गवर्नमेंट टुमसे ऐंग्री। वेरी ऐंग्री। बहुट गुस्से में। हम टुम्हारा जमीन जब्ट करटा हाय।"

"ऐसा जुलुम मत करिए मालिक।" काशीनाथ ने हाथ जोड़कर कहा, "हम लगान देने के लिए तैयार हैं।"

"टुम झूठ बोलटा हाय", अफसर चिल्लाया, "हामारा आडमी लगान के लिए यहाँ आटा हाय, टो टुम लोग उसके साठ मारपीट करटा हाय? रैघुनाठ कौन हाय?"

लोकनाथ महतो के चेहरे पर आतंक छा गया। उन्होंने कहा, "मेरा बेटा है, हुजूर।"

"वेरी नटोरियस", अंग्रेज अफसर ने कहा, "हाम उसे द्रेखना माँगटा है।"

भीड़ से निकलकर रघुनाथ महतो अंग्रेज अफसर के सामने खड़े हो गए, "देख लो अफसर। मैं ही रघुनाथ हूँ।"

अफसर गुस्से से काँपने लगा। बोला, "ठुम गुंडा बनटा हाय? आई मीन आर यू क्रिमनल? टुमने हमारे अफसर को मारा?"

रघुनाथ महतो पूरी निडरता के साथ बोले, "तुम्हारा अफसर बेहूदा है। बदतमीज। मेरे फादर को गाली दे रहा था।"

तहसीलदार रघुनाथ महतो की निडरता और खुद को आरोप में घिरते देखकर सजग हो गया। उसने उसका प्रतिकार करते हुए कहा, "यह झूठ बोल रहा है, सर। हम तो यहाँ लगान वसूलने आए थे। हमने तो वैसा कुछ नहीं किया।"

रघुनाथ महतो ने आँखें तरेरकर कहा, "अभी भी झूठ बोलता है, साले। मैं डरनेवाला नहीं हूँ। इसी समय थोबड़ा तोड़कर तुम्हारे हाथ में दे दूँगा।"

अंग्रेज अफसर ने कहा, "हमारा ऑफिसर सही बोलटा ठा। ही इज क्रिमिनल, ब्लडी बॉय। पकड़ो इसे।"

पुलिस के कुछ जवान आगे बढ़े, लेकिन उसी समय हर्वे-हथियार से लैस सैकड़ों ग्रामीणों का हुजूम वहाँ आ पहुँचा और सभी को घेर लिया। उनमें स्त्री-पुरुष, बूढ़े, बच्चे, अधेड़ सभी शामिल थे। किसी ने धनुष पर तीर चढ़ा रखा था तो किसी ने तुरंत ही वार कर देने की मुद्रा में फरसा सँभाल रखा था। किसी के हाथ में चमकती तलवार थी तो किसी के हाथ में लाठी। बच्चों के हाथों में गुलेल और पत्थर के टुकड़े सिर और आँखें फोड़ने के लिए मचल रहे थे। यह देख अंग्रेज अफसर हक्का-बक्का रह गया। आगे बढ़ रहे सिपाहियों के पाँव जहाँ के तहाँ थम गए। एक ग्रामीण ने नारा लगाया, "हमारा गाँव, हमारा राज!"

भीड़ से सामूहिक आवाज गूँजी, "दूर भगाओ विदेशी राज!!"

ग्रामीणों की गगनभेदी नारेबाजी ने घुटियाडीह में आकर शेखी बघारनेवाले अफसर को पसीने से तर-बतर कर दिया। एक ग्रामीण ने ललकारा, "अगर हिम्मत है तो रघुनाथ को हाथ लगाकर देखो। हाथ काटकर यहीं रख लेंगे।"

अंग्रेज अफसर ने कहा, "डोंट वरी। घभराने का नाईं। हाम कुछ नाईं करेगा। अभी जाटा है। वी आर गोइंग। चलो।"

ग्रामीणों ने उसे निकलने का रास्ता दे दिया तो सभी घेरे से बाहर निकल गए और जीप पर सवार होकर कुछ ही पलों में आँखों से ओझल हो गए।

□

सन् 1769 की फाल्गुन पूर्णिमा तिथि। दोपहर का समय। नीमडीह का मैदान, जो आज रघुनाथपुर के नाम से विख्यात है। सुबह से ही गाँव के कुछ लोग लकड़ी जुटाकर मंच बनाने में लगे थे, अभी जाकर तैयार हुआ है। मंच

के ऊपर चादर देकर छाया की गई और नीचे बिछी पटरी पर टप्पर और चादर बिछाकर सजा दिया गया। आसपास के गाँवों के स्त्री-पुरुष, बच्चे, बूढ़े सभी का हूजूम जमा होने लगा। सभी लोगों की आँखों में आक्रोश की ज्वाला झलक रही थी।

एक ग्रामीण ने बगलवाले से पूछा, "क्या बात है भइया, इहाँ कोई सभा-उभा होनेवाला है का?"

उसने जवाब दिया, "नहीं जानता है? रघुनाथ महतो की सभा होनेवाली है। यह अंग्रेजी सरकार जनता की दुश्मन हो गई है। जमींदार और महाजन राज कर रहे हैं। इहे बात पर हम लोग जमा हुए हैं।"

"हम तो रघुनाथ महतो को देखबो नहीं किए हैं। हम बाहर के हैं भइया। इहाँ मेहमानी में आए हैं।"

"अरे, उधर देखो। रघुनाथ महतो आ रहे हैं।"

इसी बीच नारा गूँज उठा। रघुनाथ महतो ने दहाड़ मारी, "अपना गाँव, अपना राज!"

भीड़ ने सामूहिक स्वर में तुक मिलाया, "दूर भगाओ विदेशी राज!!"

मजबूत कद-काठी का एक उत्साही युवक मंच पर पहुँच चुका था। उसके साथ कुल दस लोग मंच पर बैठ गए। इधर श्रोता के रूप में खड़े लोगों ने एक-दूसरे को हिदायत दे दी, "अब कोई कुछ नहीं बोलेगा। रघुनाथ महतो मंच पर आ गए हैं। वे जो कहेंगे, उसे हम लोग सुनेंगे।"

रघुनाथ महतो ने हाथ जोड़कर पूरी भीड़ को प्रणाम किया और कहने लगे— "भाइयो और बहनो, ब्रिटिश सरकार के काले कारनामों के चलते हम गरीब किसान और मजदूर तबाह होते जा रहे हैं। एक तो हमारे ऊपर जमीन का लगान बढ़ा दिया गया है और जब हम लगान चुका नहीं पा रहे हैं तो हमारी जमीन छीनकर जमींदारों और महाजनों को दे दी जा रही है, जो जमकर हमारा शोषण कर रहे हैं। हमारे सामने रोटी के लाले पड़ गए हैं। हमारे बच्चे भूख से बिलख रहे हैं। हर गाँव में हर रोज किसी-न-किसी की भूख से मौत हो रही है। आप ही बताएँ, देश हमारा है, गाँव हमारा है, जमीन हमारी है, यहाँ की नदियाँ हमारी हैं, यहाँ के जंगल हमारे हैं, पहाड़-पर्वत सब हमारे हैं, तो फिर ये अंग्रेज कौन होते हैं हम पर राज करनेवाले? लगान के बहाने ये अंग्रेज हमारी जमीन लूट रहे हैं और बेच रहे हैं। हम किसानों को अपने ही खेत में मजदूर बनाने पर आमादा हैं। मैं आपसे पूछता हूँ कि कब तक हम यह सब बरदाश्त करते रहेंगे?"

पूरी भीड़ से सामूहिक स्वर उठा, “बहुत हो चुका। अब बरदाश्त नहीं होगा। हम अंग्रेजी सरकार के खिलाफ बगावत करेंगे। बगावत…बगावत!”

रघुनाथ महतो ने हाथ जोड़कर कहा, “आपसे हमें यही उम्मीद थी। आप अगर हमारा साथ दें तो हम अंग्रेजों को यहाँ से खदेड़ देंगे। जमींदारों और महाजनों को भी छठी का दूध याद दिला देंगे। आज हम संकल्प लें कि अब हम अंग्रेजों की बंदूकों से नहीं डरेंगे। उनकी बंदूकों का स्वागत हम तीर-धनुष, लाठी-बरछे, फरसे और तलवारों से करेंगे। उनको ईंट का जवाब पत्थर से देंगे। मेरा तो मानना है कि अगर हमें स्वाभिमान के साथ जीना है तो अंग्रजों के खिलाफ क्रांति के अलावा और कोई चारा नहीं है। इसके लिए हमें तैयार रहना होगा। यदि आप हमारी बातों से सहमत हैं तो आइए, आज हम संकल्प लेते हैं कि अंग्रेजों को लगान नहीं देंगे। इसके साथ ही हमें एक काम और करना है। वह काम है—अपनी जब्त की हुई जमीन पर कब्जा। हम अपनी जब्त की हुई जमीन को अंग्रेजों के हाथ से छीन लेंगे। हम अंग्रेजों को इतना तबाह करेंगे कि वे हमारा देश छोड़कर भागने पर मजबूर हो जाएँगे। तो बोलिए भाई, आप लोग इसके लिए तैयार हैं?”

सामूहिक स्वर में भीड़ ने कहा, “हाँ, हम तैयार हैं।”

रघुनाथ महतो ने चुनौती दी, “इसमें हमें जान की बाजी लगानी पड़ेगी।”

“हम इसके लिए भी तैयार हैं!” भीड़ ने चुनौती को स्वीकार किया। फिर तालियों की गड़गड़ाहट से नीमडीह का मैदान गूँजने लगा। तालियों की आवाज थमी तो रघुनाथ महतो ने दहाड़ा, “अपना गाँव, अपना राज!”

भीड़ ने आवाज दी, “दूर भगाओ विदेशी राज!”

सभा समाप्त हो गई और इसी के साथ क्रांति की चिनगारी आग बनकर धधक उठी। इसी के साथ भारत के पहले स्वाधीनता संग्राम का बिगुल बज गया। देखते-देखते आसपास के तमाम संथाल, भूमिज, कुड़मी तथा आदिवासी एकजुट हो गए। हरवे-हथियारों के साथ गाँववालों ने कंपनी सरकार के खिलाफ उग्र आंदोलन छेड़ दिया। जमींदारों और महाजनों के घरों पर हमले होने लगे और पुलिस की सक्रियता बढ़ने लगी। क्रांति के नायक रघुनाथ महतो ने पूरे पाँच परगना क्षेत्र में इसका विस्तार कर लिया और सिंहभूम तथा धालभूम गढ़ तक इसकी चिनगारी पहुँचा दी।

देखते-ही-देखते विद्रोह की चिनगारी जन-जन में आग बनकर भड़क उठी और पातकूम, बड़ाभूम, धालभूम, मिदनापुर, गम्हरिया, सिल्ली, सोनाहातु, बुंडू, तमाड़, रामगढ़ आदि जगहों तक फैलती चली गई। अंग्रेजों को मालगुजारी मिलना एकदम बंद हो गया। जब्त की गई जमीन पुनः अंग्रेजों से छीनी जाने लगी। रघुनाथ

महतो जंगल महल में एक सशक्त लड़ाकू नेता के रूप में उभर गए। उनको किसानों से भरपूर समर्थन मिला। वे रातों को जागकर किसानों को संगठित कर अंग्रेजों की गुलामी तथा जुल्म के खिलाफ संघर्ष करने के लिए प्रेरित करते थे, लोगों में जोश भरते थे। अंग्रेजी सेना से लोहा लेने के लिए गाँव-गाँव में रघुनाथ महतो के नेतृत्व में विद्रोही दस्ते तैयार हो गए। उन दस्तों की सांगठनिक क्षमता एवं युद्ध कला से अंग्रेज भी डरते थे। रघुनाथ महतो के साथ डेढ़-दो सौ लोगों का हथियारों से लैस लड़ाकू दस्ता हमेशा तैयार रहता था। इस दस्ते का खौफ ऐसा था कि अंग्रेजी सेना उसके सामने होने का साहस भी नहीं जुटा पाती थी। तीर-धनुष, टाँगी-फरसा, गुलेल ही इस दस्ते के प्रमुख अस्त्र-शस्त्र थे। इन्हीं अस्त्र-शस्त्रों के बल पर रघुनाथ महतो ने बंदूक एवं तोप से लैस अंग्रेजी सेना को कई बार धूल चटा दिया।

□

गवर्नर वारेन हेस्टिंग्स के दरबार में कई जमींदार और महाजन पहुँच गए, "दुहाई सरकार! दुहाई सरकार, जान बचाइए।"

वारेन हेस्टिंग्स ने कहा, "क्या बाट हाय? टुम लोग किस वास्टे परेशान हाय?"

एक जमींदार गिड़गिड़ाया, "हुजूर, हम लोगों को चुहाड़ लोग परेशान कर रहे हैं। हमारा जीना मुश्किल हो गया है।"

वारेन हेस्टिंग्स ने चौंककर पूछा, "यह चुहाड़ क्या होटा हाय, मैन?"

उसके असिस्टेंट ने समझाया, "योर हायनेस, चुहाड़ मिन्स होटा हाय चोर। मीन्स थीव्स। रॉबरी करनेवाला। दे आर वेरी नटोरियस…।"

हेस्टिंग्स ने सिर हिलाते हुए कहा, "ओके…ओके…आई अंडरस्टूड एवरीथिंग। यू आर राइट। दे आर चुहाड़। मीन्स चुहाड़ों का विद्रोह? डोंट वरी। हम इसको सीरियसली लेगा मैन। हम अभी उनको देखेगा।"

हेस्टिंग्स ने उस समय हुई क्रांति को 'चुहाड़ विद्रोह' की संज्ञा देते हुए बहुत हलके में लिया, लेकिन उसी 'चुहाड़ विद्रोह' की लपटें कंपनी सरकार को झुलसाने लगीं। जल्द ही विद्रोह की आग बड़ाभूम, धालभूम और किचूंग परगना (सरायकेला, राजनगर, गम्हरिया) तक फैल गई। अनेक गाँवों में विद्रोहियों का लड़ाका संगठन तैयार हो गया और सशस्त्र संघर्ष शुरू हो गया। उन्हें रोकने के प्रयास में पहले पुलिस लगी, लेकिन जब वह असफल हो गई तो सेना को नियंत्रण की जिम्मेदारी सौंपी गई। जगह-जगह पर मुठभेड़ होने लगी। इस क्रम में मजेदार बात तो यह रही कि मुठभेड़ में किसी क्रांतिकारी को मरते देखकर विद्रोहियों का उत्साह और बढ़ जाता था तथा वे उसी उत्साह से हमले करने लग जाते थे।

रघुनाथ महतो की यश की गाथा जब धालभूमगढ़ के राजा जगन्नाथ धल तक पहुँची तो उन्होंने अपने विशेष दूत भेजकर उन्हें गढ़ पर बुलवा लिया। उनके स्वागत-सत्कार की विशेष व्यवस्था की गई। गढ़ के विशाल प्रांगण में सैकड़ों लोग जुटे थे। उनकी कानाफूसी की सामूहिक आवाज गहमागहमी को विस्तार दे रही थी। राजा साहब ने उपस्थित लोगों को शांत करते हुए कहा, "भाइयो, ये हैं रघुनाथ महतो। हमारे क्रांतिवीर। इन्होंने अंग्रेज शासकों और उनकी शह पर अत्याचार करनेवाले जमींदारों और महाजनों के खिलाफ जंग छेड़ रखी है। ऐसे वीरों का साथ देना हमारा धर्म है। हम इनके साथ हैं। आज हम सरायकेला बँगले पर हमला करेंगे। आप में से जो हमारा साथ देना चाहते हैं, वे अपने हाथ उठाएँ।"

पूरी भीड़ में केवल उठे हुए हाथ ही दिखाई पड़ने लगे। राजा साहब ने इशारा किया, "तो हम चलें...हमला...हमला।"

देखते-ही-देखते उग्र हथियारबंद लोगों की सेना गढ़ से बाहर निकल गई। उधर खबर मिलते ही कैप्टन फोरबिस अपनी विशाल सेना के साथ वहाँ आ धमका, लेकिन सैनिकों के हाथों में बंदूकें देखकर भी कोई डरा नहीं। पूरी भीड़ शोर मचाती हुई आगे बढ़ती ही जा रही थी।

फोरबिस ने चिल्लाकर कहा, "दे आर ब्लडी। इनको रोको।"

सैनिकों ने पहले डंडे का सहारा लिया और भाँजने लगे। उन्हें देखकर ग्रामीणों ने तीर-धनुष और गुलेल से वार करना शुरू कर दिया। किसी सैनिक की आँख फूट गई तो किसी का सिर। किसी के सीने में तीर चुभ गया तो कोई लहूलुहान होकर जमीन पर गिर पड़ा। यह दृश्य देखकर कैप्टन फोरबिस ने आपा खो दिया और चिल्लाकर कहा, "फायर।"

अब क्या था, सैनिकों की बंदूकें आग उगलने लगीं तो विद्रोहियों ने भी अपने पारंपरिक अस्त्र-शस्त्रों का कमाल दिखाना शुरू कर दिया। भयानक युद्ध हुआ। गोली, बारूद, आग्नेयास्त्रों के सामने चुआड़ विद्रोहियों के तीर-धनुष, भाले, तलवार, गुलेल कहाँ तक टिक पाते! युद्ध में मझिया महतो, बल्कू महतो, गंगा महतो जैसे दर्जनों प्रमुख विद्रोही शहीद हो गए। इसके साथ ही धालभूम गढ़ पर अंग्रेजों का कब्जा हो गया और जगन्नाथ धल रघुनाथ महतो के साथ किसी प्रकार जान बचाकर भागने में सफल हुए। वे जंगल में छिपते हुए पहाड़ पर चले गए। इस दौरान रघुनाथ महतो की सगी बहन तनु महतो ने भरपूर साथ दिया। वह अपनी जान जोखिम में डालकर प्रतिदिन उन दोनों के लिए सुबह-शाम खाना बनाकर पहुँचाती रही। एक

दिन रघुनाथ महतो ने तनु को कहा, "बहन, मेरे चलते तुम्हें भी परेशानी का सामना करना पड़ रहा है। ऐसा करो कि तुम हमारे पास खाना लाना बंद कर दो।"

तनु ने कहा, "ऐसे क्या कहते हैं, भइया? यह लड़ाई आपकी अपनी नहीं, बल्कि यहाँ के गरीब-गुरबों की लड़ाई है। मैं आपका साथ कैसे छोड़ सकती हूँ? अगर जरूरत हुई तो यह बहन अपने भाई के लिए हथियार भी उठा सकती है। मैं पीछे हटनेवाली नहीं हूँ, इसलिए आप आगे से इस तरह की बात नहीं करेंगे। मुझे किसी का कोई डर नहीं है। मैं डर का मुकाबला करना भी जानती हूँ। आप जंगल, जमीन और देश के लिए लड़ रहे हैं तो आपकी यह बहन आपके साथ लड़ने को तैयार है। समझे?"

बहन के मजबूत इरादे देखकर रघुनाथ महतो गद्‌गद हो गए। उन्होंने तनु को गले से लगा लिया और बोले, "मैं बहुत किस्मतवाला हूँ, जिसे तुम्हारी तरह बहादुर बहन मिली है।" झारखंड के कृतज्ञ लोगों ने उस वीरांगना को भी सम्मान दिया और यही कारण है कि वह पहाड़ आज 'तनु टुंगरी' के नाम से जाना जाता है।

□

रघुनाथ महतो अब तक कंपनी सरकार के लिए आतंक बन चुके थे। उनके समर्थक 1773 तक सभी इलाके में फैल गए। चुहाड़ आंदोलन का फैलाव नीमडीह, पातकुम, बड़ाभूम, धालभूम, मेदनीपुर, किंचुग परगना (वर्तमान सरायकेला खरसाँवा) राजनगर गम्हरिया तक हो गया। उन्होंने अंग्रेजों की नाक में दम कर रखा था। पाँच हजार से अधिक की संख्या में नीमू धल के किले पर आक्रमण किया गया, जिसके बाद सैनिक भागकर नरसिंहगढ़ चले गए। चुहाड़ आंदोलन की अक्रामकता को देखते हुए अंग्रेजी सरकार ने छोटानागपुर को पटना से हटाकर बंगाल प्रेसीडेंसी के अधीन क़र दिया।

जनवरी 1774 में विद्रोहियों ने धालभूम किले को जीत लिया और जगन्नाथ धल को राजपाट सौंप दिया। इसी साल विद्रोहियों ने किंचुग परगना के मुख्यालय में पुलिस फोर्स को घेरकर मार डाला। इस घटना से अंग्रेजों ने किंचुग परगना पर अधिकार करने का विचार छोड़ दिया। 10 अप्रैल, 1774 को सिडनी स्मिथ ने बंगाल के रेजीमेंट को विद्रोहियों के खिलाफ फौजी काररवाई करने का आदेश दे दिया।

18 मई, 1774 को बघमुंडी पहाड़ी पर कंपनी सेना ने रघुनाथ महतो और उनके साथियों को घेर लिया। कई विद्रोही मारे गए, पर रघुनाथ महतो घने जंगलों का फायदा उठाकर भागने में सफल रहे। गवर्नर वारेन हेस्टिंग्स ने विद्रोहियों से सुलह की इच्छा जताई। विद्रोहियों ने उसे नकार दिया। 1776 तक क्रांति की आग

की लपटें झालदा और सिल्ली तक पहुँच गईं। क्रांतिकारियों ने झरिया, पंचेत सहित कई थानों पर हमला कर दिया और लूटपाट मचाई। कई जमींदारों और शोषकों के घरों को आग के हवाले कर दिया। अगली योजना रामगढ़ सैनिक छावनी पर हमले की थी।

5 अप्रैल, 1778 को रघुनाथ महतो अपने सैकड़ों विद्रोहियों के साथ सिल्ली के लोटा गाँव पहुँचे। गढ़तेतर स्थान पर विशाल सभा आयोजित की गई और सर्वसम्मति से रामगढ़ सैनिक छावनी पर हमला करने का प्रस्ताव पारित हो गया। इस सभा में विद्रोहियों का उत्साह देखते बनता था। सभी अपने हथियार लहराते हुए नारेबाजी करने लगे—"अपना गाँव, अपना राज!"

"दूर भगाओ विदेशी राज!!"

उसी समय कंपनी सेना आ धमकी और गढ़तेतर मैदान में खड़े रघुनाथ महतो और सैकड़ों विद्रोहियों को घेर लिया। रघुनाथ महतो ने विद्रोहियों को उत्साहित किया—"तुम वीर हो। तुम देश के लिए संघर्ष कर रहे हो। इन अत्याचारी अंग्रेजों को देश से भगाना है और यह काम हमारे हाथ में है। इसलिए भाइयो, इन फौजियों और इनके हथियार देखकर डरना नहीं है। मुकाबला करना है। इन्हें यहाँ से खदेड़ना है।"

रघुनाथ महतो के सबसे बड़े सहयोगी धुनी महतो ने कहा, "हम इनसे डरनेवाले नहीं हैं, भइया। हम इनका डटकर मुकाबला करेंगे और न केवल अंग्रेजी सेना को इस मैदान से खदेड़ेंगे, बल्कि अंग्रेजों को भी भारत से दूर भगाकर रहेंगे।" इसी बीच अंग्रेजी सेना की बंदूकें आग उगलने लगीं। विद्रोही भी उनका जवाब पूरी बहादुरी के साथ देते रहे, लेकिन धीरे-धीरे उनके तीर-धनुष, भाले, गुलेल, तलवार, फरसे कंपनी सेना की गोलियों की अंधाधुंध बारिश के सामने पस्त पड़ते गए। दोनों ओर से काफी देर तक घमासान युद्ध हुआ, जिसमें रघुनाथ महतो, बुली महतो समेत सैकड़ों क्रांतिकारी शहीद हो गए और हजारों गिरफ्तार कर लिये गए। आज भी आंदोलन के कई साक्ष्य रघुनाथपुर, घुटियाडीह, सिल्ली व लोटा गाँव में मौजूद हैं। अंग्रेजों के अत्याचार से लोगों को मुक्त करने के सपने के साथ क्रांतिनायक वीर रघुनाथ महतो तो चले गए, लेकिन उनके सपनों को लगभग दो सौ सालों बाद देश के वीर सपूतों ने अपनी कुरबानी देकर साकार कर दिया, जब अंग्रेजों को भारत छोड़कर वापस जाना पड़ा।

□

तिलका माँझी

"का हो मंगरू बूढ़ा? आज मिल ही गए!"

मंगरू दूर से आनेवाली इस आवाज को सुनकर चौंक गया। उसकी आँखों में भय और चिंता दोनों की छाया एक साथ समा उठी। फूस की बनी झोंपड़ी के बाहर जमीन पर बैठा था मंगरू बूढ़ा। सिर के सारे बाल उजले। काले रंग के चेहरे पर हलकी सी उजली दाढ़ी और मूँछें। कमर तक मैली सी धोती और ऊपर उघार। उम्र पचास के आसपास होगी, लेकिन देखनेवाला उसे कोई सत्तर से कम का नहीं समझ सकता था। बगल में बैठी दाखी बूढ़िया खजूर की पत्तियों से चटाई बुन रही थी। मंगरू ने तो उसे पहचान लिया, लेकिन बुढ़िया नहीं पहचान पाई। उसने मंगरू की ओर देखकर चौंककर धीरे से पूछा, "कौन है यह आदमी?"

"सुखू साव है, महाजन। तगादा करने आया है।" मंगरू ने यह इतनी धीमी आवाज में कहा, जिसे मुश्किल से बुढ़िया ही सुन सकती थी, "सरकार का आदमी जब लगान वसूलने आया था और मारपीट करने लगा तो इसी से पइसा लेकर लगान भरे थे। अब यह वसूलने के लिए तैयार है, दखिया।"

"कहाँ से दीजिएगा इसको?"

"यही तो सोच रहे हैं। जीना हराम हो गया है। कभी अंग्रेज के ऑफिसर लोग आकर लगान माँगते हैं और नहीं देने पर मारपीट करते हैं। कभी यह महाजन… !"

बुढ़िया के सवाल का जवाब मंगरू दे ही रहा था कि तभी दो लट्ठधरों के साथ सुखू साव सामने आ खड़ा हुआ।

"बोलो मंगरू बूढ़ा, आज हमको हमारा पैसा मिल जाएगा न?"

"नहीं बाबू, आज तो नहीं दे पाएँगे।" मंगरू ने मुँह का थूक गटकते हुए कहा, "बाबू, बुढ़िया की बीमारी के चलते घर में बकरे-मुरगे जो भी थे, सब बिक गए। अभी तो कुछ इंतजाम करना मुश्किल है।"

"ऐसा बोलने से काम नहीं चलेगा, मंगरू।" सुखू ने तैश में आकर कहा, "आज पैसा नहीं मिलेगा तो तुमको हम पकड़कर थाना ले जाएँगे। फिर वहाँ दारोगाजी जो तुम्हारा हाल करेंगे, वह तुम समझते ही हो।"

"नहीं बाबू, हम हाथ जोड़ते हैं। हमको थाना मत ले जाइए।"

"तो ठीक है।" सुखू साव ने अपनी जेब से एक स्टांप पेपर निकाला और कहा, "इस पर ठेपा लगा दो। हम तुमको छोड़ देंगे।"

दाखी ने गिड़गिड़ाकर कहा, "जो कहिएगा, सब करेंगे, लेकिन इनको थाना मत ले जाइए। पहिलहीं से बीमार चल रहे हैं।"

मंगरू ने अपना अँगूठा महाजन की ओर बढ़ा दिया।

सुखू साव ने हँसते हुए कहा, "बहुत बढ़िया, मंगरू। कागज पर अँगूठा लगा दो। फिर तुम्हारा दुःख दूर। हा-हा-हा-हा। इसके बाद कहोगे तो तुमको हम और पैसा दे देंगे।"

मंगरू ने कृतज्ञतापूर्वक उसको देखा और अपना अँगूठा महाजन को सौंप दिया। महाजन ने अपनी जेब से एक दवात (रोशनाई की शीशी)निकाली। सुखू साव ने मंगरू के अँगूठे को दवात में डुबोया और सूखने के लिए थोड़ा सा इंतजार के बाद कागज की ओर अँगूठे को बढ़ाया। वह कागज पर उसका निशान लेता, इससे पहले ही एक तीर सनसनाता हुआ आया और कागज को फाड़ता हुआ निकल गया। महाजन सन्न रह गया। उसने पलटकर देखा तो कुछ दूरी पर लगभग बीस साल का एक युवक हाथ में तीर-कमान लेकर खड़ा था। उसके शरीर का रंग काला था और सिर के बाल बिखरे हुए थे। आँखें गुस्से से लाल। कमर में एक धोती लपेट रखी थी।

सुखू साव ने कहा, "तुम कौन है रे? और यह क्या तमाशा है?"

युवक उसकी ओर बढ़ते हुए बोला, "यह तमाशा नहीं है, महाजन। निशाना है, तीर का निशाना। अभी तुम मेरा निशाना देख चुके हो। यह तो मेरा पहला तीर

था, जिसने तुम्हारा कागज फाड़ डाला।" कहते हुए उसने धनुष पर दूसरा तीर चढ़ा लिया और बोला, "यह मेरा दूसरा तीर है, जो तुम्हारी छाती छेद देगा। समझे? जान प्यारी है तो भागो यहाँ से।"

मंगरू बोला, "अरे तिलका, इनको छोड़ दे बेटा। ये बहुत खतरनाक आदमी हैं। पता नहीं कल क्या कर दें?"

"यह खतरनाक नहीं, गीदड़ है दादा।" तिलका ने दाँत पीसते हुए कहा, "...और मैं इन गीदड़ों से नहीं डरता। अगर आगे तुम्हारे पास आएगा तो मैं इसकी छाती छेद दूँगा और यहीं तड़प-तड़पकर मर जाएगा।"

"नहीं बेटा! ऐसा मत बोल।"

"दादा, तुम नहीं जानते। ये दिक्कू हैं। इन लोगों ने इसी तरह कितने लाचार लोगों को कर्ज देकर फँसा लिया है और इसी तरह कागज पर अँगूठे का निशान लेकर उनकी जमीन हड़प लेते हैं। हमको सब पता चल चुका है। ये महाजन गोरी सरकार के पिट्ठू हैं। इसके जैसे बहुत महाजन हैं, जो अंग्रेजों से मिलकर हम गरीब और भोले-भाले पहाड़िया और संथालों की जमीन ऐसे ही हड़प रहे हैं। यह जंगल और जमीन तो हमारी है, फिर हम अंग्रेजों को लगान क्यों दें? लगान भरने के लिए हम इन महाजनों के कर्जदार क्यों बनें? अब सोने से काम नहीं चलेगा। हमें जागना होगा। अब हम ऐसा नहीं होने देंगे।"

सुखू साव कभी साक्षात् काल बने तिलका को, तो कभी मंगरू और दखिया को देखे जा रहा था। उसे समझ में नहीं आ रहा था कि वह किससे क्या कहे? दखिया भी मूर्तिवत् खड़ी होकर सामने के दृश्य को चुपचाप देखे जा रही थी। उसका दिल इस भय से धड़क रहा था कि इस घटना के बाद कभी यह दिक्कू महाजन अपने लठैतों के साथ हमारी झोंपड़ी पर आ जाएगा और हमारी गत बनाकर रख देगा! वहीं तिलका गुस्से से काँप रहा था और महाजन की आँखों में गुस्से की जगह भय ने ले ली थी। महाजन के एक लठैत ने उसके कानों में कहा, "सावजी, यह लड़का बहुत बोल रहा है। आप कहिए तो...!"

महाजन ने उसकी ओर गुस्से से देखा और धीरे से कान में कहा, "पागल हो गए हो? अभी कुछ किया तो यह लड़का हम में से किसी को जिंदा वापस नहीं जाने देगा। चुप रहो।"

उनकी खुसुर-पुसुर देखकर तिलका चिल्लाया, "महाजन, तुम यहाँ से भागते हो या चलाऊँ तीर?"

तिलका की निशानेबाजी और धनुष पर चढ़े तीर ने सुखू को विनम्र बनने पर

मजबूर कर दिया। उसने विनम्रतापूर्वक कहा, "नहीं बेटा, हम जा रहे हैं, लेकिन इसको पैसा तो देना ही पड़ेगा। हम जा रहे हैं···हम जा रहे हैं।"

इतना कहकर तीनों वहाँ से चल पड़े तो तिलका ने जोर से चिल्लाकर कहा, "एक पैसा नहीं मिलेगा, महाजन। यहाँ दुबारा आना मत। अगर आ गए तो यहाँ से खून से लथ-पथ तुम्हारी लाशें जाएँगी।"

□

कंधे से बंदूक लटकाए दो सिपाहियों के साथ कलक्टर का प्यादा बनकर एक राजस्व कर्मचारी गाँव में आ गया था। पूरा गाँव सहमा हुआ था। जिसके पास वह पहुँचता, उसकी जान साँसत में आ जाती। लगान देने को पैसे रहे, तब तो ठीक, नहीं रहे तो शामत। सिपाही उसकी बेरहमी से पिटाई शुरू कर देते। आज कार्तिक माँझी उनकी चपेट में पड़ गया। प्यादा उसके दरवाजे पर आ धमका। आवाज देकर कार्तिक को झोंपड़ी से बाहर बुलाया और कहा, "कार्तिक माँझी, हम लगान वसूलने आए हैं। जल्दी करो। हमें दे दो। अभी पूरे गाँव और इलाके में हमें घूमना है।"

कार्तिक माँझी ने हाथ जोड़कर कहा, "मालिक, आज तो हमारे पास पइसा नहीं है। कुछ इंतजाम करते हैं तो आपको दे देंगे।"

प्यादा ने कड़ककर कहा, "साले, तुम्हारे बाप का राज है? हमको अभी लगान चाहिए।"

कार्तिक माँझी उसी प्रकार गिड़गिड़ाते हुए बोला, "मालिक, आज भर रहम कर दीजिए। हम जल्द ही इंतजाम कर आपको लगान दे देंगे।"

प्यादा ने सिपाहियों को कहा, "यह ऐसे नहीं मानेगा। जरा इसको सँभालो भाई।"

दोनों सिपाही कार्तिक पर पिल पड़े। एक सिपाही ने उसके पैरों पर जोर लगाकर डंडा चलाया। चोट इतनी जबरदस्त थी कि कार्तिक माँझी 'अरे बाप रे' कहते हुए जमीन पर गिर पड़ा। दूसरे सिपाही ने अपने डंडे से कलाबाजी दिखाई। डंडा उसकी पीठ पर पड़ा। वह फिर चिल्लाया, "अरे बाप रे! जान ले लिया रे बाप!" इसके बाद दोनों सिपाहियों के डंडे बारी-बारी से उसके कमजोर शरीर पर पड़ने लगे और वह कहता जा रहा था, "रहम करिए मालिक···रहम करिए मालिक···हम पाई-पाई चुका देंगे।"

उसके शरीर पर डंडे पड़ रहे थे और वह घिघियाए जा रहा था। रहम की भीख माँग रहा था, लेकिन सिपाहियों को रहम नहीं आ रही थी। अचानक एक तीर आकर एक सिपाही के सीने में घुस गया। उसकी छाती से खून का फव्वारा निकलकर उसकी वरदी को लाल करने लगा। वह वहीं जमीन पर गिरकर तड़पने

लगा। तीर मारनेवाला कोई और नहीं, वही तिलका माँझी था। दूसरे सिपाही ने बिना कुछ बोले बंदूक सँभाली और उस पर तान दी, लेकिन दूसरा तीर उसकी उँगलियों को काटता हुआ निकल गया। उसके हाथ से बंदूक छूटकर गिर गई और तीसरा तीर सिपाही के गले को छेद कर बड़ा सुराख बनाकर बाहर निकल गया। उसके गले से भी खून का वैसा ही फव्वारा छूट गया। कुछ पल जमीन पर तड़पने के बाद दोनों सिपाहियों के शरीर शांत हो गए। अपने साथ के दोनों सिपाहियों को खून से लथपथ होकर जमीन पर तड़पते हुए देखकर प्यादा भय से काँप उठा। तिलका उसके सामने साक्षात् यमराज बनकर खड़ा था। उसे लग रहा था कि चौथा तीर उसके धनुष से छूटेगा और उसे भी यमलोक पहुँचा देगा!

तिलका ने कहा, "अरे ओ कलक्टर के चमचे, तुम कार्तिक दादा को क्या बोल रहे थे कि बाप का राज है? तो सुन ले, ये जंगल, पहाड़, नदियाँ, जमीन सब पर हमारे बाप का ही राज है। यह सबकुछ हमारा है और हमारा ही रहेगा। हम तुम्हें इस तरह गरीबों पर अत्याचार नहीं करने देंगे। हम आदिवासी अपने दरवाजे पर आए अतिथि की पूजा करते हैं। उसके पाँव धोते हैं। उस पर अपनी जान देने को भी तैयार रहते हैं, लेकिन अगर कोई हमारी जमीन पर खड़ा होकर हमें आँखें दिखाए तो हमें पसंद नहीं। अब अंग्रेजों का अत्याचार और नहीं चलेगा। उनका शासन हम नहीं मानेंगे। समझे?"

आते के साथ ही दो बंदूकधारी सिपाहियों के बल पर अकड़ दिखानेवाला राजस्व कर्मचारी घिघियाने की मुद्रा में आ गया। हाथ जोड़कर बोला, "ठीक है तिलका बाबू। जो आप कह रहे हैं, वही ठीक है। हमारी जान बख्श दीजिए।"

तिलका ने कहा, "ठीक है। हम तुम्हें नहीं मारेंगे, लेकिन कान खोलकर सुन लो। अब हम तुम लोगों को लगान नहीं देंगे।"

राजस्व कर्मचारी ने कहा, "मत दो, अब हम लगान के लिए यहाँ आएँगे भी नहीं।"

तिलका माँझी ने कहा, "एक तो संथाल परगना का पूरा इलाका ऐसे ही ऊँची-नीची असमतल पहाड़ियों और घने जंगलों से पटा पड़ा है। पेट भरने लायक खेती की उपज भी नहीं होती। ऊपर से लगान वसूलने के नाम पर कंपनी सेना का ऐसा अत्याचार! सूदखोर जमींदारों और महाजनों का अन्याय! ये दिक्कू पहाड़ियों और संथालों को बरबाद करने पर आमादा हैं। हम उनकी नजर में जानवरों से भी बदतर हैं। कितना सहेंगे हम? तुम्हें जिंदा छोड़ देते हैं। जाकर अपने बाप को बता देना कि यहाँ से अंग्रेजों को लगान नहीं मिलेगा।"

"ठीक है बाबू!" राजस्व कर्मचारी गिरता-पड़ता हाँफता हुआ वहाँ से भाग खड़ा हुआ। भागते समय वह पीछे मुड़कर देख भी लेता था कि कहीं कोई तीर तो उसका पीछा नहीं कर रहा!

□

देखते-देखते एक सप्ताह के भीतर ही अत्याचार और शोषण की ऐसी दर्जनों घटनाएँ घट गईं और तिलका मसीहा की तरह अचानक पहुँचकर अपने तीखे तीरों की बदौलत गरीब और लाचार पहाड़ियों तथा संथालों की रक्षा करता गया। इससे उसकी लोकप्रियता तेजी से बढ़ती चली गई और सबकी आँखों का तारा बनता चला गया। जिस गाँव में ऐसी घटना होती, वहाँ के नवयुवक उसके साथ हो जाते। वे तिलका के गाँव पहुँच जाते, जहाँ उन्हें तीर, तलवार, भाला, फरसा आदि अस्त्र-शस्त्र चलाने का प्रशिक्षण दिया जाता था। अब तिलका माँझी के साथ सौ से अधिक हथियारबंद युवकों का दल चलने लगा। यह अंग्रेजी सत्ता के लिए सीधे ऐलान-ए-जंग था। तिलका माँझी की सभा हर शाम को जंगल में होती और वहीं योजना बनती कि कल हमें किस अभियान में निकलना है! यह वही तिलका माँझी है, जिसे इतिहास भारतीय स्वाधीनता संग्राम का प्रथम नायक मानता है। तिलका माँझी का जन्म सुलतानगंज के तिलकपुर गाँव में 11 फरवरी, 1750 को हुआ था। पिता सुंदरा मुर्मू संथाली समाज के माँझी थे। सीधे-सादे, लेकिन सुलझे हुए और समझदार। संथाली समाज में माँझी किसी व्यक्ति का केवल उपनाम ही नहीं होता, बल्कि वह एक पद होता है, जिसे प्रधान के तौर पर माना जाता है। इस पद के लिए आवश्यक योग्यताएँ होती हैं—निष्पक्ष दृष्टि, संगठनात्मक क्षमता, नेतृत्व निपुणता और चातुर्य। ये सारे गुण सुंदरा मुर्मू में समाहित थे। सुंदरा मुर्मू माँझी के रूप में थे अपने समाज के हर सदस्य के सुख-दु:ख के साथी। किसी की भी समस्या का निदान चुटकी बजाते कर लेते थे। वे पहाड़िया और संथालों के बीच कोई भेदभाव नहीं मानते थे। किसी के साथ अन्याय नहीं होने देते थे। माता रुपनी माँझी बहुत ही समझदार, मिलनसार और हँसमुख स्वभाव की महिला थी। पहाड़िया समाज में रुपनी को भी उसके पति के समान ही मान-सम्मान प्राप्त था। सुंदरा माँझी के ही नक्शेकदम पर तिलका भी चल रहे थे। उन्हें भी खुद से अधिक समाज और दूसरों की चिंता रहती थी। एक दिन सुंदरा मुर्मू के लिए भी अंतिम साँस लेने का समय आ ही गया। उस दिन सुंदरा बहुत ही चिंतित मुद्रा में अपने बिस्तर पर लेटे थे। तिलका ने उन्हें देखा तो पूछ बैठा, "क्या बात है पिताजी, आपकी तबीयत तो ठीक है न?"

"हाँ बेटा, तबीयत तो ठीक है।"

"तो फिर आप इतने उदास क्यों हैं?"

सुंदरा ने गहरी साँस लेते हुए कहा, "क्या बताऊँ तिलका, मुझे संथाल और पहाड़िया समाज की चिंता हो रही है। यदि हम सुधरे नहीं तो हमें बरबाद होने से कोई रोक नहीं पाएगा।"

"हाँ पिताजी, आप ठीक ही कह रहे हैं।"

सुंदरा ने बात आगे बढ़ाई, "हमारे समाज के लोग खून-पसीना एक करके खेती करते हैं और चावल आदि अनाज पैदा करते हैं, लेकिन ईस्ट इंडिया कंपनी के कर्मचारियों के हाथों सस्ते दाम पर बेच रहे हैं—चार आने में एक मन चावल। आढ़तिए और गोलदार एक चवन्नी में छह मन तक चावल यहाँ के लोगों से खरीद ले रहे हैं। पैसे के पीछे पागल हो गए हैं हमारे समाज के लोग। अनाज से जो पैसे मिलते हैं, उससे हाटों और मेलों में जाकर चूड़ियाँ, माला, कपड़े या इसी प्रकार की नई वस्तुएँ खरीद रहे हैं। यह सोच भी नहीं पाते कि बुरे दिन आएँगे तो खाएँगे क्या? पहाड़िया सरदार और माँझी घूम-घूमकर लोगों को समझा रहे हैं और चेतावनियाँ भी दे रहे हैं, लेकिन सब बेकार। हमने भी लोगों को समझाया। अपने गाँव—जवार के लोगों को सावधान करते रहे—पागल मत बनो। थैली के सारे रुपए खर्च करने पर भी उतना चावल नहीं खरीद पाओगे।"

"पागल हो गए हैं लोग।" तिलका ने चिंतित होकर कहा।

सुंदरा ने कहा, "बात इतनी ही नहीं। संकट को निकट देखकर पहाड़िया सरदारों की सभा हुई। उसमें फरमान जारी किया गया—बिना जरूरत हाटों में औरतों और बच्चों का घूमना बंद। जंगल के बाहर की रंग-बिरंगी चीजों की खरीदारी बंद। गोलमाल करनेवाले दलालों, गोलादारों और आढ़तियों का पहाड़िया गाँवों में प्रवेश बंद। पहाड़ पंचायत के आदेशों का उल्लंघन करनेवालों को कठोर दंड 'बिटलाहा' (जाति से बहिष्कार और समाज से बाहर किया जाना) देने की चेतावनी भी दी गई, लेकिन लोग सुधर नहीं सके। यदि ऐसा ही रहा तो इन्हें बरबाद होने से कोई बचा नहीं पाएगा।" इतना कहते हुए सुंदरा मौन हो गए। उनके माथे पर चिंता की लकीरें साफ दिख रही थीं। उन्होंने भर आई आँखों को पोंछते हुए कहा, "तिलका!"

"हाँ, पिताजी!"

"बेटा, तुमसे मुझे बहुत उम्मीद है। मेरे बाद तुम्हें ही इस समाज को बचाना होगा। ईस्ट इंडिया कंपनी और उसके अफसर, दलाल जमींदार, महाजन, सब हमारे दुश्मन हैं। वे हम संथालियों और पहाड़ियों को हर हालत में बरबाद करना चाहते हैं। हमें दोनों हाथों से लूट रहे हैं। लगान के बहाने वे हमारी जमीन, जंगल पर कब्जा

कर रहे हैं और हमें अपनी ही जमीन पर मजदूरी करने को मजबूर कर रहे हैं। मेरे बाद इस समाज को बचाने की जिम्मेदारी तुमको ही सँभालनी होगी, बेटा।"

"ठीक है पिताजी, मैं पूरी कोशिश करूँगा।"

"ठीक है बेटा, समाज का ध्यान रखना।" इतना कहते हुए सुंदरा माँझी ने अपनी आँखें मूँद लीं। तिलका के लिए यह अप्रत्याशित घटना थी। उसने सोचा भी नहीं था कि उसके पिताजी इस प्रकार अचानक छोड़कर चले जाएँगे। आँखों से आँसुओं की धारा बह चली और वह जोर से चिल्लाए, "पिताजी!" तिलका की आवाज सुनकर माँ रुपिनी भी वहाँ आ पहुँची और कोहराम मच गया।

□

देखते-ही-देखते कई महीने गुजर गए, लेकिन तिलका माँझी के दिमाग में पिता की कही बात गूँजती रहती थी, "ईस्ट इंडिया कंपनी और उसके अफसर, दलाल जमींदार, महाजन, सब हमारे दुश्मन हैं।" बात 1770 की है। उस साल बरसात बीत गई, लेकिन मौसम ने बेईमानी कर दी। ढंग से पानी नहीं बरसा और परिणाम यह कि सभी फसलें खेत में ही सूख गईं। नदियाँ-तालाब सूखने लगीं। जंगल में घासें सूखकर खत्म हो गईं और जंगलों में कुलाँचें भरनेवाले हिरण, खरगोश आदि पशु भी भूखे-प्यासे काल के गाल में समाने लगे। इसके साथ ही उन पशुओं को खाकर पेट भरनेवाले मांसाहारी पशुओं पर भी शामत आ गई। इधर पहाड़िया और संथालों की हालत बिगड़ने लगी। खेत से अनाज नहीं मिला तो जंगलों में शिकार से पेट भरने की उम्मीद पर भी पानी फिर गया, क्योंकि उन्हें खाने योग्य पशु भी नजर नहीं आते थे। पहाड़िया और संथाली समाज के लोग भूख से व्याकुल होने लगे। चार आने में छह मन तक चावल खरीदनेवाले कंपनी के लोगों से चार रुपए में एक सेर चावल खरीदने पर मजबूर थे। वनवासी ठगे गए और भूखों मरने के सिवा कोई चारा नहीं था। इस हालत को देखकर तिलका का कलेजा फटने लगा। उसने अपने समर्थक जवानों की एक सभा बुलाई और इस गंभीर स्थिति पर विचार-विमर्श शुरू हुआ। तिलका ने सभी परिस्थितियों पर विस्तार से प्रकाश डाला और अपने साथियों से लोगों को उबारने का उपाय पूछा, "साथियो, अब आप ही उपाय बताएँ।"

एक जवान ने कहा, "भइया, हमें इस हालत में ईस्ट इंडिया कंपनी के लोगों और दलालों ने पहुँचाया है तो क्यों नहीं हम उन्हें ही लूटकर मरते लोगों की जान बचाएँ!"

दूसरे जवान ने कहा, "लेकिन लूटपाट करना हमारे धर्म के खिलाफ है।"

पहले जवान ने कहा, "मेरे भाई, लूटपाट करना हर हाल में बुरी बात है, लेकिन मरता क्या न करता! यह लूटपाट हम खुद के लिए थोड़े ही कर रहे हैं। यह

तो हम समाज के लिए करेंगे और इस भारी अकाल में भूख से मरते लोगों का पेट भरेंगे।"

तिलका ने कहा, "तुम ठीक ही कह रहे हो। हम यही करेंगे। कंपनी को हमारे सुख-दुःख से कोई मतलब नहीं है तो हम उसे अपने पहाड़ों से रास्ता क्यों दें? हम इस रास्ते से आनेवाले कंपनी का खजाना लूटेंगे। बस, यही उपाय है अकाल में मर रहे लोगों की भूख की आग मिटाने के लिए अनाज जुटाने का। तो चलो, तैयार हो जाओ।"

सभी ने एक साथ अपने हथियारों को उठाकर कहा, "हम तैयार हैं।"

उसी रात तिलका की फौज ने कई दलों में बँटकर दर्जनों जमींदारों, महाजनों और दलालों के घर पर धावा बोल दिया तथा जमकर लूटपाट की। कुछ विरोध करनेवाले मारे भी गए। तिलका माँझी के नेतृत्व में एक दल पहाड़ों पर घात लगाकर बैठ गया। संयोग ऐसा हुआ कि कंपनी ने अंबर और सुलतानाबाद में मालगुजारी की भारी रकम वसूली थी, जिसे भागलपुर भेजा जाना था। राजमहल से तेलियागढ़ी होते हुए ईस्ट इंडिया कंपनी का खजाना और डाक का कलकत्ता और भागलपुर आना-जाना लगा रहता था। उस दिन भी खजाना और डाक लेकर हथियारबंद सिपाहियों के साथ सरकारी अमला उसी रास्ते से चल पड़ा। अचानक पहाड़ से जहरीले तीरों की बरसात होने लगी। तीर जिसके शरीर में चुभा, उसका खड़ा होना मुश्किल हो गया। हथियारबंद सिपाही बंदूक सँभाल भी नहीं पाए और धराशायी हो गए। तिलका के जवानों ने गाड़ी रोक ली और पूरे खजाने के साथ डाक को भी लूट लिया। खजाने के साथ रहे कर्मचारियों की भी इतिश्री करते हुए तिलका और उसके जवान वहाँ से चल पड़े और बाँसलाई नदी पहुँच गए। वहाँ उन्होंने हाथ-मुँह धोया। पानी पीया और लूटे हुए खजाने को वहीं रेत में गाड़कर चलते बने। दूसरे दिन भूख से व्याकुल पहाड़िया और संथालों के घर-घर तक भारी मात्रा में अनाज, कपड़े, गाय आदि पहुँचा दिए गए। इस प्रकार तिलका माँझी ने भीषण अकाल में भूख से मर रहे लोगों की जान बचा ली। तिलका पूरे समाज के मसीहा बन गए और गाँव-गाँव से हजारों नवयुवक उनकी सेना से जुड़ते चले गए। इसी के साथ अंग्रेजों के खिलाफ संग्राम का बिगुल बज गया। संथालियों के दिल में देश, जमीन, पहाड़, जल और जंगल के प्रति असीम प्रेम स्वाभाविक रूप से होता है। यही कारण है इनके सीधे, सरल और सहज स्वभाव का अपनी व्यापारिक बुद्धि से संपन्न अंग्रेज अनुचित लाभ उठा रहे थे। जब पानी सिर से ऊपर होकर बहने लगा तो प्रतिकार स्वरूप तिलका माँझी जैसे वीर योद्धा के नेतृत्व में ईस्ट इंडिया कंपनी के प्रति विद्रोह की आग धधक उठी। उस

आग में सूदखोर महाजन, जमींदार, दलाल और अंग्रेजों के ऑफिसर जलने लगे। कई महाजनों और जमींदारों को लूटकर उनके घर आग के हवाले कर दिए गए तो सरकारी खजानों और थानों पर भी तिलका की सेना के ताबड़-तोड़ हमले होने लगे। तिलका ने उनको नाकों दम कर दिया। स्थिति बेकाबू हो गई। ईस्ट इंडिया कंपनी ने विद्रोहियों के दमन का जिम्मा सैन्य गवर्नर कैप्टन ब्रूक को सौंपा। कैप्टन ब्रूक अपने सैनिकों के साथ विद्रोहियों के नेता तिलका माँझी को ढूँढ़ने लगा। जंगलों और गाँवों की खाक छानने लगा, लेकिन तिलका की गंध तक नहीं पा सका, लेकिन वह भी माननेवाला नहीं था। कई गाँवों में उसने छापामारी की। कई गाँवों में उसे ग्रामीणों के जबरदस्त विरोध का सामना करना पड़ा, लेकिन उसने हार नहीं मानी और अपना प्रयास जारी रखा। एक दिन तिलका को ढूँढ़ते-ढूँढ़ते एक गाँव में पहुँच गया। उसके आने के बाद गाँव में सन्नाटा पसर गया। कैप्टन ब्रूक को एक अधेड़ चरवाहा आता दिखाई दिया। उसने उसे संबोधित करते हुए कहा, "हल्लो मैन!"

चरवाहे ने उसकी ओर देखा और आगे बढ़ गया। कैप्टन ब्रूक ने दुबारा आवाज दी, "हल्लो मैन। हाम टुमको ही बोलटा। कम हियर, प्लीज···आई मीन इढर को आना। हाम टुमसे कुछ जानना चाहटा है। आई वान्ट टू नो।"

इस बार चरवाहा ठिठककर वहीं खड़ा हो गया तो कैप्टन ब्रूक उसके पास जा पहुँचा। फिर चरवाहे से पूछा, "मैन, टुम टिलका को जानटा है? वह किढर को रहटा हाय?"

चरवाहा ने भयभीत होकर कहा, "नईं सरकार, हम तिलका को नहीं जानते हैं।"

कैप्टन गुर्राया, "टुम झूठ बोलटा हाय, मैन। टुम टिलका को जरूर जानटा हाय। झूठ बोलेगा टो हम टुमको गोली मार डेगा।"

गोली मारने की धमकी सुनकर चरवाहे की घिग्घी बँध गई। उसने कहा, "हम सही बोल रहे हैं सरकार। हम तिलका को नहीं जानते।"

कैप्टन ब्रूक ने गुस्से में कहा, "मटलब टुम भी टिलका का आडमी है! आई मीन, टुम भी बागी है!" कहते हुए उसने एक जोरदार तमाचा चरवाहे के गाल पर जड़ दिया। चरवाहा खुद को सँभाल नहीं सका और वहीं जमीन पर लुढ़क गया। इसके बाद उसके साथ के सैनिक उस पर टूट पड़े और लात-घूँसे बरसाने लगे। देखते-ही-देखते वह गरीब वहीं ढेर हो गया। कैप्टन ब्रूक उसी शान के साथ आगे बढ़ा और बोला, "सर्च एवरी हाउस। एक-एक घर की टलाशी लो। टिलका यहीं होगा।"

अचानक सामूहिक रूप से शोर मचा, "हूल-हूल-हूल-हूल-हूल..."

कैप्टन ने देखा कि सामने सैकड़ों लोगों का हुजूम उमड़ा चला आ रहा है। कैप्टन ने चिल्लाकर कहा, "फायर!" सैनिक सँभलते, तब तक उन पर जहर बुझे तीरों की वर्षा होने लगी। सैनिकों ने उग्र भीड़ पर फायरिंग शुरू कर दी। कई ग्रामीण मारे गए तो दूसरी ओर दर्जनों सैनिक धराशायी हो गए। भीड़ बंदूकों से निकलनेवाली गोलियों की परवाह किए बिना आगे बढ़ती ही जा रही थी। बचे सैनिक पीछे मुड़े और भाग चले। कैप्टन ब्रूक भी उनके पीछे भाग चला, लेकिन एक तीर उसके पैर में आकर धँस गया, जिससे वह भाग न सका और वहीं गिर गया। तब तक भीड़ पहुँच गई और उस पर भाले तथा फरसे चलने लगे। कैप्टन ब्रूक के प्राण-पखेरू उड़ चले और खून से सराबोर मांस का लोथड़ा बन गया उसका शरीर।

इस घटना के बाद ब्रिटिश सरकार की बौखलाहट तो बढ़ गई, लेकिन एक भय भी समा गया, क्योंकि विद्रोह की लपटें तेजी से चारों ओर फैलने लगी थीं। अंग्रेजों को लगने लगा था कि इन विद्रोहियों के साथ सीधे लड़ाई करना खतरे से खाली नहीं है। ऐसी स्थिति में कैप्टन ब्राउन ने मेल-मिलाप की छद्म नीति अपनाई। वह गाँव-गाँव जाकर लोगों का हमदर्द और विश्वासी बनने का नाटक करने लगा। वह ग्रामीणों के पास जाकर अंग्रेजी सरकार की निंदा करने लगा। इसके साथ ही माँझियों को उपहार देने की कूटनीतिक योजना का कार्यान्वयन करने लगा। इस क्रम में उसने ऑगस्टस क्लीवलैंड को राजमहल क्षेत्र का सुपरिंटेंडेंट नियुक्त किया। उसने क्लीवलैंड से कहा, "वी शूड ट्रीट क्लेवरली। अब हमको चालाकी से काम लेना होगा।"

क्लीवलैंड ने उसकी बातों का समर्थन करते हुए कहा, "यस सर। यू आर राइट। हाम भी यही सोचटा हाय। हाम गाँव में जाएगा और पीपुल को सिमपैथी डेगा। उनके बीच अनाज और मेडिसिन बाँटेगा। धोटी एंड सारी देगा। हाम उनको बटाएगा कि टिलका उनका एनिमी है, लेकिन ब्रिटिश गवर्नमेंट उनके साथ है। हाम पहाड़िया कौम को उसके खिलाफ स्टैंड कराएगा।"

"हाउ विल बी पॉसिबल दिस?"

क्लीवलैंड ने कहा, "आई हैव सॉलिड प्लान सर। हाम हिल रेंजर्स बनाएगा। उसमें यंग पहाड़िया को रिक्रूट करेगा। सबको आर्म्स डेगा। उन्हें ट्रेंड कराएगा। यह हिलरेंजर्स संटाल विद्रोहियों को इजिली कंट्रोल करेगा।"

"यू मीन हाम सर्विस और बैटल एक साथ करेगा।"

"यस सर, हम हिल रेंजर्स के मार्फत पहाड़िया सोसाइटी को सैंटाली सोसाइटी के खिलाफ स्टैंड कराएगा। डोनों के बीच हम फूट डालेगा और⋯!"

आगे का वाक्य कैप्टन ब्राउन ने पूरा किया, "इंडिया पर राज करेगा।" फिर दोनों एक साथ ठहाका मारकर हँस पड़े।

□

क्लीवलैंड बहुत ही चालाक था। वह प्रतिदिन किसी-न-किसी पहाड़िया या संथाल के गाँव में पहुँच जाता था। उनके पर्व-त्योहार और उत्सवों में भी वह भाग लेने लगा। एक दिन इसी प्रकार एक पहाड़िया गाँव में शिकार पर्व मनाया जा रहा था। वहीं ऑगस्टस क्लीवलैंड की मुलाकात गठीले बदनवाले नाटे पहाड़िया युवक से हो गई। उसकी कद-काठी बहुत हद तक तिलका माँझी से मिलती थी। उसने पूछा, "आर यू टिलका? आई मीन टुम टिलका माँझी है?"

"नईं सर", युवक ने कहा, "हम जबरा हैं⋯जबरा पहाड़िया।"

"ओ यू आर जबरा पहाड़िया? वेरी गुड!" क्लीवलैंड मुस्कराया, "टुम क्या करटा मिस्टर जबरा?"

"हम गरीब आदमी हैं, सर। खेती और शिकार करके अपना पेट भरते हैं।"

"हम सुना हाय, टुम लूटपाट भी करटा हाय? पुलिस के पास टुम्हारा रिकॉर्ड वेरी बैड हाय। पुलिस के रिकॉर्ड में टुम मोस्ट वांटेड।"

जबरा ने उसकी बात का जवाब नहीं दिया तो क्लीवलैंड बोला, "मिस्टर जबरा, ब्रिटिश गवर्नमेंट टुम पहाड़िया लोगों की सेवा करना माँगटा है। इसके लिए हिल रेंजर्स बनाया है, जो हिलों पर रहनेवाले टुम लोगों का डेवलपमेंट करेगा और प्रॉब्लम सॉल्व करेगा, बट वी वांट टू योर हेल्प। हम टुम्हारी मडड माँगटा है।"

जबरा देखने में भयानक लगता था। उसने प्रश्नवाचक दृष्टि से देखते हुए सवाल किया, "तो हम आपकी क्या मदद कर सकते हैं?"

"हम टुमको हिल रेंजर्स का कमांडर बनाना माँगटा है।" क्लीवलैंड ने कहा, "टुम्हारा काम इस इलाके में न्यूसेंस क्रिएट करनेवाले लोगों को कंट्रोल करना भी होगा। टिलका माँझी इज वेरी नोटोरियस एंड डेंजरस। हाम उस पर कंट्रोल करना माँगटा है। हाम टुमको गन देगा, आई मीन बंडूक देगा और चलाना भी सिखाएगा।"

जबरा ने इनकार में सिर हिलाते हुए कहा, "यह काम हमसे नहीं हो पाएगा। हमको कमांडर नहीं बनना है।"

क्लीवलैंड ने मुस्कराकर कहा, "डोंट बी सिल्ली। बेवकूप नाईं बनने का, जबरा। अगर टुम कमांडर नाईं बनेगा टो हम अपनी फौज बुलाकर टुम्हारा घर

जलवा डेगा और टुम्हारे फैमिली के सभी लोगों को खटम करा देगा। अंडरस्टैंड? आई मीन समझा? सबसे पहले हाम टुम्हारा लूटपाट के मामले में एनकाउंटर करा डेगा और टुमको गोली मरवा डेगा।"

जबरा भयभीत नजर आने लगा। क्लीवलैंड ने उसके चेहरे को देखकर भाँप लिया कि तीर सही निशाने पर लग गया है। उसने कहा, "बोलो, टुम क्या करेगा? हिल रेंजर्स का कमांडर बनेगा कि अपनी फैमिली के साथ मारा जाएगा?"

जबरा ने कहा, "आप जो कहेंगे, हम वही करेंगे।"

इसी के साथ जबरा पहाड़िया को हिल रेंजर्स का कमांडर नियुक्त कर दिया गया। इसके बाद उस पर ब्रिटिश शासन के खिलाफ विद्रोह कर रहे संथालियों के दमन की जिम्मेदारी सौंप दी गई।

□

ट्रिंग-ट्रिंग…ट्रिंग-ट्रिंग…ट्रिंग-ट्रिंग…

"हैलो।" टेलीफोन उठाते हुए कैप्टन ब्राउन बोला।

"हैलो सर, ऑगस्टस क्लीवलैंड हियर। हामने इडर इंटजाम कर दिया हाय। पहाड़िया सरदार को मिला लिया हाय। हिल रेंजर्स में…यस सर। हाम लगाटार लगा हाय। यही तिलका डिस्टर्ब करटा हाय। न खुड लगान डेटा है, न किसी को डेने डेटा हाय।…यस सर, हाम उसको जल्ड ही पकड़ लेगा। हाम हिल रेंजर्स के पहाड़िया आर्मी को टिलका को जिंडा या मुर्दा पकड़ने का ऑर्डर दे दिया है।"

एक दिन क्लीवलैंड जबरा पहाड़िया से मिलने आया और उसे तिलका माँझी को पकड़ने का आदेश दिया। जबरा को यह आदेश अच्छा तो नहीं लगा, लेकिन क्लीवलैंड के आदेश मानने से इनकार करने की हिम्मत भी उसमें नहीं थी। इसलिए हिल रेंजर्स के पाँच बंदूकधारी सैनिकों के साथ जंगल में चल पड़ा। जंगल में वह तिलका माँझी को खोजते हुए कई मील निकल गया और एक पहाड़ के पास जा पहुँचा। उसी समय हिल रेजर्स के सैनिकों पर तीर बरसने लगे और बंदूकधारी हिल रेंजर्स के सैनिकों के हाथ घायल करने लगे। उनके हाथ इतने घायल हो गए कि उनसे बंदूक सँभालना असंभव हो गया। मात्र चार तीरों ने जबरा के दोनों हाथों की भी वही गत बना दी। वह उस जंगल और पहाड़ में लूटपाट करने के मामले में पहले से ही कुख्यात था। वह संथालियों और पहाड़ियों के तीर चलाने के अंदाज से भलीभाँति परिचित था, फिर भी उसे समझ में नहीं आ रहा था कि वह करे तो क्या करे? अचानक एक पेड़ से छलाँग लगाकर तिलका जमीन पर ठीक जबरा पहाड़िया के सामने खड़ा हो गया। उसने

कहा, "जबरा, हमने सुना है कि तुमको अंग्रेजी सरकार ने हमको पकड़ने का काम सौंपा है?"

जबरा ने कहा, "हाँ तिलका, तुमने ठीक ही सुना है।"

"और तुम यहाँ आ गए? अपने लोगों के ख़िलाफ ही हथियार उठा लिया?"

"हम तुमको पकड़कर क्लीवलैंड के पास ले जाएँगे और खूब इनाम पाएँगे।"

तिलका ने ऊँची आवाज में कहा, "जबरा, लानत है तुम पर। हम अपनी जान की बाजी लगाकर किसके लिए लड़ रहे हैं? अपने पहाड़िया और संथाली समाज के लिए ही तो! अकाल में भूखों मर रहे लोगों की जान बचाने के लिए हमने सरकारी खजाना लूटा। उससे अनाज घर-घर पहुँचवाया। यह नहीं सोचा कि कौन पहाड़िया है और कौन संथाली! हम आपस में भाई हैं जबरा और तुम अपने ही भाई के खिलाफ बंदूक लेकर खड़े हो गए? ये अंग्रेज किसी के नहीं हो सकते। ये हम संथालियों और पहाड़ियों को हर तरह से लूट रहे हैं, बरबाद कर रहे हैं।"

जबरा ने कहा, "बकवास बंद करो, तिलका। हम अपनी ड्यूटी कर रहे हैं।" वह आगे बढ़ा। पेड़ों से बंदरों की तरह छलाँग लगाते हुए लगभग एक दर्जन विद्रोही जवानों ने जबरा को घेर लिया। तिलका ने मुसकराकर कहा, "जबरा, अब तुम क्या करोगे? तुम्हारे सारे सैनिक घायल हो चुके हैं। कोई बंदूक उठाने और चलाने की हालत में नहीं है। अब अगर मैं चाहूँ तो तुम सभी को यहीं मारकर जमीन में गाड़ सकता हूँ, लेकिन मैं ऐसा नहीं करूँगा। जानते हो क्यों? इसलिए कि तुम सभी मेरे भाई हो। आज नहीं तो कल तुम्हें जब अंग्रेजों की चाल समझ में आ जाएगी तो तुमको भी हमारी जंग अच्छी लगने लगेगी।"

जबरा ने हर हाल में खुद को संताली विद्रोहियों से घिरा पाया और उसे महसूस हो गया कि जान बचाने का कोई दूसरा रास्ता नहीं है। फिर उसे ऐसा भी महसूस हुआ कि तिलका का कहना किसी भी हालत में गलत नहीं है। सचमुच पहाड़िया और संथाली भाई-भाई हैं और हमें आपस में मिलकर ही रहना चाहिए। उसके चेहरे पर पछताने के भाव झलकने लगे। उसने कहा, "हमसे गलती हो गई, दादा।"

तिलका ने कहा, "मैं जानता हूँ, तुम बहुत बहादुर हो, जबरा। तुम्हें भी पता है कि ये अंग्रेज लालच और भय दिखाकर हमारे समाज की एकता को तोड़ने में लगे हैं। मुझे यह भी मालूम है कि तुम्हें अंग्रेज अफसर ने परिवार के साथ खत्म करने और घर जलाने की धमकी दी है। उसी से डरकर तुमने अपने भाइयों के खिलाफ बंदूक उठाई है। अगर तुम हमारे साथ आ जाओ तो हम अंग्रेजों को छठी का दूध याद दिला देंगे और कोई तुम्हारा बाल भी बाँका नहीं कर पाएगा।"

जबरा तिलका के पाँवों पर गिर गया। उसने कहा, "मुझे माफ करना, दादा। आज से हम आपके साथ हैं। आप जो कहेंगे, वही हम करेंगे। हमारी बंदूकें, हमारी ताकत अब आपकी ताकत है।"

तिलका गद्गद हो गया। उसने कहा, "अब अंग्रेजों की खैर नहीं। आज से पहाड़िया और संथाली एक हैं। तिलका और जबरा एक हैं। आज से तिलका ही जबरा है, जबरा ही तिलका है। दोनों में कोई अंतर नहीं। हम मिलकर अंग्रेजों के शोषण और अत्याचार के खिलाफ लड़ेंगे तथा मरते दम तक लड़ेंगे।" जबरा और हिल रेंजर्स के बंदूकधारी सैनिकों के तिलका के साथ होते ही विद्रोह का रूप और भयानक हो गया तथा अंग्रेजों पर शामत आने लगी। जहरीले तीरों, धारदार तलवारों, भारी-भरकम कुल्हाड़ी और मोटे-मोटे लाठियों से लैस तिलका की विद्रोही सेना ने जमींदारों और कंपनी सरकार के खिलाफ गुरिल्ला युद्ध छेड़ दिया। तिलका की सेना जमींदारों, महाजनों की जमकर धुनाई करती। बंदी ग्रामीणों को छुड़ाकर जाली कागजातों को जलाने का अभियान शुरू हुआ। आतंकित जमींदारों ने कलक्टर क्लीवलैंड से गुहार लगाई। तिलका को पकड़ने को सेना भेजी गई, लेकिन विद्रोहियों ने तीर और पत्थरों की बारिश शुरू कर दी। कंपनी सेना जंगल में घुस भी नहीं पाई। हार से बौखलाए क्लीवलैंड ने मोरेल, हैबर, गैब्रील, मिटफोर्ड के नेतृत्व में 50-60 सैनिकों की टुकड़ी जंगल में भेज दी। अचानक कंपनी पलटन पर जहरीले तीरों की बारिश हुई। फिर पत्थरों और कुल्हाड़ियों का वार। कंपनी सेना सँभलने से पहले ही धराशायी हो गई। अब गाँववालों के लिए तिलका मसीहा बन चुका था। लोग उसे छुपने में मदद करते। कंपनी सेना के पहुँचने से पहले ही तिलका को सूचना मिल जाती। बौखलाई कंपनी सेना तिलका का ठिकाना जानने के लिए ग्रामीणों के साथ मारपीट करती और उनकी हत्या करने में भी संकोच नहीं करती। हजारों सिपाहियों को जंगल में भेज दिया गया। विद्रोही पेड़ पर से ही हमले शुरू कर देते। हर बार सेना को शिकस्त मिलती। इस समय (1783-84) तक ईस्ट इंडिया कंपनी का पूरे भारत के व्यापार से लेकर राजनीति और सत्ता पर भी कब्जा हो चुका था, लेकिन तिलका की वीरता ने ब्रिटिश सत्ता की नींद हराम कर दी। इसी बीच तिलका की विद्रोही सेना ने भागलपुर मुख्यालय पर हमला कर खजाना लूट लिया। रास्ते में जिसने भी रोड़ा बनने की कोशिश की, उसे मार गिराया। इस घटना से भागलपुर का कलक्टर ऑगस्टस क्लीवलैंड बौखला गया। उसने तत्काल अपने अधीनस्थ अधिकारियों की बैठक बुलाई और तिलका माँझी से निपटने का हुक्म जारी कर दिया। बोला, "हाम टिलका को जिंडा या मुर्दा पकड़ना माँगटा हाय।"

अंग्रेजी फौज गाँवों में उतर गई। तिलका की खोज में गाँववालों पर भीषण अत्याचार शुरू हो गया। जिससे पूछते और वह नहीं में जबाव दे देता तो उसकी तब तक पिटाई की जाती थी, जब तक उसके प्राण-पखेरू उड़ नहीं जाते। इसी बीच क्लीवलैंड ने एक पहाड़िया सरदार से मुलाकात की। उसे हिल रेंजर्स का कमांडर बनाने का लालच देते हुए तिलका माँझी को मार डालने की जिम्मेदारी सौंपी। पहाड़िया सरदार अपने मिशन में जुट गया। अन्य पहाड़िया और संथाली लोगों से संपर्क के कारण उसे तिलका के ठिकाने का पता चल गया। एक रात उसने फरसा उठाया और निद्रावस्था में ही तिलका समझकर एक युवक का सिर धड़ से अलग कर दिया। आसपास सोए विद्रोहियों की नजर उस पर पड़ गई। पहाड़िया सरदार भागने लगा, लेकिन भाग नहीं सका। विद्रोहियों की गिरफ्त में आ ही गया। उसने जब अपने सामने तिलका माँझी को खड़ा पाया तो उसके होश उड़ गए। वह समझ नहीं पा रहा था, जिस तिलका को उसने मार डाला, वह उसके सामने कैसे आ गया? उसके मुँह से अचानक निकल गया, "तिलका, तुम जिंदा हो?"

तिलका के एक साथी ने कहा, "हाँ, तिलका दादा जिंदा हैं। तुमने जिसे मार डाला, वह जबरा था। हमारा बहादुर साथी।"

तिलका ने सवाल किया, "वह कौन है, जिसके कहने पर तुमने यह सब किया?"

छूरे की धार को एक कसाई से अधिक कौन समझ सकता है। मौत सर्वोपरि होती है। उससे उन्हें भी डर लगता है, जो दिन-रात दूसरों को मौत की नींद सुलाते रहते हैं। पहाड़िया सरदार को तिलका साक्षात् मौत जैसा दिख रहा था। उसने काँपते हुए कहा, "क्लीवलैंड!"

तिलका ने दाँत पीसते हुए कहा, "क्लीवलैंड! हमारा घोषित दुश्मन! वह तो हमारे खिलाफ कुछ भी कर सकता है, लेकिन तुम? तुम तो हमारे अपने हो। आज क्लीवलैंड तुम्हारे साथ है, कल रहेगा, इसकी क्या गारंटी है?...यह जबरा पहाड़िया भी तो भटक गया था, लेकिन मेरे समझाने पर वह न केवल रास्ते पर आया, बल्कि वह मेरा दाहिना हाथ बन गया था। मैं पूरे भरोसे के साथ कहा करता था कि जबरा और तिलका एक हैं, दोनों में कोई अंतर नहीं है...लेकिन तुमने हमारे सबसे बहादुर साथी को मार डाला। बहुत बड़ा पाप किया है तुमने, हमारे साथ ही नहीं, पूरी कौम के साथ गद्दारी की है।"

पहाड़िया सरदार गिड़गिड़ाया, "मुझे माफ कर दो तिलका, दादा। मुझे माफ कर दो।"

तिलका ने कहा, "तुमको तो भगवान् भी माफ नहीं कर सकते। मैं क्या चीज हूँ? हाँ, तुम्हें एक ही माफ कर सकता है।"

पहाड़िया सरदार ने व्याकुल होकर पूछा, "कौन तिलका दादा?"

"जबरा पहाड़िया। उसी से माफी माँग लेना।" तिलका ने पहाड़िया सरदार को पकड़कर खड़े विद्रोहियों से कहा, "माफी माँगने के लिए इसे जबरा के पास भेज दो।" इसके बाद विद्रोही युवकों ने उस पर अपना गुस्सा उतारना शुरू कर दिया और साथ ही जंगल में गूँजने लगी पहाड़िया सरदार की चीख, जो थोड़ी ही देर में शांत हो गई।

अब तिलका ने कलक्टर क्लीवलैंड को खत्म करने की ठान ली। 13 जनवरी, 1784 को तिलका एक पेड़ पर घात लगाकर बैठ गए। उन्हें पता चला था कि क्लीवलैंड आज इसी रास्ते से गुजरनेवाला है। क्लीवलैंड जैसे ही वहाँ पहुँचा, तिलका ने जहरीला तीर चला दिया। तीर उसकी छाती में लगा। कलक्टर वहीं ढेर हो गया। कलक्टर क्लीवलैंड के मारे जाने से ब्रिटिश सरकार सदमे में आ गई। किसी ने यह सपने में भी नहीं सोचा था कि कोई इतनी बड़ी हिमाकत करेगा! ब्रिटिश सरकार ने क्लीवलैंड की हत्या को अपने अस्तित्व पर खतरा मानते हुए प्रतिष्ठा का प्रश्न बना दिया। अब तिलका से निपटने का बीड़ा गवर्नर वारेन हेस्टिंग्स ने उठाया। यह वही वारेन हेस्टिंग्स है, जिसने छह साल पहले चुहाड़ विद्रोह के दमन में सफलता पाई थी और उसके नेता रघुनाथ महतो को उसके दर्जनों साथियों के साथ सिल्ली प्रखंड के कीता गाँव के मैदान में मरवा डाला था।

अंग्रेजी सेना ने एड़ी से चोटी तक जोर लगा दिया, लेकिन तिलका तक पहुँच नहीं पाई। ऐसे में वारेन हेस्टिंग्स ने अपनी पुरानी नीति 'फूट डालो और राज करो' का प्रयोग किया। ब्रिटिश शासकों ने तिलका के अपने समुदाय के लोगों को भड़काना और ललचाना प्रारंभ कर दिया। बार-बार एक ही बात कहने से बेबुनियाद बात भी सही लगने लगती है। अंग्रेजों को अंततः तिलका के समुदाय से ही एक गद्दार ने उसके ठिकाने की सूचना दे दी। रात के अँधेरे में ही अंग्रेज सेनापति आयरकूट ने उसके ठिकाने पर छापा मार दिया, लेकिन तिलका वहाँ से भी भाग निकलने में सफल हो गए। उन्होंने पहाड़ियों में शरण लेकर अंग्रेजों के खिलाफ छापामार युद्ध जारी रखा और अंग्रेज सैनिकों की लाशें गिरती रहीं।

तिलका के हाथ नहीं आने और प्रतिदिन मिलनेवाले अप्रिय समाचारों से बौखलाए वारेन हेस्टिंग्स ने अपने अफसरों की एक बैठक बुलाई। बैठक का विषय यही था कि किस तरह तिलका माँझी को पकड़ा जाए? अफसर अपने-अपने हिसाब से उपाय बता रहे थे। सबको सुनने के बाद वारेन हेस्टिंग्स ने कहा, "मिस्टर

आयरकुट, हमारे अफसर जो बोलटे हैं, हाम सुना। हाम सोचटा है टिलका माउंटेन पर है। अगर पहाड़ की घेराबंडी हो और ऑल असिस्टेंस पर फुल स्टॉप लग जाए टो टिलका खुड ही निकल आएगा।" वारेन हेस्टिंग्स का यह प्रस्ताव बैठक में सर्वसम्मति से पारित हो गया और उसका कार्यान्वयन भी तत्काल शुरू हो गया।

अंग्रेजों ने पहाड़ों की घेराबंदी करा दी। पहाड़ों पर जानेवाली हर सहायता रोक दी। जब तिलका और उसकी विद्रोही सेना के सामने अन्न तथा पानी का संकट खड़ा हो गया और भूख-प्यास से निपटना मुश्किल हो गया तो वे पहाड़ों से निकलकर लड़ने लगे। एक दिन एक गाँव में जश्न मनाया जा रहा था। मांदर, नगाड़ा, बाँसुरी आदि वाद्ययंत्र समाँ बाँध रहे थे। नाच-गान से पूरा वातावरण रंगीन हो रहा था। अपने साथियों और गाँव के नर-नारियों के साथ तिलका भी नाच-गान में मगन थे। उसी समय सेनापति आयरकुट के नेतृत्व में कंपनी की सेना ने हमला बोल दिया। कई विद्रोही मारे गए और तिलका माँझी को बंदी बना लिया गया। सूचना मिलते ही गवर्नर वारेन हेस्टिंग्स वहाँ पहुँच गया। तिलका के हाथ हथकड़ियों में जकड़े थे। उसकी कमर में मोटी रस्सी बँधी थी, जिसे पकड़कर सेना के कई जवान खड़े थे। कुछ सैनिकों ने उसकी ओर बंदूक तान रखी थी। उसने उसके पास पहुँचकर ठहाका लगाते हुए कहा, "हा-हा-हा-हा-तुम टिलका हाय ? बड़ा शेर बनटा ठा ?"

तिलका ने उसकी ओर जलती आँखों से देखा और उसके मुँह पर थूक दिया। वारेन हेस्टिंग्स ने रुमाल से अपना मुँह पोंछते हुए कहा, "वेरी बैड मैन, वेरी बैड। टिलका टुम वेरी बैड। वी शैल पनिश यू। हाम टुमको सजा डेगा। ऑफिसर!"

"यस सर।"

"इस नटोरियस मैन को मोटे रस्से में घोड़े से बाँध दो और तब तक घसीटो, जब तक मना नहीं किया जाए। गो...।"

उसके आदेश का पालन तत्काल हुआ। तिलका माँझी को मोटी रस्सी के सहारे घोड़े से बाँध दिया गया। घोड़े पर एक सैनिक बैठ गया और एड़ लगाई। घोड़ा सरपट दौड़ पड़ा। उसके साथ ही घिसटता चला गया आजादी का यह दीवाना! इसी प्रकार तिलका माँझी को घसीटते हुए भागलपुर लाया गया। तिलका खून से लथपथ थे, लेकिन शरीर में अभी भी जान थी। उन्हें उठाया गया। वारेन हेस्टिंग्स ने आदेश दिया और खून से सराबोर तिलका माँझी को हजारों लोगों के सामने फाँसी दे दी गई। वारेन हेस्टिंग्स ने मुस्कराकर कहा, "वेल डन। अब कोई हमारे सामने अपना सिर नहीं उठाएगा।"

□

तेलंगा खड़िया

गुमला के जंगल में ढेकला तेजी से दौड़ रहा था। उसके पीछे था तेलंगा। तेलंगा उसे पकड़ना चाहता था, लेकिन ढेकला की गति इतनी तेज थी कि वह हाथ आते-आते निकल जा रहा था।

"ढेकला, आज तुम्हें मैं पकड़कर ही दम लूँगा।" हाँफते हुए तेलंगा ने कहा, "तुमको मालूम है, जब मैं भगवान् के पास से जमीन पर आ रहा था तो उन्होंने मुझे दो पंख दिए और कहा था—जाओ बालक, तुम्हें कोई पकड़ नहीं पाएगा, लेकिन तुम किसी को भी आसानी से पकड़ लोगे। अब तुम समझ लो।"

ढेकला ने पीछे मुड़कर देखते हुए कहा, "झूठ दादा, झूठ। कहाँ है तुम्हारा पंख?"

तेलंगा ने कहा, "तुम नहीं देख पाओगे, ढेकला। भगवान् ने हमको कहा था कि तुम अपना पंख छिपाकर रखना। नहीं तो कोई चुरा लेगा। तब मैंने भगवान् से कहा कि अगर पंख छिपाकर रखेंगे तो फिर उड़ेंगे कैसे? भगवान् ने हाथ उठाकर कहा—ठीक है। मैं इंतजाम कर देता हूँ। इस पंख को केवल तुम ही देख पाओगे। दूसरा कोई नहीं देख पाएगा। इसके साथ भगवान् बोले—जाओ, अब तुमको कोई पकड़ नहीं सकेगा। समझ ढेकला···!"

ढेकला भी उसी तरह हाँफते हुए बोला, “दादा, मैं तुम्हारी चालाकी समझ रहा हूँ। तुम मुझे बातों में फँसाकर पकड़ लेना चाहते हो, लेकिन मैं तुम्हारे चक्कर में आनेवाला नहीं।”

तेलंगा ने हँसते हुए कहा, “चलो भाई, मैं ही हार मान लेता हूँ। अब रुक जाओ। तुमसे कुछ बात करनी है।”

“कैसी बात?” ढेकला ने कहा, “मैं रुक जाऊँगा, लेकिन यह मत कहना कि मुझे पकड़ लिया।”

“ठीक है भाई, नहीं कहूँगा।”

“तब ठीक है, दादा। मैं खड़ा हो गया। अब कहो।” ढेकला रुक गया। तेलंगा ने उसे पकड़ने का कोई उपक्रम नहीं किया। दोनों हाँफ रहे थे। फिर तेलंगा और ढेकला हरी घास पर बैठ गए। कुछ देर तक दोनों की साँसें तेज रहीं। जब साँसों की गति सामान्य हुई तो उसने कहा, “ढेकला, देखते-ही-देखते हम दोनों बड़े हो गए। अब सोच रहे हैं कि क्यों न विवाह कर लिया जाए! घर-परिवार चलाने के लिए सोचना नहीं है क्या?”

“बात तो ठीक है, दादा।” ढेकला ने उत्सुकतापूर्वक पूछा, “कोई लड़की आपने देख ली है?”

तेलंगा ने मुसकराते हुए कहा, “भगवान् के पास से जब मैं धरती पर आ रहा था तो मैंने उनसे कहा—भगवान्, क्या मुझे धरती पर अकेले ही रहना होगा? भगवान् बोले—अरे नहीं रे तेलंगा, मैं तुम्हारे लिए एक सुंदर साँवली सलोनी लड़की की व्यवस्था कर दूँगा, जो तुम्हारे कदमों में कदम मिलाकर चलेगी और तुम्हारे साथ ही पूरे परिवार और समाज की सेवा भी करेगी। तो भगवान् ने मेरे लिए तो इंतजाम कर दिया है।”

ढेकला ने कहा, “दादा, आपने केवल अपनी ही सोची? मेरा क्या होगा?”

तेलंगा ने कहा, “अरे मैंने तो तुमको वह बात बताई ही नहीं। जब भगवान् ने मुझे अच्छी लड़की का इंतजाम करने का वादा किया तो मैंने उनसे कहा—मेरा दोस्त ढेकला भी धरती पर जा रहा है। अगर उसके लिए भी लड़की का इंतजाम नहीं करेंगे तो मैं धरती पर नहीं जाऊँगा। भगवान् हँसने लगे और बोले—तू बड़ा जिद्दी है रे तेलंगा। जाओ, मैं ढेकला के लिए भी वैसा ही इंतजाम कर दूँगा, बस! अब तो मान जाओगे न! मैंने कहा कि ‘हाँ’ अब मैं आपकी बात मान जाऊँगा।” इतना कहकर तेलंगा जोर-जोर से हँसने लगा। ढेकला भी उसका साथ दे रहा था।

तेलंगा बहुत ही बातूनी था। वह जब बोलना शुरू कर देता तो सामनेवाले को बोलने का मौका कम ही देता था। यह स्वभाव उसका बचपन से ही था। यही कारण है कि पहले उसके पिता, फिर माता और बाद में पास-पड़ोस के लोग भी 'तेअबलंगा' कहने लगे थे। यह खड़िया शब्द है, जिसका मतलब है—बहुत अधिक बोलनेवाला।

□

सिंहभूम में रघुनाथ महतो और संथाल परगना क्षेत्र में तिलका माँझी की शहादत के बाद अंग्रेज पूरी तरह निरंकुश हो गए थे। परिणामस्वरूप छोटानागपुर क्षेत्र में सन् 1850 ई. के अंत तक ब्रिटिश शासन की स्थापना हो गई। प्राचीन काल से ही आदिवासियों के पास अपना पारंपरिक स्वायत्त शासन था। वे किसी भी प्रकार के बाहरी हस्तक्षेप से लगभग मुक्त थे, लेकिन ब्रिटिश राज द्वारा लागू किए गए नियमों से यह स्वायत्त स्वशासन प्रणाली तहत-नहस हो गई। ब्रिटिश राज के नियम के अनुसार आदिवासियों को अपनी उस भूमि पर राजस्व का भुगतान करने पर मजबूर होना पड़ गया, जिसे उन्होंने अथक परिश्रम कर सदियों से तैयार किया था और उस पर खेती कर अपना जीवन-यापन कर रहे थे। गरीबी और अन्य कई कारणों से उनसे भू-राजस्व का भुगतान करना संभव नहीं हो सका तो उनकी जमीन उनसे छीनकर जमींदारों और अंग्रेजों के हाथों सौंप दी गई। अपनी ही जमीन से वे अलग कर दिए गए। जो कल तक अपनी जमीन के मालिक थे, उनके सामने अपने ही खेत में मजदूरी करने के सिवा कोई चारा नहीं रहा। अपनी जमीन को बचाने के लिए उन्हें साहूकारों से कर्ज लेना पड़ा, जिससे वे शोषण की चक्की में बेतरह पिसने लगे। साहूकारों और जमींदारों जैसे बिचौलियों ने आम लोगों को लूटने का एक भी मौका नहीं गँवाया। कुछ ऐसे भी ग्रामीण थे, जिन्हें कर्ज का बोझ विरासत में मिला था, जिसे वे रोते-गाते ढोए जा रहे थे। भोले-भाले गरीब ग्रामीण ऋण के दलदल में फँसते चले गए और ऋण से मुक्त होने के प्रयास में भी उन्हें अपनी जमीन से हाथ धोना पड़ा। इन परिस्थितियों में गरीब ग्रामीण दिनोदिन दुर्दशाग्रस्त होते जा रहे थे। ऐसे ही समय में गुमला जिले के मुरगू गाँव में तेलंगा खड़िया का जन्म हुआ।

9 फरवरी, 1806 को जनमा तेलंगा खड़िया पाँच फीट नौ इंच का स्वस्थ, वीर और निडर युवक था। कसरत कर उसने अपने बदन को गठीला बना लिया था। तीर, तलवार आदि हथियार चलाने में पारंगत था। उसने अपने गाँव के निकट जंगल में एक अखाड़ा बना रखा था। वहाँ वह न केवल खुद कसरत करता था, बल्कि गाँव और इलाके के युवकों को कसरत सिखाता भी था। साथ ही तीर,

तलवार, गदका, लाठी आदि अस्त्र-शस्त्र चलाने का प्रशिक्षण भी दिया करता था। पिता ढुइया खड़िया वैसे तो मूलत: एक किसान थे, लेकिन वे छोटानागपुर महाराजा रातूगढ़ की ओर से मुरगू के लिए भंडारी भी नियुक्त कर लिये गए थे। उनका काम मझियस जमीन पर उपजे अनाज को इकट्ठा कर रातूगढ़ पहुँचाना था। इसके साथ ही वे मुरगू गाँव के पाहन भी थे।

भंडारी होने के कारण महाराज के दरबार में उनका आना-जाना लगा ही रहता था, इसलिए पूरे इलाके में उनका दबदबा था। घर में खाने-पीने, पहनने-ओढ़ने के लिए कोई अभाव नहीं था। माता पातो खड़िया शुद्ध गृहिणी थी और परिवार की व्यवस्था को उसने अगल-बगल के लोगों से अधिक स्तरीय बनाकर रखा था। अपने मिलनसार स्वभाव और कुछ अपने पिता के प्रभाव के कारण तेलंगा जिसे जो कह देता, वह उसे आँखें बंद कर मान लेता था। इसी बीच माता-पिता ने रतनी खड़िया नामक युवती से उसका विवाह करा दिया। वह रतनी से प्यार तो खूब करता था, लेकिन उसे समाज के लोगों के प्रति भी उतनी ही चिंता थी। तेलंगा का मुख्य पेशा खेती और अखाड़े में नवयुवकों को कसरत और हथियार चलाने का प्रशिक्षण देना था। तेलंगा का प्रशिक्षण केंद्र यानी अखाड़ा सिसई में था, जहाँ आज बाजार लगता है। पिता के साथ राजदरबार में आने-जाने के कारण तेलंगा को समाज-सेवा के साथ राजनीति में भी रुचि जग गई थी। एक दिन तेलंगा ने ढेकला के सहयोग से अपने गाँव में जूरी पंचायत का गठन कर दिया। उसमें एक दर्जन युवक शामिल हो गए। इस पंचायत का काम था, गाँव के लोगों की सेवा। जूरी के सदस्य गाँव में घर-घर घूमकर लोगों की समस्याओं से अवगत होते और शाम के समय एक साथ बैठक कर उस पर विचार करते। अगर कोई बीमार होता तो उसके लिए दवा-दारू की व्यवस्था में जूरी के सदस्य लग जाते। आपसी झगड़े-झंझट और विवाद की बात उठने पर उसका निपटारा करते। वे ग्रामीणों को अंधविश्वास और नशाखोरी से बचने की सलाह भी दिया करते थे। उसका प्रभाव कुछ अंशों में ही सही, ग्रामीणों पर पड़ने लगा था। किसी कारण से खेती में पिछड़ रहे किसानों को श्रमदान कर वे सहयोग करते। चोरी-डकैती करनेवाले अपराधियों पर अंकुश लगाने के लिए भी पंचायत ने कड़ा रुख अख्तियार कर रखा था। इससे गाँव में काफी हद तक शांति महसूस की जाने लगी थी। तेलंगा की जूरी पंचायत की ख्याति बढ़ने लगी और जूरा, डोइसा, सोसो, नीमटोली, दुंदरिया, ढेढौला, बघिमा, नाथपुर, वेंदौरा, कोलेबिरा तथा महाबुआंग आदि गाँवों में भी पंचायत के केंद्र खुल गए। पंचायत का मुख्य काम स्वशासन था, जिसे जमींदारों और शोषक महाजनों ने यह कहकर अंग्रेजों के कान

भर दिए कि तेलंगा की जूरी पंचायत ब्रिटिश सरकार के समानांतर शासन व्यवस्था है। उन गाँवों के युवकों के सहयोग से पंचायत के सेवा कार्य की सीमाएँ बढ़ती गईं। वैसे तो ग्रामीणों के पास समस्याएँ अनंत थीं, लेकिन उनमें सबसे बड़ी और जटिल समस्या के रूप में सामने खड़ा था—अंग्रेजी शासन का अत्याचार तथा जमींदारों और सूदखोर महाजनों द्वारा किया जानेवाला शोषण।

□

प्रतिदिन की भाँति सूरज उगने से बहुत पहले तेलंगा जगा और मुँह-हाथ धोकर जंगल की ओर चल पड़ा। उसके जाने से पहले अखाड़े में ढेकला तैनात था और दर्जनों युवक कसरत के लिए तैयार थे। अखाड़े में सफेद रंग का एक झंडा लहरा रहा था। तेलंगा के नेतृत्व में ढेकला और सभी युवक घुटना टेककर झंडे के सामने पूरब की ओर मुँह करके बैठ गए। फिर चल पड़ा स्मरण और आराधना का क्रम। इस क्रम में धरती माता, सरना माता, भगवान् सूर्य, महादान देव के साथ अपने-अपने पूर्वजों का स्मरण किया गया और उन्हें श्रद्धापूर्वक प्रणाम कर उनकी आराधना की गई। आराधना के बाद कसरत और इसके बाद हथियारों का प्रशिक्षण कार्यक्रम संपन्न हुआ। ढेकला सहित जब सारे लोग चले गए तो दोपहर में हाथ में तलवार लिये तेलंगा अकेले ही अपने घर की ओर चल पड़ा। रास्ते में एक अंग्रेज सिपाही एक अधेड़ के गले में गमछी लगाकर खींचे जा रहा था। अधेड़ इस प्रकार उसके पीछे खिंचा जा रहा था, जैसे—बलि देनेवाले के हाथों लाचार रस्सी से बँधा बकरा। सिपाही बोले जा रहा था, "टुम क्या समझटा हाय, हाम टुमको छोड़ डेगा?"

अधेड़ ने घिघियाकर कहा, "हम कुछ नहीं किए हैं मालिक।"

सिपाही ने डाँटा, "यू शट अप! तुमने सरकार को लगान नहीं दिया? महाजन से लोन लिया, लेकिन वापस नहीं चुकाया! फिर कहता है, टुमने कुछ नहीं किया?"

अधेड़ ने घिघियाकर कहा, "हमको छोड़ दीजिए, मालिक। हम लगान भी चुका देंगे और महाजन का पैसा भी वापस कर देंगे। हम बैल-बकरी सब बेच देंगे।"

"नाईं, टुमको पुलिस स्टेशन लेकर जाएगा", सिपाही ने कहा, "वहीं टुम अपना फरियाद करना।"

तेलंगा ने उसे देखा तो खड़ा हो गया। अधेड़ ने उसकी ओर कातर नजरों से देखते हुए कहा, "तेलंगा बाबू, तुम ही इनसाफ करो।"

तेलंगा ने जानना चाहा, "मामला क्या है काका?"

सिपाही ने व्यंग्यपूर्वक मुस्कराकर कहा, "टुम जानकर क्या करेगा, मैन? अपने रास्टे चले जाओ।"

तेलंगा ने कहा, "सिपाहीजी, किसी पर अन्याय होता है तो उसे देखकर तेलंगा अपने रास्ते नहीं जा सकता। काका बोल रहे हैं कि ये लगान भी चुका देंगे और महाजन का पैसा भी वापस कर देंगे तो इनको छोड़ दीजिए।"

सिपाही ने ताव खाकर कहा, "नाईं छोड़ेगा, टुम क्या कर लेगा? हाम टुम डोनों को यहीं गोली मार सकटा हाय।"

"तो गोली ही मार दो।" कहते तेलंगा ने हवा में तलवार लहराना शुरू कर दिया और सिपाही की ओर बढ़ने लगा। उसके तेवर को देखकर सिपाही भयभीत हो गया और अधेड़ को छोड़कर सिपाही ने उस पर बंदूक तान ली। अधेड़ डर से काँपता हुआ तेलंगा के पीछे आकर खड़ा हो गया।

ठाँय! जोरदार आवाज के साथ सिपाही ने बंदूक चला दी। तेज आवाज गूँज उठी। आसपास के पेड़ों पर बैठे पक्षी शोर मचाते हुए उड़ चले। गोली तेजी से निकली, लेकिन ठन की आवाज के साथ तलवार से टकराई और जमीन पर गिर गई। सिपाही हक्का-बक्का रह गया। अधेड़ चौंक गया। उसे यह चमत्कार सा लगा। तेलंगा ने कहा, "तुम्हारी गोली काम नहीं आएगी सिपाही। लेकिन मेरी यह तलवार तुम्हें दो टुकड़ों में बाँट देगी। मैं खून-खराबा नहीं चाहता, इसलिए तुम चले जाओ।"

डरा हुआ सिपाही बंदूक से दूसरी गोली चलाने की हिम्मत नहीं जुटा सका और आगे बढ़ गया, लेकिन जाते-जाते बोल गया, "हाम टुमको डेख लेगा, मैन।"

"ठीक है, देख लेना।" कहते हुए अधेड़ के साथ तेलंगा गाँव की ओर चल पड़ा।

इस तरह की घटनाओं से तेलंगा का सामना आए दिन होने लगा और अंग्रेजों के प्रति उसके मन में घृणा भरती चली गई। दूसरे दिन सवेरे वह अखाड़ा जाने की तैयारी कर ही रहा था कि सोमा खड़िया उसके दरवाजे पर आ पहुँचा और बोला, "तेलंगा, मेरा बेटा बेहोश हो गया है। समझ में नहीं आ रहा कि क्या करें?"

तेलंगा बोला, "चलिए काका, मैं देखता हूँ।"

तेलंगा सोमा खड़िया के साथ उसके घर जा पहुँचा। बिस्तर पर उसका जवान बेटा बेहोश पड़ा था। उसने उसका माथा छुआ और बोला, "काका, इसको तो बहुत तेज बुखार है। इसे अभी अस्पताल लेकर जाना होगा।"

पड़ोस से बैलगाड़ी की व्यवस्था की गई और सोमा खड़िया के साथ तेलंगा उस युवक को लेकर अस्पताल गया। अस्पताल में काफी आरजू-मिन्नत कर डॉक्टर को तैयार किया। इलाज शुरू हो गया। डॉक्टर ने आश्वस्त कर दिया कि घबराने की जरूरत नहीं है। दवा दे दी है, जल्द ही होश आ जाएगा। इसके बावजूद

तेलंगा वहाँ तब तक बैठा रहा, जब तक कि युवक को होश नहीं आ गया। धीरे-धीरे बुखार भी उतर गया तो डॉक्टर ने दवा देकर घर ले जाने की सलाह दी। फिर बैलगाड़ी पर सवार होकर घर वापस आ गया, लेकिन तब तक शाम हो चुकी थी। घर पहुँचा तो वहाँ ढेकला बैठकर उसकी प्रतीक्षा कर रहा था।

ढेकला ने कहा, "सब ठीक तो है, दादा?"

तेलंगा ने कहा, "बिल्कुल ठीक है। होश आ गया और बुखार भी उतर गया।"

"चलिए, आप अखाड़ा नहीं आ सके तो कोई बात नहीं। बहुत नेक काम आपने किया।"

"समाज के लोगों को भी तो देखना पड़ता है, ढेकला।"

"हाँ दादा।"

तेलंगा ने कहा, "हमारे जूरी पंचायत का क्या हाल-चाल है?"

"एकदम ठीक है, दादा।"

"उसका ढंग से विस्तार हो रहा है न?"

"हाँ दादा, हमारे संगठन के केंद्र मुरगू के साथ ही सिसई के जुरा, डोइसा नगर, गुमला के ढेढौली, दुंदरिया, सोसो, नीमटोली, पालकोट थाना के बघिमा, नाथपुर, चैनपुर थाना के वेंदौरा, कोलेबिरा थाना के कोलेबिरा और बानो थाना के महाबुआंग में बहुत अच्छे ढंग से चल रहे हैं। इन सभी गाँवों के नौजवान हमारे संगठन में शामिल हो चुके हैं, जिनके लिए कसरत और हथियार चलाने के लिए प्रशिक्षण का इंतजाम कर दिया गया है।"

"बहुत अच्छा ढेकला।" तेलंगा ने उसे प्रोत्साहित करते हुए कहा, "इस संगठन का और भी विस्तार करना है।"

ढेकला ने अपने मन में उठ रही शंका का समाधान करने की कोशिश की, "दादा, हमारे संगठन में 150 से अधिक युवक शामिल हो गए हैं, जो सभी प्रकार के हथियार चलाने में पारंगत हैं। हमारा संगठन तो धीरे-धीरे फौज का रूप धारण करता जा रहा है। क्या हमें किसी से लड़ाई करनी है?"

"अरे, नहीं रे ढेकला।" तेलंगा ने जवाब दिया, "इस संगठन का उद्देश्य केवल समाज की सेवा करना है। जो दुःखी और परेशान हैं, उनकी मदद करना है। मैं नहीं चाहता कि कोई किसी को परेशान करे। हम अपने संगठन के माध्यम से समाज के बूढ़े, बीमार, कमजोर, गरीब आदि की पूरी ईमानदारी के साथ मदद करेंगे।"

यह नेक इनसान कोई और नहीं, भारतीय स्वाधीनता संग्राम में अपने प्राणों की आहुति देनेवाला वीर सेनानी तेलंगा खड़िया है और ढेकला उसका सबसे प्रिय

दोस्त। दोनों की सोच और समझ बिल्कुल एक जैसी है। एक सोचता है तो दूसरा वही बोल पड़ता है।

"दादा, आज मैंने सबको कसरत कराई और हथियार चलाना भी सिखाया, लेकिन आपकी कमी खलती रही।"

"ठीक है। कल से अपनी कमी खलने नहीं दूँगा।"

ढेकला अचानक गंभीर हो गया।

तेलंगा ने पूछा, "यह अचानक तुम्हें क्या हो गया?"

"दादा, आज मैंने एक बहुत ही भयानक दृश्य देखा।"

"क्या?"

"दादा, बगल के गाँव में एक जमींदार अंग्रेज सिपाही के साथ पहुँचा और एक रैयत की बड़ी बेरहमी से पिटाई की। डंडे से मारकर उस बूढ़े रैयत का सिर फोड़ दिया। मुझे तो बहुत गुस्सा आया, लेकिन बिना तुमसे पूछे मैं कुछ कैसे करता?"

तेलंगा ने कहा, "चलो अच्छा ही किया। ये जमींदार और अंग्रेज राक्षस से भी बुरे होते हैं रे! मैंने इनकी असलियत 1832 में हुए कोल विद्रोह में देखी है। कभी-कभी तो इच्छा होती है कि इन लोगों को सबक सिखा दें…।"

"लेकिन दादा", ढेकला बीच में बोल पड़ा, "अंग्रेजों की सरकार है। उनके पास फौज है। हम उनसे कैसे टकरा सकते हैं?"

"ढेकला, आदमी ठान ले तो आसमान को भी झुका सकता है। बहुत हो चुका अंग्रेजों का शोषण और अत्याचार। इसे खत्म करना ही होगा। आज हमारा संगठन बहुत मजबूत हो चुका है। हम चाहें तो इन्हें सबक सिखा सकते हैं। चलो, तैयारी करो। गाँवों में घूम-घूमकर हम लोगों को अंग्रेजों के खिलाफ तैयार करेंगे। हम अंग्रेजों से लड़ेंगे, रे! उनकी बंदूकों का मुँहतोड़ जवाब हम तीरों और तलवारों से देंगे।"

ढेकला उत्साहित होकर बोला, "दादा, तो कल ही थाने पर हमला कर देते हैं?"

"नहीं रे ढेकला!" तेलंगा ने कहा, "हम अभी जमींदारों और अंग्रेजों का विरोध करेंगे। गाँववालों को तैयार करेंगे कि वे उनकी कोई बात न मानें। तब वे हमें पकड़ने की कोशिश करेंगे। तब हम घात लगाकर उन पर तीरों से हमला करेंगे। फिर देखना कैसा मजा आता है!"

तेलंगा और ढेकला गाँव-गाँव घूमने लगे। सबको अपनी रणनीति के अनुसार अंग्रेजों और जमींदारों के खिलाफ खड़े करने लगे। वे जिस गाँव में पहुँचते, वहाँ

जादू-सा असर होता। लोग उनकी सेना को तीर-धनुष जैसे हथियार बनाकर मदद देने को तैयार हो गए। तेलंगा अपने लड़ाकू साथियों के साथ जमींदारों और अंग्रेजों को छेड़ने लगे। जहाँ कहीं मौका मिलता, अंग्रेजी फौज पर हमला कर देते और मार-काट मचाकर जंगल की ओर निकल जाते। अब वे अंग्रेज सरकार की आँखों पर चढ़ चुके थे। अब तेलंगा के सामने इस अभियान को जारी रखने के लिए खुद को बचाने का भी सवाल था। इसलिए उन्होंने घर छोड़ दिया और बाहर रहकर ही अपनी सेना का संचालन करते रहे। कभी-कभी मौका देखकर घर आ जाते थे। एक दिन जब घर आए तो उनकी माँ पेतो खड़िया ने कुढ़ते हुए कहा, "आजकल तुम कहाँ रहता है बाबू? क्या करता है, हमको तो कुछ समझ में नहीं आ रहा!"

तेलंगा मुस्कराकर बोला, "एयो, तुम्हारा बेटा कोई गलत काम नहीं कर रहा है। तुम घबराना नहीं। जब तुम चाहोगी, तुम्हारा यह बाबू तुम्हारे पास होगा।"

पेतो की आँखों से आँसू की बूँदें ढलक गईं। उसने सुबकते हुए कहा, "बाबू, हम तो सोचे थे कि रतनी से विवाह होने के बाद तुम सुधर जाएगा, लेकिन···!"

तेलंगा ने उसके आँसू पोंछते हुए उसकी बात काटकर कहा, "एयो, हम बिगड़े नहीं हैं। हम तो उनके खिलाफ लड़ रहे हैं, जिन्होंने हम गरीबों का जीना मुहाल कर दिया है। एयो, अंग्रेजों को यहाँ से खदेड़ देना हमारा सपना है। अगर हमको पुलिसवाले पकड़ लेंगे तो हमारा सपना पूरा नहीं हो पाएगा।"

तब तक उसके पिता ढुइया खड़िया वहाँ पहुँच गए। तेलंगा को देखकर मुस्करा उठे। बोले, "तुम्हारा सपना एक-न-एक दिन जरूर पूरा होगा, तेलंगा। हम तुम्हारे साथ हैं, हमारा आशीर्वाद तुम्हारे साथ है।"

"हाँ बाबा!" तेलंगा ने कहा, "आपका आशीर्वाद हमारे साथ है तो हमारा कोई कुछ बिगाड़ नहीं पाएगा। बाबा, हम अंग्रेजों को यहाँ से भगाकर ही दम लेंगे।"

ढुइया ने पेतो को समझाया, "तुम चिंता मत करो पेतो, हमारा तेलंगा वीर है। यह समाज के लिए, अपनी जमीन के लिए, अपने ईमान-धरम के लिए लड़ रहा है।"

पेतो बोली, "आप नहीं समझ रहे तेलंगा के बाबा, तेलंगा अब अकेला नहीं है। इसकी घरवाली रतनी है, एक बेटा जोगिया है और···और हम आयो और बाबा भी हैं।"

तब तक वहाँ रतनी भी आकर खड़ी हो गई।

ढुइया बोले, "किसी को कुछ नहीं होगा, पेतो। इन अंग्रेजों, जमींदारों और सूदखोर महाजनों के खिलाफ किसी-न-किसी को तो खड़ा होना ही पड़ेगा। कब

तक हम कायरों की तरह इनका अत्याचार सहते रहेंगे? आज ये अंग्रेज, जमींदार और महाजन गाँव इलाके में अत्याचार कर रहे हैं तो का आगे हम बचे रहेंगे? हमारा बेटा बहादुर है। यह अंग्रेजों से लड़ रहा है और यही एक दिन हमें इस अत्याचार से उबारेगा। का रे रतनी?"

रतनी कुछ बोली नहीं, लेकिन 'हाँ' में सिर हिलाकर अपने ससुर की बातों का समर्थन कर दिया।

□

अब तेलंगा अपने घर–परिवार की चिंता से मुक्त होकर आजादी की लड़ाई को बहादुरी के साथ चलाने लगा। उसकी फौज से गरीब ग्रामीणों पर अत्याचार करनेवालों की नींद हराम हो गई। इसके साथ ही तेलंगा के खिलाफ अंग्रेज अफसरों, जमींदारों और सूदखोर महाजनों का गठबंधन मजबूत होने लगा। उसे पकड़ने के लिए पुलिस फोर्स रात–दिन एड़ी से चोटी तक का जोर लगाने लगी, लेकिन तेलंगा को पकड़ने की बात तो दूर, उसकी छाया तक भी पहुँच नहीं पा रही थी। अब अंग्रेजी पुलिस फोर्स उसके गाँव पहुँचकर उनके परिवारवालों को परेशान करने लगी। उन पर तरह–तरह के अत्याचार होने लगे। एक दिन तेलंगा जब बसिया थाना (गुमला) के कुम्हारी गाँव में लोगों को एकत्र कर जूरी पंचायत का गठन कर रहे थे, उसी समय सभा स्थल को ब्रिटिश सेना ने घेर लिया और फिर उन्होंने तेलंगा खाड़िया को गिरफ्तार कर लिया। स्पष्ट है, उन्हें पकड़वाने में जमींदारों और दलालों की ही भूमिका थी। पहले उनको लोहरदगा जेल में रखा गया, लेकिन जब जनाक्रोश बढ़ने लगा तो उन्हें वहाँ से निकालकर कलकत्ता जेल भेज दिया गया। उनकी गिरफ्तारी के बाद तो ढेकला और सैकड़ों साथियों ने इलाके में कोहराम मचा दिया। विद्रोह की आग धधक उठी, लेकिन तेलंगा जैसे सेनापति के अभाव में उसके साथी खुद को सँभाल नहीं सके। अंग्रेजी फौज ने धीरे–धीरे विद्रोह की आग पर काबू पा लिया।

अठारह वर्षों के बाद तेलंगा रिहा होकर वापस गाँव लौटे, लेकिन अब अंग्रेजों का अत्याचार पहले की तुलना में कई गुना अधिक बढ़ चुका था। तेलंगा ने फिर से साथियों को जुटाया और फिर अंग्रेजों के खिलाफ खूनी अभियान छेड़ दिया। तेलंगा इसमें भी समय निकालकर अखाड़े में साथियों को प्रशिक्षण भी दिया करते थे। इस प्रकार एक बार फिर तेलंगा अंग्रेजों के लिए सबसे बड़ा खतरा बन गए। अब ब्रिटिश सरकार तेलंगा को खत्म कर देना चाहती थी और इसके लिए अपनी पुलिस और सेना को भी लगा दिया था, लेकिन उसके युद्ध कौशल के कारण यह संभव नहीं दिख रहा था।

□

एक दिन गुमला के कलक्टर ने अंग्रेज थानेदार को बुलाया। कहने लगा, "टेलंगा बहोट नटोरियस हाय। हामको बहोट डिस्टर्ब कर रहा हाय। उसको पकड़ना बहोट जरूरी हाय। कैसे होगा?"

थानेदार ने कहा, "सर, उसको पकड़ना बहोट डिफिकल्ट हाय। हाम टो सोचटा हाय उसको फिनिश कर डें। जिंडा पकड़ना पॉसिबल नहीं है टो मुर्दा ही सही।"

कलक्टर बोला, "यू आर राइट। बट उसको फिनिश करेगा कैसे? हाउ विल पॉसिबल इट?"

थानेदार सोचने लगा। सोचते-सोचते उसके दिमाग में एक ऐसे अपराधी का चेहरा कौंध गया, जिसे चोरी, डकैती और हत्या करने में महारत हासिल है। कई बार पकड़ा गया है और जेल भी जा चुका है। बोधन सिंह। यही नाम है उसका। तेलंगा के गाँव मुरगू से दो मील की दूरी पर स्थित सिसई थाना के बरगाँव का रहनेवाला है बोधन सिंह। फिर उसने कहा, "हमारे रिकार्ड में एक क्रिमिनल हाय बोडन सिंह। थीपिंग, रॉबरी और मर्डर में एक्सपर्ट है। वह इस रीजन से वाकिफ हाय। सबको जानटा हाय। हाम उसे एसाइनमेंट डेगा।"

कलक्टर ने प्रशंसात्मक नजरों से उसकी ओर देखा और मुस्कराकर बोला, "वेरी गुड। गो अहेड।"

अंग्रेज थानेदार ने एक दिन अपने सिपाही भेजकर बोधन सिंह को पकड़वा मँगाया। बोधन सिंह परेशान था कि पता नहीं अबकी किस मामले में उसे जेल भेजा जाएगा? वह डरा-सहमा थानेदार के चैंबर में हाजिर हुआ।

थानेदार ने मुस्कराकर कहा, "कम बोडन, आई वाज वेटिंग यू। हम टुम्हारा इन्टजार करटा हाय।"

बोधन सिंह ने कहा, "कहिए सर, कैसे याद किए?"

थानेदार ने कहा, "टुम पर बहोट सारा केस हाय। हाम टुमको परेशान नाईं करना माँगटा। हाम टुमको फ्री करना माँगटा है, बट टुमको हमारा एक काम करना होगा।"

बोधन सिंह ने कहा, "क्या काम है, सर?"

"हामको टेलंगा चाहिए होटा है। टुम टेलंगा को जानटा?"

"हाँ, हुजूर।"

"हम उसको पकड़ना माँगटा हाय। अगर टुम हमको हेल्प करेगा टो हम

टुमको बहुट इनाम देगा। टुमको जागीरडार बना डेगा। टुम्हारा सभी केस खट्म कर डेगा। बोलो, टुम उसको पकड़ सकटा?"

बोधन सिंह जानता था कि तेलंगा को पकड़ना कोई आसान काम नहीं है। इसमें उसकी जान भी जा सकती है। इसलिए उसने दबी जुबान से कहा, "तेलंगा को जिंदा पकड़ना तो मुश्किल है। उसके साथ हथियारों से लैस सैकड़ों साथी होते हैं। अगर मैं उसे पकड़ने की कोशिश करूँ तो वे मुझे जिंदा नहीं छोड़ेंगे।"

थानेदार ने शैतानों की तरह अपनी आँखें चमकाकर कहा, "अगर जिंडा पॉसिबल नहीं है टो उसका मर्डर टो कर सकटा हाय?"

"हाँ हूजूर, उसे मारा जा सकता है।"

"वह कैसे करेगा बोडन?"

बोधन की आँखें चमक उठीं। उसने कहा, "हुजूर, तेलंगा हर रोज शाम के समय अखाड़ा में अपने साथियों को हथियार चलाना सिखाता है। अगर आप कहें तो वहीं उसका काम तमाम कर दें!"

"गुड, वेरी गुड। यू आर वेरी वाइज मैन।" कहते हुए ऑफिसर ने अपनी जेब से एक रिवॉल्वर निकाला और उसकी ओर बढ़ाते हुए बोला, "इसे ले लो…इसमें सिक्स गोली हाय।"

बोधन सिंह ने रिवॉल्वर हाथ में लेते हुए कहा, "आपका काम समझिए हो जाएगा।"

थानेदार ने जोरदार ठहाका लगाया, "हा-हा-हा-हा-वेडी गुड बोडन, वेरी गुड…अब टेलंगा गया! हा-हा-हा-हा!"

बोधन इससे आगे कुछ नहीं बोला। वहाँ से चला गया।

□

23 अप्रैल, 1880 की बात है। अखाड़े में पहले प्रार्थना हुई। इसके बाद तेलंगा सभी को हथियार चलाना सिखाने लगे। पहले तलवारबाजी हुई, फिर लाठी से घातक हथियारों को रोकने की कला बताई गई। इसके बाद तीर-धनुष से मनचाहा निशाना साधने की कला सिखाई गई। गुरिल्ला युद्ध की बारीकियाँ समझाई गईं। युवकों में अजीब उत्साह था। प्रशिक्षण खत्म हुआ। सभी युवक तेलंगा को प्रणाम कर वहाँ से निकलने लगे। एक-एक कर जब सभी चले गए तो तेलंगा भी वहाँ अखाड़े से बाहर निकले। बोधन सिंह बाहर एक झुरमुट की ओट में छिपकर घात लगाकर बैठा था। तेलंगा जैसे ही द्वार पर आए, एक गोली सनसनाती हुई उनके सीने में घुस गई। तेलंगा वहीं जमीन पर गिरकर तड़पने लगे और 'जय सरना माँ' कहते हुए अपने प्राण त्याग

दिए। गोली चलने की आवाज सुनकर आसपास के लोग जमा होने लगे तो उन्होंने खून से लथपथ तेलंगा को तड़पते देखा। उसे उठाने की कोशिश की गई, लेकिन तब तक तेलंगा के प्राण-पखेरू उड़ चुके थे। आक्रोशित लोगों ने गोली मारनेवाले को खोजना शुरू किया, लेकिन बोधन सिंह तब तक अँधेरे का लाभ उठाते हुए ओझल हो चुका था। वीर शहीद तेलंगा मरकर भी अंग्रेजों के हाथ नहीं आए। तेलंगा की मृत्यु की खबर पूरे इलाके में जंगल की आग की तरह फैल गई। चारों ओर सन्नाटा छा गया। लोग फूट-फूटकर रोने लगे। तेलंगा के अनुयायियों ने उनके पार्थिव शरीर को उठा लिया और नजदीक के घनघोर जंगल से होते हुए कोयल नदी पार कर ग्राम सोसो, नीमटोली के एक टॉड़ में पूरे सम्मान के साथ दफना दिया। इसके बारे में किसी अंग्रेज शासकों को जानकारी नहीं मिल पाई। इसके साथ ही अंग्रेजी सरकार के खिलाफ एक क्रांति दफन हो गई, लेकिन 'तेलंगा तोपाटांड़' के नाम से विख्यात यह समाधिस्थल युग-युग तक इस वीर सेनानी की शौर्य गाथा कहता रहेगा और लोगों को अत्याचारों का प्रतिकार करने की प्रेरणा देता रहेगा। हत्यारा बोधन सिंह निस्संतान ही मर गया। तेलंगा पर इतिहासकारों की दृष्टि भले ही नहीं जा सकी, लेकिन आज भी जनमानस में उनकी गहरी छाप है और खड़िया लोकगीतों में उनका स्मरण पूरी श्रद्धा के साथ किया जाता है—

किधर से सूर्य की किरण जैसे निकला तेलंगा,
सब आदमी का रक्षा किया तेलंगा
मुरगू ग्राम से सूर्य की किरण जैसे निकला तेलंगा
सब आदमी का रक्षा किया तेलंगा
तुम्हारा नाम तेलंगा दुनिया में मशहूर हो गया,
तुम्हारा नाम अमर रहेगा, तेलंगा
सूर्य, चाँद, धरती रहने तक तेलंगा
तुम्हारा नाम अमर रहेगा, तेलंगा।

□

कुर्जी मानकी

कोल्हान क्षेत्र में लगनेवाला साप्ताहिक हाट। इस हाट में मिठाइयाँ, सब्जियाँ, कपड़े आदि से लेकर बैल, गाय, बकरियाँ, मुरगे तक की खरीद-बिक्री हो रही थी। खरीदारों में महिलाओं की भी अच्छी संख्या थी। हाट में हर आदमी व्यस्त था। अचानक भगदड़ मच गई। हाट के दुकानदार अपने सामान छोड़कर भागने लगे। खरीदनेवालों का भी वही हाल था। लगभग तेईस साल का मुंडा युवक कुर्जी मानकी भागनेवाले लोगों को रोककर पूछ रहा था, "अरे भाई तुम लोग क्यों भाग रहे हो?" किसी के पास उसके सवाल का जवाब देने की भी फुरसत नहीं थी। फिर भी वह अपने सामने से गुजरनेवाले हर ग्रामीण से अपना सवाल दुहराता जा रहा था।

एक भागनेवाले ने हाँफते हुए बाईं ओर उँगली से इशारा किया और बिना बोले भाग खड़ा हुआ। कुर्जी ने उधर देखा तो उसके भी होश उड़ गए, "अरे ये तो अंग्रेजों के सिपाही हैं!"

कुर्जी तेजी से आगे बढ़कर एक पेड़ की ओट में छिप गया और तमाशा देखने लगा।

एक अंग्रेज ऑफिसर ने कहा, "अरे हामको डेखकर ये लोग भागटा क्यों

हाय? हाम इंडिया का किंग हाय। हमको विश नाईं करटा? पकड़ो, कोई भागने नाईं पाए।"

सिपाही भागनेवालों को पकड़कर पीटने लगे। ऑफिसर ने लपककर एक युवक को पकड़ लिया और पूछा, "मैन, टुम लोग हामको डेखकर भागटा क्यों है?"

"हम डर गए थे, हुजूर।"

ऑफिसर ने हँसते हुए कहा, "वेरी गुड, टुम काले आडमी को हमसे डरना चाहिए। वेरी गुड, हम इंडिया का किंग हाय।"

इस बिना मतलब की पुलिसिया काररवाई ने सजे हाट को तहस-नहस कर दिया। सैकड़ों ग्रामीण इस काररवाई में घायल हो गए। सिपाहियों ने हाट में बिकनेवाले सारे सामानों को समेट लिया और साथ लेते चले गए। सारजमडीह निवासी कुर्जी मानकी की आँखों में खून उतर आया। वह सोचने लगा, 'ये अंग्रेज बहुत गंदे हैं। इनको सबक सिखाना जरूरी है।'

कुर्जी ने घर-घर जाकर हाट में हुई अंग्रेजों की क्रूरता की कहानी का आँखों-देखा हाल सुनाया तो लोग उसकी बातों से प्रभावित हो गए। वे गाँव के एक मैदान में एकत्र हो गए। कुर्जी ने गाँववालों को समझाया, "...अब आप ही बताएँ, हाट में आए लोगों की क्या गलती थी? आखिर हम अंग्रेजों की गुलामी क्यों झेल रहे हैं? ये बाहर से आए दिक्कू हमारी इज्जत से भी खिलवाड़ करते हैं और हमें सिर उठाकर जीने भी नहीं देते। हमारे देश में इतने राजे-महाराजे हैं, क्या उनमें से कोई भी ऐसा नहीं कि शासन चला सके? कि हमें शासन चलाने के लिए बाहरी अंग्रेजों का मुँह ताकना पड़ रहा है? ये अंग्रेज हमारे देश को लूट रहे हैं और हम खड़े होकर तमाशा देख रहे हैं!"

"हम क्या कर सकते हैं?" एक ग्रामीण ने सवाल उठाया।

"लड़ाई। अपनी आजादी के लिए हमें इन अत्याचारी गोरों से लड़ना होगा। उन्हें मारकर इस धरती से खदेड़ना होगा।"

उसने अगला सवाल उठाया, "अंग्रेजों की सरकार है। उनके पास बहुत बड़ी ताकत है। हम उनसे कैसे लड़ सकते हैं कुर्जी?"

"सरकार से ज्यादा ताकत हम जनता के हाथ में होती है। जब जनता ताकत दिखाती है तो सत्ता की कुरसी अपने आप डोल जाती है। आप अपनी ताकत पहचानें और मिल-जुलकर अंग्रेजों से लड़ने को तैयार हो जाएँ।"

भीड़ से सामूहिक स्वर गूँजा—"हम तैयार हैं कुर्जी।"

"तो फिर उठा लो हथियार!" इसके बाद कुर्जी ने विभिन्न गाँवों में जाकर लोगों को अंग्रेजों के खिलाफ संगठित कर लिया। एक दिन कुर्जी की सेना हथियार लेकर संगठित रूप से अपने घर से बाहर निकली और अंग्रेजों के खिलाफ नारेबाजी करते हुए उसने थाने पर हमला कर दिया। वहाँ मौजूद कई अंग्रेज ऑफिसरों, सिपाहियों को मार डाला और यहीं से 'कोल विद्रोह' के रूप में प्रारंभ होती है भारतीय स्वाधीनता संग्राम की चर्चित खूनी क्रांति।

□

"बहुत गड़बड़ हो गया, हजूर।" एक भारतीय सिपाही ने हाथ जोड़कर अपना दुःखड़ा सुनाया, "थाने पर कोल आदिवासियों ने हमला कर दिया। हममें से कई मारे गए। थाने को लूट लिया¨।"

छोटानागपुर का कमिश्नर विल्किंसन ने चौंककर कहा, "मिस्टर, ये क्या बोलटा हाय, आडिवासी टो बहुट इनोसेंट होटा हाय। ये बगावट काइसे कर सकटा? जरूर इसमें किसी और का हाठ होटा? हाम इस बाट का पटा लगाने को माँगटा।"

"माफ कीजिएगा हुजूर।" सिपाही ने कहा, "यह विद्रोह कोल आदिवासियों का ही है और इसका नेतृत्व कुर्जी मानकी कर रहा है।"

"वेरी गुड!" विल्किंसन ने मुस्कराकर कहा, "डोंट वरी। हाम कुर्जी को ऐनी कॉस्ट पकड़ेगा। हाम उसे छोड़ेगा नहीं। हाम अभी इंटजाम करटा है। हाम गाँवों में आर्मी फोर्स को उटारेगा। टबटक टुम लोग विड्रोहियों को सँभालेगा। ओके?"

सिपाही ने सिर झुकाकर कहा, "ठीक है हुजूर।"

इसके बाद विद्रोह को कुचलने और कुर्जी को पकड़ने का अभियान अंग्रेज सरकार की ओर से तेज कर दिया गया। पुलिस और सेना के जवान गाँव-गाँव में जाकर ग्रामीणों पर कहर बरपाने लगे, लेकिन कुर्जी उनके हाथ नहीं आ सका। कुर्जी जंगलों में छिप गए। उनके साथी उनको गाँवों में होने वाले अंग्रेजों के अत्याचार की सूचना देते रहे। अंग्रेजों का रुख देखते हुए कुर्जी ने अपने वफादार साथियों बिंदराय मानकी, श्यामलाल सिंह और तुलसी दिगवार को जंगल में बुलाया। जंगल में एक चट्टान पर बैठकर वे विचार-विमर्श करने लगे। कुर्जी ने कहा, "साथियो, आज नहीं तो कल ये अंग्रेज मुझे पकड़ ही लेंगे, लेकिन जो क्रांति हमने छेड़ी है, उसे थमना नहीं चाहिए।"

बिंदराय मानकी ने कहा, "आप चिंता न करें गोमके। अंग्रेज आपको कभी पकड़ नहीं पाएँगे और हम उन्हें छोड़ेंगे नहीं।"

श्यामलाल सिंह ने कहा, "आप अपना मन छोटा मत कीजिए। जब तक हम जिंदा है, आपका बाल भी बाँका नहीं होने देंगे।"

कुर्जी ने मुस्कराकर कहा, "साथियो, आप पर मेरा पूरा भरोसा है। हम इस लड़ाई को तब तक जारी रखेंगे, जब तक अंग्रेज यहाँ से भाग नहीं जाते। अब हमारा एक ही काम होगा…"

"क्या गोमके?" तुलसी दिगवार ने उत्सुकता से पूछा।

कुर्जी ने कहा, "हम अंग्रेजों के मन में भय पैदा करेंगे। इतना भय पैदा करेंगे कि हमारा नाम सुनते ही उनके रोंगटे खड़े हो जाएँ! अब आप लोग विभिन्न गाँवों में जाइए और विद्रोह को आगे बढ़ाइए। विद्रोहियों की हिम्मत किसी भी हाल में न टूटे, इस पर ध्यान रखना होगा। मैं आप सभी के साथ हूँ।"

कुर्जी मानकी ने विभिन्न दिशाओं में अपने साथियों को भेज दिया और विद्रोह का संचालन करते रहे। एक दिन कुर्जी जंगल में एक चट्टान पर बैठकर क्रांति को लक्ष्य तक पहुँचाने पर चिंतन-मनन कर रहे थे। उसी समय उन्हें एक व्यक्ति की आहट मिली। वे उठे और एक पेड़ की ओट में छिपकर अपने धनुष पर तीर चढ़ा लिया। एक बार तो ऐसा लगा कि अंग्रेजों का कोई मुखबिर जंगल में आ गया है। उन्होंने वहीं से आवाज दी, "कौन है?"

आनेवाले व्यक्ति ने कहा, "मैं जगबंधु पटनायक उर्फ जग्गू दीवान।"

कुर्जी ने वहीं से पूछा, "कौन जग्गू दीवान? वही जो अंग्रेजों के खिलाफ लड़ रहा है?"

जग्गू दीवान ने कहा, "हाँ भाई, मैं वही जग्गू हूँ।"

कुर्जी ने पेड़ की ओट से बाहर निकलते हुए कहा, "तब तो आप हमारे साथी हैं।"

□

कुर्जी उसके हाव-भाव और रूप-रंग से आश्वस्त हो गए कि यह वही जग्गू दीवान हैं, जो स्वाधीनता संग्राम में महती भूमिका निभा रहे हैं। कुर्जी ने जग्गू दीवान का नाम तो बहुत सुना था, लेकिन मिलने का मौका नहीं मिल पाया था। इस आकस्मिक भेंट से वह गद्गद हो गया। उसने कहा, "आपका नाम बहुत सुन चुका हूँ। आपकी आहट मिली तो मैं बहुत डर गया था। मुझे लग रहा था कि अंग्रेज का कोई पिट्ठू मुझे ढूँढ़ते हुए यहाँ आ पहुँचा है।"

जग्गू मुस्कराकर बोले, "तुम्हें डरने की जरूरत नहीं है। मैं तुमसे मिलना ही चाहता था। इसीलिए तुम्हें ढूँढ़ते हुए मैं यहाँ तक आ पहुँचा हूँ। अब हम मिलकर लड़ेंगे।"

कुर्जी ने प्रसन्न होकर कहा, "आप मिले तो ऐसा लग रहा है कि हम अंग्रेजों को भारत से निकाल बाहर करेंगे।"

जग्गू दीवान ने कहा, "कल क्या होगा, यह तो मुझे नहीं पता, लेकिन इतनी बात तो है कि अगर हम मिलकर लड़ेंगे तो हमारी ताकत निश्चित रूप से बढ़ जाएगी। अब बाहर की लड़ाई में मेरी भूमिका रहेगी। हमें पहले उन काले अंग्रेजों पर वार करना होगा, जो हमारे बीच में हैं और इस धरती माता के साथ ही हमसे भी गद्दारी कर रहे हैं।"

दोनों गले मिले और कुर्जी का मनोबल बढ़ाकर जग्गू दीवान वहाँ से चल पड़े।

इसके बाद जग्गू दीवान ने विद्रोह की कमान सँभाल ली। विद्रोह और तेज हो गया। जग्गू दीवान के नेतृत्व में खरसावाँ के राजा चेतन सिंह पर हमला हुआ। बड़ी मुश्किल से जग्गू की शरण में जाकर चेतन ने अपनी जान बचाई। कुर्जी की योजना के अनुसार अन्य विद्रोही दलों ने अन्य कई स्थानों पर हमले किए। भीषण तोड़-फोड़ के साथ आगजनी और हत्याओं की घटनाओं ने अंग्रेजों के दाँत खट्टे कर दिए। इसी कालखंड में उराँव वीरों को लेकर स्वाधीनता संग्राम में जुटे थे। वीर बुधु भगत, जिन्होंने अपने क्षेत्र में अंग्रेजों की धड़कन बढ़ा रखी थी, अचानक उनकी गिरफ्तारी और फाँसी पर चढ़ाए जाने की खबर जंगल में आग की तरह फैल गई। इस खबर ने 'कोल विद्रोह' के फलक को और विस्तार दे दिया।

पूरी ताकत लगा देने के बाद भी जब विद्रोहियों पर काबू पाना मुश्किल हो गया तो विल्किंसन ने अपने अधीनस्थ अंग्रेज उच्चाधिकारियों की बैठक बुलाई। अब इन पर नियंत्रण के लिए क्या उपाय किया जाए, इस विषय पर मंथन शुरू हो गया।

एक अधिकारी ने कहा, "एक्सक्यूज मी योर हायनेस। आई फील··· !"

"आप क्या फील करटा? टेल मी। आई वांट टू नो।"

"थैंक यू योर हायनेस।" अधिकारी ने कृतज्ञता प्रदर्शित करते हुए कहा, "कोल-मुंडा बहोट पावरफुल है। वे लोग अपना हथियार चलाने में एक्सपर्ट है। जंगल और पहाड़ों में छिपकर हमारे ऊपर वार करटा हाय। उनको यहाँ का पूरा ज्योग्रॉफी मालूम, लेकिन हमारा पुलिस और आर्मी को नहीं पटा। इसलिए हाम उनसे सीढा लड़ाई नाईं लड़ सकटा।"

विल्किंसन उसकी यह बात सुनकर तनाव में आ गया। यह उसके लाल हो चुके चेहरे से जाहिर हो रहा था। उसके इस रूप को देखकर अधिकारी घबरा गया। वह सोचने लगा कि कहीं विल्किंसन को उसकी बात बुरी तो नहीं लग गई! इस बात को बैठक में शामिल सभी अधिकारियों ने महसूस किया। उन्हें यह भी पता था

कि विल्किंसन को अगर किसी पर गुस्सा आ जाए तो क्या कर सकता है! जैसा कि सभी सोच रहे थे, उसके विपरीत, तनाव के बावजूद विल्किंसन ने अपनी आवाज को सहज बनाते हुए सवाल किया, "ह्वाट शूड वी डू देन? हमें टब क्या करना माँगटा?"

"हमें अपने डिमाग से काम लेना होगा।" अधिकारी ने डरते-डरते कहा।

दूसरे अधिकारी ने बात सँभालने की कोशिश की, "योर हायनेस, हामने इस पर रिसर्च किया है।"

"वेरी गुड, टेल अस।" विल्किंसन मुस्कराया।

अधिकारी ने कहा, "योर हायनेस, इस रीजन में ऐंसिएंट एज से मानकी मुंडा परठा चला आ रहा है। मानकी मुंडा को बहोट पावर होटा। हर डिसीजन मानकी मुंडा के हाठ में होटा ठा। एक्चुअली उन पर किसी राजा या किसी और का रूल नाईं चलटा। बट हमारा गवर्नमेंट होने के बाड, उनको हमारा रूल मानना पड़ रहा है। इसीलिए उनमें बहोट गुस्सा है।"

तीसरे अधिकारी ने कहा, "हामको अपने रूल में अमेंडमेंट करना माँगटा है। अगर हाम ऐसा रूल बनाएँ, जिससे मुंडा-मानकी परठा इस रीजन में पहले माफिक एलाउ हो जाए टो बाट बन सकटी है।"

यह सुनते ही विल्किंसन की आँखों में चमक आ गई। बोला, "यू आर राइट ऑफिसर। हाम ऐसा ही रुल बनाएगा।"

तीसरे ऑफिसर ने समर्थन किया, "थैंक यू सर, इस नए रुल से हाम कोल-मुंडा विद्रोहियों को सैटिसफाइड कर सकटा है। देन कोल-मुंडा विद्रोह से अलग हो जाएगा एंड ऑफ्टर दिस हाम कमजोर हो गए विद्रोही को कंट्रोल कर सकटा है।"

इसके बाद विल्किंसन ने नया रुल बनाकर सिंहभूम के उस क्षेत्र में मुंडा-मानकी प्रथा को कानूनी तौर पर वापस कर दिया। उसी नए कानून को आज भी 'विल्किंसन रूल' के नाम से जाना जाता है। 8 जून, 1833 को विल्किंसन ने समझौता वार्त्ता के लिए कोल विद्रोहियों को आमंत्रित किया। विद्रोहियों ने अपनी कुछ शर्तों के साथ समझौता वार्त्ता में भाग लिया। विल्किंसन ने कहा, "आप सब ग्रेट कंट्री इंडिया का ग्रेट पीपुल हाय। हम जानटा हाय, यू आर वेरी इनोसेंट मैन। बट गलट पीपुल के बहकावा में आ गया हाय। हाम नया रुल बनाकर मुंडा-मानकी परठा को आपके हवाले करटा हाय। अब आप इस रीजन का किंग है। आपके हाठ में पावर रहेगा। आप डिसीजन करेगा। वी आर प्राउड ऑफ यू। हाम आपसे लड़ना नाईं माँगटा। इससे आपको बहुट नुकसान होटा हाय। सो हम चाहटा है कि आप लोग सरेंडर कर जाइए। हम आपका प्रॉब्लम डेखेगा। उसका सॉल्यूशन निकालेगा।

अगर आप सरेंडर नाईं करेगा टो हम आपको पनिशमेंट डेगा। आर यू रेडी? क्या आप टैयार हैं?"

एक विद्रोही ने कहा, "हम तैयार हैं।"

"वेलकम।" विल्किंसन ने मुसकराते हुए कहा, "हम आपका स्वागट करटा हाय।"

विल्किंसन के सामने विद्रोहियों के आत्मसमर्पण का कार्यक्रम शुरू हुआ। कुर्जी किसी को टोक नहीं सका—रोक नहीं सका। शायद अब उसकी बातें बेअसर हो चुकी थीं। वह अपने एक-एक साथी को आत्मसमर्पण करता देखता रह गया—चुपचाप। उसकी आँखों से आँसू की बूँदें टपक पड़ीं। वह धीरे से उठा और आँसू पोंछते हुए वार्त्ता कक्ष से बाहर हो गया। उसकी आँखों के आगे अँधेरा छा गया था। वह कुछ नहीं देख सकता था। जंगल की ओर चल पड़ा भारी कदमों को धीरे-धीरे बढ़ाते हुए और पता नहीं कहाँ खो गया। इतिहास इस बारे में आगे कुछ बोल नहीं पा रहा।

□

पोटो सरदार

"योर हायनेस, इस रीजन में पीस पॉसिबल नहीं हाय…।"

ऑफिसर की बात पूरी भी नहीं हुई थी कि दक्षिण-पश्चिमी भारत के गवर्नर जनरल सर थॉमस विल्किंसन ने मेज पर शराब का गिलास पटकते हुए टोका, "ह्वाट? क्या बोलटा हाय ऑफिसर? हमारा डिक्शनरी में इंपॉसिबल वर्ड नाईं होटा। ऐसा माफिक नाईं बोलने का।" सरायकेला के एक बँगले में विल्किंसन की दहाड़ ने वहाँ तैनात अंग्रेज और भारतीय कर्मचारियों को भी चौंका दिया।

"एक्सक्यूज मी योर हायनेस," ऑफिसर ने सकपकाकर कहा, "हाम से मिस्टेक हो गया।"

"ओ.के. ऑफिसर, यह टाइम हार मानने का नाईं। हमें उपाय सोचना होगा।"

"यू आर राइट, योर हायनेस!"

विल्किंसन ने अपनी आवाज को सहज बनाते हुए कहा, "ऑफिसर, हाम हार नहीं मान सकटा। हम इंडियन पर गवर्न करना जानटा है। यू नो वेल, कोल विद्रोह को हमने ठंडा कर दिया। सभी मानकी-मुंडा लोग सरेंडर कर गया हाय। अब क्या होटा हाय? अब कौन सिर उठाटा हाय?"

यह घटना 8 जून, 1833 की है। सरायकेला हिल असेंबली में 'कोल विद्रोह' में शामिल अधिकतर मुंडा-मानकियों ने अंग्रेजी सत्ता की अधीनता स्वीकार कर ली थी। विल्किंसन उसे अपनी बहुत बड़ी जीत मान रहा था। इसलिए कि उसे विद्रोहियों के बीच आपसी फूट डालने में सफलता मिल चुकी थी। उसने यह भी महसूस किया था कि मुंडा-मानकियों के मान जाने के बाद क्षेत्र में शांति कायम हो चुकी है। हालाँकि उसे इस बात की भनक भी नहीं थी कि ग्रामीण क्षेत्रों में अभी भी अंग्रेजी सत्ता के खिलाफ आग पहले जैसे ही धधक रही थी। मुंडा-मानकियों से समझौते के एक सप्ताह के बाद विल्किंसन उसी स्थान पर जश्न मना रहा था। बँगले में सुरा-सुंदरी की पूरी व्यवस्था थी। वह ऑफिसर से यह जानना चाहता था कि अब निश्चिंत रहा जा सकता है या नहीं? ऑफिसर ने सम्मान के साथ अपना सिर झुकाकर कहा, "योर हायनेस, आसपास के विलेज में हमारे खिलाफ कांसपरेसी हो रहा हाय। हमको मिले इंफॉर्मेशन के मुटाबिक विलेजर्स फिर हमसे लड़ने की टैयारी में हाय।"

विल्किंसन ने जोर से मेज पर मुक्का मारते हुए कहा, "कुचल डो। जो सिर उठाटा हाय, उसको काट डालो?"

"हाम लगा हाय योर हायनेस।"

"ऑफिसर, हमको डिटेल में बटाओ। वाट्स द मैटर?"

"योर हायनेस, हमारा फौज बगावट करनेवाले लोगों को सबक सिखाने में लगा हाय। कई गाँवों को हमने टबाह कर दिया हाय। इस काम के वास्टे हमने विलेजों में कुछ इंफॉर्मर छोड़ डिया हाय। इंफॉर्मेशन मिलते ही फौज वहाँ पहुँच जाटा हाय और ऐक्शन शुरू हो जाटा हाय।"

□

राजाबासा गाँव में आज आसपास के गाँवों के सैकड़ों लोग हर्वे-हथियार के साथ जमा थे। सभी में गजब का उत्साह था। उनके बीच बड़बिल के भागुनी नायक, सरबिल का कोये, बालंडिया का टेपोय, वरधान और पाटा डुमरिया का पांडुआ, जोटोंग, जोंकर जैसे खूँखार लड़ाके भी मौजूद थे। सबके नायक थे पोटो सरदार।

पोटो सरदार ने ग्रामीणों को संबोधित करते हुए कहा, "भाइयो, अंग्रेजों का अत्याचार दिनोदिन बढ़ता जा रहा है। जो सात समंदर पार कर यहाँ आए हैं, वे मस्ती में हैं। हमारे ऊपर शासन कर रहे हैं। हमारी जमीन, हमारे जंगल, जल, पहाड़ सभी को उन्होंने हड़प लिया है। जो उनके खिलाफ बोलता है, वह उनका दुश्मन हो जाता है। ये गोरे अंग्रेज हमारे बीच ही फूट डाल रहे हैं और हमारे ही लोगों को साथ लेकर

हमारा शोषण कर रहे हैं। अब तो हद हो गई है। ब्रिटिश सरकार हमें नेस्तनाबूद करने पर उतर आई है। उसकी पुलिस और फौज हमारे गाँवों को जलाकर खाक कर दे रही है। सिपाही औरतों और बच्चों की भी बेरहमी से पिटाई कर रहे हैं। हम गरीबों को जीना मुश्किल कर दिया है अंग्रेजों ने। हम अपनी ही जमीन से बेदखल होते जा रहे हैं। अगर ऐसा ही होता रहा तो सोचिए हम कहाँ जाएँगे? अपने अत्याचार और चालाकी की बदौलत उन्होंने कुछ मुंडा-मानकियों को झुका लिया, लेकिन उनके साथ भी वे अपमानजनक व्यवहार ही कर रहे हैं। हम इसे कैसे और कब तक बरदाश्त कर सकते हैं?"

भागुनी नायक ने अपने हाथ को हवा में लहराते हुए कहा, "अब बरदाश्त नहीं करेंगे सरदार। हम ईंट का जवाब पत्थर से देने के लिए तैयार हैं।"

पांडुआ भी जोश में अपने स्थान पर खड़ा हो गया और उसने भी हवा में हाथ लहराकर कहा, "हम अंग्रेजों का नामोनिशान मिटा देंगे।"

जोटोंग जोर से चिल्लाया, "अंग्रेज दिक्कू हैं। वे हमारी तबाही के लिए आए हैं। हमें लूटने आए हैं। हम उनसे नफरत करते हैं और नफरत करते रहेंगे। चलो भाइयो, तैयार हो जाओ।"

पूरी भीड़ से आवाज आई, "हम तैयार हैं! हम तैयार हैं! जहाँ कहीं अंग्रेज दिखाई पड़ेंगे, हम उनको छोड़ेंगे नहीं।"

□

पूरे कोल्हान में कोहराम मच गया। विद्रोही अपने हाथों में तीर-धनुष, फरसा, भाला, लाठी, तब्बल, तलवार आदि परंपरागत हथियार लिये सड़क पर उतर आए। जो अंग्रेज दिख जाता, उस पर शामत आ जाती और देखते-देखते वह मांस के लोथड़े में बदल जाता था। थानेदार ने अपनी पूरी ताकत झोंक दी, लेकिन विद्रोहियों पर काबू नहीं पा सका। विद्रोहियों के तेवर देखकर पूरा प्रशासन सकते में आ गया। विल्किंसन ने थानेदार को तलब किया।

विल्किंसन ने कड़े स्वर में सवाल किया, "ऑफिसर, यह क्या होटा है? यू कूड नॉट कंट्रोल देम। टुम क्या करटा है?"

थानेदार ने लगभग गिड़गिड़ाते हुए जवाब दिया, "योर हायनेस, हम पूरी ताकत लगाकर कोशिश कर रहे हैं।"

विल्किंसन ने दहाड़ते हुए कहा, "टुम ऑनली कोशिश करेगा। आई अंडरस्टैंड, टुम कुच नहीं कर सकटा। आई कान्ट टॉलरेट यू। हाम टुमको बर्डाश्ट नाईं कर सकटा।"

थानेदार ने हाथ जोड़कर रुआँसी आवाज में कहा, "योर हायनेस, हमको एक मौका दिया जाए। आपका थोड़ा सा हेल्प मिल जाए तो हम विद्रोहियों का सफाया कर देंगे। केवल एक बार हमको मौका दे दिया जाए।"

"टुम हमसे कैसा हेल्प माँगटा है?"

"हमको आर्मी का हेल्प चाहिए।"

विल्किंसन ने उसे आश्वस्त किया, "वेल, हाम आर्मी डेगा। टुम पुलिस फोर्स के साथ उसका असिस्टेंस करेगा। ओके?"

थानेदार ने अपना सिर झुकाकर कहा, "थैंक यू योर हायनेस।"

□

विल्किंसन ने थानेदार को दिया वादा निभाया। विद्रोहियों से टक्कर लेने के लिए सिंहभूम की धरती पर सेना उतार दी गई। नवंबर 1836 के पहले सप्ताह में अंग्रेजों की फौज और विद्रोहियों के बीच भिड़ंत हो गई। सामने के विद्रोहियों पर राइफलों से गोलियाँ बरसने लगीं। लाशें बिछने लगीं। इसी समय पहाड़ों और पेड़ों की ओर से दनादन तीर चलने लगे और अंग्रेज सैनिक ढेर होने लगे। वहाँ छिपे विद्रोहियों ने फौज के निशाने पर आए अपने साथियों को बचा लिया। इसके बाद तो हरवे-हथियारों से लैस लड़ाकों ने कंपनी सरकार को कभी छुपकर तो कभी सीधी चुनौती दी। कंपनी की सेना पूरी ताकत लगाकर विद्रोहियों के दमन में लग गई थी। लगता था कि वह पूरे सिंहभूम को श्मशान बनाकर ही दम लेगी! लेकिन घने सखुआ के जंगलों, पहाड़ों और गहरी खाइयों के चलते स्थानीय विद्रोहियों से पार पाना उसके लिए आसान काम नहीं था। इस घटना की प्रतिक्रिया में अंग्रेजी फौज गाँवों में उतर गई और भीषण अत्याचार का दौर शुरू हो गया। कई गाँव आग के हवाले कर दिए गए। सैकड़ों ग्रामीण और मवेशी आग में जलकर खाक हो गए। इसके बावजूद विद्रोहियों का मनोबल ऊँचा था। आदमी साँप को देखकर डर जाता है कि वह उसे डँस लेगा तो उसकी मौत हो जाएगी। इसलिए उसे देखते ही उसको मार देने का उपाय सोचने लग जाता है। दूसरी ओर साँप भी आदमी को देखकर उतना ही डर जाता है और वह आदमी को तत्काल डँस लेने में ही अपनी भलाई समझता है। कुछ ऐसी ही बात यहाँ भी हो रही थी। अंग्रेज सैनिकों को कोई भारतीय ग्रामीण दिख जाता तो वे तत्काल उस पर टूट पड़ते थे। वहीं ग्रामीणों को भी कोई अंग्रेज दिख जाता तो वे उसकी इहलीला समाप्त कर देते थे। इसमें कोई संदेह नहीं कि अंग्रेजी सेना के पास आधुनिक हथियार थे, इसलिए वह काफी ताकतवर थी, लेकिन अपने नायक पोटो सरदार से प्रोत्साहित होकर पूरे आत्मविश्वास के कारण

परंपरागत हथियारों की बदौलत ही विद्रोही ग्रामीण उस पर भारी पड़ रहे थे। विद्रोही ग्रामीणों की ताकत को देखते हुए कंपनी सेना इलाके में घुसने से पहले सौ बार सोचती। पूरे कोल्हान में सशस्त्र विद्रोह की आग फैल गई। दमन चक्र चलाने के लिए 400 सशस्त्र सैनिक, 60 घुड़सवार सिपाहियों के साथ दो तोपें मुहैया कराई गईं। पोटो सरदार को इस बात की जानकारी मिल चुकी थी, इसलिए उन्होंने भी अपने ढंग से रणनीति तैयार कर ली।

□

19 नवंबर, 1837 का दिन। विद्रोही सेना के साथ सेरेंग्सिया के जंगल में पोटो सरदार पहुँचे। वे गुरिल्ला युद्ध की रणनीति बनाने में पूरी तरह पारंगत थे। पोटो सरदार ने अपने साथियों से कहा, "आज हम यहाँ एक खास मकसद से आए हैं। आप सब बहुत ही बहादुर हैं। मैं तो यहाँ तक मानता हूँ कि आपको कोई ताकत हरा नहीं सकती। आज हमें आर-पार की लड़ाई लड़नी है। आज हम अंग्रेजों को बता देंगे कि जब जनता की सहनशीलता सीमा पार करती है तो उसके पास प्रलय लाने की ताकत हो जाती है। ये अंग्रेज रात-दिन पाप करते हैं और वही पाप इनको कमजोर बना रहा है। आज हम इन्हें छठी का दूध याद दिला देंगे। आज इसी रास्ते से कैप्टन अपने सैनिक बल के साथ गुजरनेवाला है। यही सैनिक बल गाँवों में जाकर निर्दोष लोगों पर अत्याचार करेगा। गाँवों को जलाएगा। लोगों को मारेगा, पीटेगा और उनकी जान तक ले लेगा। उसे रोकना होगा। हम आज उसे यहाँ से गाँवों में जाने नहीं देंगे। हम उस पर हमला करेंगे। उसे बरबाद कर देंगे।"

कुछ देर के बाद सेरेंग्सिया घाटी में पोटो सरदार की विद्रोही सेना घात लगाकर बैठ गई। कुछ विद्रोही चट्टानों और झुरमुटों की ओट में छिप गए तो कुछ पेड़ों पर चढ़कर बैठ गए। वहाँ से घाटी की ओर आनेवाली सड़क मील-दो मील तक दिखाई पड़ जाती थी। कोई कुछ बोल नहीं रहा था। सब बेसब्री से सेना का इंतजार कर रहे थे। सभी अपने-अपने हथियार को तत्काल चला देने की मुद्रा में थे। कुछ देर की प्रतीक्षा के बाद फौज के आने की आहट मिली। वे सावधान हो गए। जैसे ही सैनिकों का दल निकट पहुँचा, उस पर चारों ओर से अचानक तीर, गुलेल, पत्थर, भाले ताबड़-तोड़ बरसने लगे। कैप्टन के सैनिकों के पास सँभलने तक का मौका नहीं था। बंदूकों और राइफलों के साथ तोप भी धरे-के-धरे रह गए और सारे-के-सारे सैनिक वहीं ढेर हो गए। इसे विद्रोहियों की सबसे बड़ी जीत माना जा सकता है; लेकिन उनके इस हमले से ब्रिटिश सरकार बौखला गई। बार-बार विद्रोहियों से मुँह की खाने के बाद विल्किंसन और जमींदारों की निजी सेना ने कायरता की राह

चुनी। उन्होंने गाँवों में महिलाओं पर कहर बरपाना शुरू कर दिया। पोटो सरदार के गाँव राजालाखा को आग के हवाले कर दिया गया और महिलाओं को बंदी बना लिया गया। उसके साथ ही ब्रिटिश सेना की ओर से अन्य गाँवों में भी आग लगाने की काररवाई शुरू कर दी गई। इस प्रकार की लोमहर्षक घटनाओं ने विद्रोहियों को झकझोरकर रख दिया और उनका गुस्सा सातवें आसमान पर पहुँच गया।

पोटो सरदार अपने गाँव राजालाखा पहुँचे। पूरा गाँव श्मशान जैसा लग रहा था। जगह–जगह पर मवेशियों और ग्रामीण के अधजले शव पड़े थे। चारों ओर खाक–ही–खाक थी। विद्रोही पोटो को अकेले कभी नहीं छोड़ते थे। इसलिए कुछ ही देर में वहाँ सैकड़ों विद्रोही जमा हो गए। पोटो सरदार की आँखों से आँसू छलक रहे थे। उन्होंने रुँधे गले से कहा, "हमारा गाँव आज खाक हो गया है। हमारे सारे अरमान खाक हो गए। समझ में नहीं आ रहा कि हम यह लड़ाई किसके लिए लड़ रहे हैं? जो लोग मारे गए, उनका कोई दोष नहीं था। लड़ाई हमसे थी···लेकिन ये नीच अंग्रेज कायर हैं। अपना गुस्सा निर्दोष ग्रामीणों और महिलाओं पर उतार रहे हैं।"

एक साथी ने कहा, "सरदार, अंग्रेजों और जमींदारों ने हमें बरबाद कर दिया है···!"

पोटो सरदार बोले, "कोई बात नहीं है भाई, जो लड़ाई हमने छेड़ रखी है, उसमें कुरबानी तो देनीं ही होगी। इतना सबकुछ होने पर भी हम हार नहीं मानेंगे। हम पूरे उत्साह से अंग्रेजों की हिमाकत का जवाब देंगे।"

फिर गाँव में ही विद्रोहियों की सभा आयोजित की गई। बदले की रणनीति बनाई जा रही थी कि तभी चारों ओर से बंदूकें और राइफलें आग उगलने लगीं। सभा में अफरा–तफरी मच गई। कई विद्रोही लड़ाके काल के गाल में समा गए, पर पोटो सरदार भागने में सफल रहे। आसपास के गाँवों में विद्रोहियों के दल अंग्रेजी फौज से लोहा लेने के लिए तैयार थे, लेकिन लेफ्टिनेंट टिकेल ने जयपुर में और कैप्टन आर्मस्ट्रांग तथा लेफ्टिनेंट सिम्पसन ने रुइया गाँवों में विद्रोहियों को घेर लिया। इस अचानक हमले ने विद्रोहियों को चकित कर दिया। बंदूकों, राइफलों और तोपों का खुलकर प्रयोग किया गया, जिनके आगे पारंपरिक हथियार बौने हो गए। अनगिनत विद्रोही मारे गए। अंग्रेज अफसरों को गद्दारों ने बता दिया था कि जब तक पोटो हाथ नहीं आएगा, विद्रोहियों पर काबू पाना मुश्किल ही रहेगा। इसलिए पोटो सरदार को पकड़ने की कोशिश जोरदार ढंग से की जाने लगी। कुछ ही दिनों बाद कुछ गद्दारों की सूचना पर पोटो और प्रमुख विद्रोही अंग्रेजी शासन की गिरफ्त में आ गए।

इसके बाद वही हुआ, जिसकी कल्पना भी नहीं की गई थी। 1 जनवरी, 1838 को सेरेंगसिया घाटी में लोगों का विशाल हुजूम जमा हो गया, लेकिन किसी की जुबान में बोलने की ताकत नहीं रह गई थी। जैसे आग बुझकर कोयले में बदल जाती है, ठीक उसी प्रकार वहाँ खड़े लोगों के भीतर का उबलता गुस्सा ठंडा होकर गम में बदल चुका था। आँखों में कातरता और लाचारी आँसू की बूँदों के रूप में झलक रही थी, क्योंकि अंग्रेजों की हथियारबंद फौज ने पूरे हुजूम को घेर रखा था। इसी बीच हथकड़ियों, बेड़ियों में जकड़े, मोटे रस्से में बँधे विद्रोही पोटो सरदार, बोड़ो, पंडुआ, नारो और बड़ाय लाए गए। फिर बारी-बारी से उन्हें फाँसी दे दी गई। फाँसी पर चढ़ने से पहले पोटो सरदार ने कहा, “भाइयो, मैं जा रहा हूँ। मरने का डर तो पहले भी नहीं था, आज भी नहीं है। मैं आप सभी से यही अपील करता हूँ कि आज की इस घटना को भूलना नहीं। कोई मेरे मरने का गम मत मनाना। भाइयो, यह लड़ाई का अंत नहीं है, बल्कि शुरुआत है। ये अंग्रेज मुझे फाँसी पर भले ही लटका रहे हैं, लेकिन हमारे संघर्ष का अंत नहीं कर पाएँगे। तुम्हें अपने अस्तित्व के लिए संघर्ष करने को हमेशा तैयार रहना होगा। अब यह देश, यह समाज, यह जमीन, जंगल सबका मान-सम्मान तुम्हारे ही हाथों है। मुझे विश्वास है कि तुम लोग मेरे सपने को अवश्य ही साकार करोगे।” वह इससे आगे कुछ बोलता, उसके गले का फंदा सख्त हो गया और थोड़ी सी हरकत के बाद शरीर शांत हो गया। क्रांति की जो आग पोटो सरदार ने लगाई, वह उनके जाने के बाद भी चिनगारी बनकर सिंहभूम क्षेत्र में जहाँ-तहाँ धुआँती रही।

□

बुधु भगत

पैंसठ वसंत और सावन का आनंद ले चुके मागो भगत बहुत ही उत्साही स्वभाव के थे, लेकिन अब बुढ़ापा उन्हें अपनी उपस्थिति का अनुभव कराने लगा था। नाना प्रकार की शारीरिक परेशानियाँ सामने आने लगी थीं। इसके बावजूद वे खेती में जी-जान से जुटे रहते थे। खेती ही उनके लिए देवी-देवता थी। खेती ही उनके लिए पूजा थी। पिछले साल मौसम की बेरुखी के चलते फसल खराब हो गई थी और उनकी साधना का पूरा फल नहीं मिल पाया था। इस साल उनके चेहरे पर मुसकान लौट गई थी, क्योंकि धान की फसल अच्छी हुई थी। मागो भगत बहुत खुश थे। गाँव के सभी किसानों की तरह इस अच्छी फसल ने उनके मन में कई सपने जगा दिए थे। साल भर तक परिवार को भरपेट भोजन कराना तो चुटकी बजाते होने वाला काम था और भी कई जिम्मेदारियाँ थीं, जो धन के अभाव में पूरी नहीं हो पा रही थीं। जैसे परिवार को रहने के लिए घर छोटा पड़ रहा था, सो एक अच्छा सा मकान बनाना था। महाजन का कर्ज उतारना था और सरकार को लगान भी देना था। वे अपनी तैयार फसल को देखने खेत पर आए थे। कल से कटनी करने की योजना भी बन चुकी थी। मागो अपने खेत पर गए। मन-ही-मन कहने लगे, 'फसल देखकर मन खुश हो गया।

अब दुःख के दिन लौट गए। इसी तरह अगले साल भी पैदावार ठीक हो जाए तो समस्या नहीं रहेगी।'

अचानक करीब सौ मजदूरों को लेकर जमींदार के दस लट्ठधर वहाँ पहुँच गए। वे उसके खेत में उतरे और फसल की कटनी कराने लगे। उसने विरोध किया तो लट्ठधरों ने उसकी जमकर पिटाई की। वह अधमरा पड़ा रहा। उसकी पूरी फसल काटकर जमींदार के आदमी ले गए। वह बैठकर अपना सिर पीट रहा था। गठीले बदनवाला एक युवक बगल के रास्ते से जा रहा था। जब खेत से किसी के कराहने की आवाज आई तो वह उस ओर मुड़ गया। खेत में उसने घायल होकर मागो को तड़पते देखा।

मागो भगत की बगल में बैठकर उसने पूछा, "ई का हुआ, काका?"

मागो ने कराहते हुए कहा, "जमींदार के आदमी मेरी पूरी फसल काटकर ले गए। मैंने रोका तो उन लोगों ने मुझे खूब पीटा। कहने लगे कि सरकार ने उस जमीन को जमींदार को सौंप दिया है, इसलिए अब इस जमीन पर तुम्हारा कोई हक नहीं है।"

युवक ने चिढ़कर कहा, "हक कैसे नहीं है, काका? जमीन आपकी है तो फिर अंग्रेज सरकार कौन होती है किसी को दे देनेवाली?"

वह युवक कोई और नहीं, अंग्रेजों के खिलाफ आंदोलन करनेवाले महान् स्वाधीनता सेनानी बुधु भगत थे, जिनकी वीरगाथा 'लरका आंदोलन' के रूप में इतिहास में स्वर्णाक्षरों में अंकित है। झारखंड राँची जिलांतर्गत चान्हो प्रखंड के सिलागाईं गाँव में 17 फरवरी, 1792 को बुधु भगत का जन्म हुआ था। वैसे तो उनका हृदय दया, करुणा और ममता से भरा था, लेकिन जब वे किसी के साथ अन्याय होते देखते थे तो उनका खून खौल उठता था। मागो के साथ हुए इस अन्याय को देखकर वे मर्माहत हो गए थे।

उन्होंने कहा, "यह तो सरासर अन्याय है, काका। ऐसे अन्याय हम आखिर कब तक बरदाश्त करते रहेंगे?"

मागो भगत ने कराहते हुए कहा, "क्या करेंगे बेटा? हम लोग गरीब आदमी हैं और वे बलवान। वे हमारे ऊपर जुर्म कर सकते हैं। हमारे पास सहने के सिवा उपाय भी क्या है?"

बुधु ने कहा, "काका, अंग्रेजों का राज होते ही शोषक जमींदार और सूदखोर महाजन छुट्टे साँड़ की तरह हो गए हैं। ये किसी-न-किसी बहाने हमारी जमीन पर कब्जा जमाते जा रहे हैं। अगर हम इसी तरह इन्हें बरदाश्त करते रहे तो एक दिन

ऐसा आएगा कि हमें अपनी जमीन, जंगल, पानी सबकुछ छोड़कर यहाँ से भाग जाना पड़ेगा। अगर हम यहाँ रह भी गए तो इनकी बेगारी करनी होगी। मुझे तो बहुत गुस्सा आ रहा है। जी में आ रहा है कि अभी उस जमींदार को सबक सिखा दूँ! बरबाद कर दूँ उसको।"

मागो ने उन्हें समझाने के अंदाज में कहा, "नहीं बेटा। गुस्सा करने से कोई फायदा नहीं है। जमींदार गोरे लोगों की सरकार का आदमी है। उसके पास बहुत ताकत है। सरकार, पुलिस, कोर्ट-कचहरी सब उसके हाथ में हैं।"

बुधु भगत ने गुस्से में कहा, "तो क्या हम अपनी सारी जमीन-जायदाद उस जमींदार को सौंप दें और खुद भूखों मर जाएँ? काका, जमींदार ने जो आपके साथ किया है, वह बाकी कई लोगों के साथ भी कर चुका है। यह अन्याय है काका और हमें इस अन्याय का विरोध करना चाहिए।"

मागो ने विवशतापूर्वक कहा, "तुम समझते क्यों नहीं, बेटा? हम जमींदार से टकरा नहीं सकते।"

बुधु भगत ने चिढ़कर कहा, "काका, जमींदारों और अंग्रेजों की ताकत की बड़ाई बहुत सुन ली, अब सुना नहीं जाता। आप अपनी ताकत भूल रहे हैं। अपनी ताकत को याद कीजिए। किसी भी सरकार की ताकत उसकी जनता होती है। जनता खून-पसीना एक कर खेती या व्यवसाय करती है और सरकार को लगान देती है। उसी के लगान से सरकार ताकतवर होती है। उसी लगान से उसके कोर्ट-कचहरी और थाने-पुलिस चलते हैं। उसी लगान से सरकार में बैठे लोग मौज-मस्ती करते हैं और हम पर ही रोब झाड़ते हैं। हमारी बिल्ली और हमीं से म्याऊँ! अगर हम अपनी ताकत के साथ खड़े हो जाएँ तो एक मिनट में सरकार घुटने टेक देगी। क्या मैं गलत कह रहा हूँ?"

मागो भगत ने बहस को आगे बढ़ाने के बजाय हार मान ली और बोले, "हाँ बेटा, तुम्हारा कहना तो ठीक ही है।"

"कुछ भी हो काका, जमींदार को तुम्हारी फसल लूटना बहुत महँगा पड़ेगा। हम उसे बरबाद कर देंगे।" बुधु भगत का तेवर देखकर मागो काका बेतरह डर गए। उन्हें लगा कि बुधुआ की नादानी के चलते उसके सिर पर और मुसीबत आ जाएगी। फिर हमारा घर-परिवार बरबाद हो जाएगा। फिर सोचने लगे कि क्या किया जाए, बुधु तो माननेवाला है नहीं?

मागो को अचानक गुम-सुम देखकर बुधु भगत ने टोका, "काका, क्या सोचने लगे?"

मागो भगत मानो नींद से जागे। उन्होंने कहा, "बेटा, सोच रहे हैं कि हमें धोखे में रखकर फसल लूट ली गई तो और क्या बचा है? कितना खून-पसीना एक कर फसल तैयार की थी! कितने सपने देखे थे, कितने अरमान थे! सब जमींदार के स्वार्थ में जलकर खाक हो गए। अब तो हम बरबाद हो ही गए हैं। हमारा परिवार भी बरबाद हो गया है। अब हमारे पास बरबाद होने के लिए बचा ही क्या है, जिसकी चिंता हम कर रहे हैं? अब तो अच्छा यही होगा कि हम पुलिस और फौजियों की गोली से मारे जाएँ। कम-से-कम परिवारवालों को भूखों मरते तो नहीं देखेंगे।"

"नहीं काका," बुधु भगत पूरी मजबूती के साथ अपनी मुट्‌ठी बाँधकर बोले, "मरेंगे हम नहीं, वे मरेंगे, जो हमारे साथ अन्याय करेंगे। जो हमें मरने पर मजबूर करेंगे, हम उन्हें जिंदा नहीं छोड़ेंगे।"

बुधु भगत की बातों ने मागो भगत पर जादू का असर किया। थोड़ी देर पहले जमींदार के लठैतों से मिला शारीरिक दर्द छू-मंतर हो गया। उसने कहा, "बुधु बेटा, हम तुम्हारे साथ हैं। जो कहोगे, हम करेंगे।"

□

बुधु भगत सिलागाईं पहुँचे और घर-घर जाकर जमींदार की करतूत की कहानी लोगों को इस तरह बताई कि लोग प्रभावित हो गए। उनमें आक्रोश भर गया। बात कानोकान पूरे इलाके में फैल गई। जमींदार के अत्याचार से संत्रस्त दर्जनों लोगों में तो पहले से ही आक्रोश था, बुधु भगत की बातों ने आग में घी का काम किया। गाँव और इलाके के सैकड़ों युवक इस अन्याय के खिलाफ मरने-मारने को तैयार हो गए। उनके कहने पर सिलागाईं और आसपास के हथियारबंद युवक चरका टंगरा में जमा हो गए। चरका टंगरा वर्तमान में मांडर, चान्हो, बेड़ो तथा लोहरदगा के कैरो प्रखंडों की सीमा पर अवस्थित है। बुधु भगत ने कहा, "भाइयो, मागो काका की तैयार फसल जमींदार ने कटवा ली। जब उन्होंने मना किया तो उनके लठैतों ने उनकी बेतरह पिटाई की। मागो काका के शरीर में लाठियों के दर्जनों निशान मौजूद हैं। आज यह मागो काका के साथ हुआ है, कल हम आप में से किसी के साथ हो सकता है। जमींदार अपने लठैतों के बल पर जो जी में आता है, करता जा रहा है। क्या हम इसी प्रकार चुप बैठकर तमाशा देखते रहेंगे?"

बुधु की बात ने जादू सा असर किया। उपस्थित युवक उत्तेजित हो गए।

एक युवक ने अपना फरसा उठाकर कहा, "नहीं दादा, हम जमींदार को उसकी करनी का फल चखाएँगे।"

दूसरे ने धनुष उठाकर कहा, "उसे हम ईंट का जवाब पत्थरों से देंगे। उसे छोड़ेंगे नहीं।"

तीसरे ने अपना मुगदर दिखाते हुए कहा, "हम सभी आपके साथ हैं, दादा। आप जो हुक्म करेंगे, उसे हम आँखें बंद कर मानेंगे। कहिए, हमें क्या करना है?"

"तो चलो, हमारा पहला काम यह होगा कि हम जमींदार के खलिहान पर हमला करेंगे और वहाँ रखे मागो काका का धान उठाकर ले आएँगे।" इतना कहकर बुधु भगत ने हवा में तलवार लहराई, "जो हमें रोकेगा, उसे काट देने में भी हम संकोच नहीं करेंगे।"

लगभग आधे घंटे के बाद जमींदार के खलिहान और घर को दर्जनों हथियारबंद युवकों ने घेर लिया और 'जय सरना' का नारा गूँज उठा। जमींदार ने अपने एक दर्जन लठैतों को बुलाया और कहा, "इनका मन इतना बढ़ गया है कि हमारे घर पर आ पहुँचे? जाओ, एक-एक को काट डालो। किसी को यहाँ से बचकर जाना नहीं चाहिए।"

लठैत हाथ में लाठी और गँड़ासे के साथ बाहर निकल आए। एक ने कहा, "कौन है रे? क्या बात है?"

बुधु भगत ने विनम्र होते हुए कहा, "भइया, जमींदार काका ने मागो काका के खेत से धान की फसल जबरदस्ती कटवा ली है। हम उसी को लेने आए हैं। गरीब आदमी हैं बेचारे मागो काका, उनका परिवार भूखों मर जाएगा।"

"चलो भागो यहाँ से। कोई धान-वान नहीं मिलेगा। समझे?"

दूसरा लठैत बोला, "बाप का माल समझकर यहाँ आ गए?"

बुधु भगत बोले, "भाइयो, ये ऐसे हमें मागो काका का धान नहीं ले जाने देंगे। इसलिए अब 'जय सरना माता'।"

बुधु का इतना कहना था कि लठैतों पर चारों ओर से तीर की वर्षा होने लगी। पहले लठैत लाठी, गँड़ासा भाँजते हुए तीरों का सामना करते रहे, लेकिन जब तीखे तीरों का वार बरदाश्त नहीं कर सके तो कई लुढ़क गए। एक लठैत लाठी फेंकते हुए वहाँ से भागने लगा तो उस पर एक युवक ने मुगदर से ऐसा प्रहार किया कि वह वहीं ढेर हो गया। दूसरा लठैत भी भाग चला तो वह फरसे की चपेट में आ गया और पलक झपकते ही उसका सिर टप से जमीन पर गिर पड़ा। कुछ लठैतों ने किसी प्रकार घर में घुसकर अपनी जान बचाई। एक लठैत को बुधु भगत ने पकड़ लिया। उसने हाथ जोड़कर कहा, "भइया, हमारी जान छोड़ दो। हमें मत मारो।"

"नहीं मारेंगे। जमींदार को बुलाओ।"

"ठीक है, आप लोग जो कहेंगे, हम करेंगे।"

बुधु भगत ने उसे छोड़ दिया तो वह हवेली के भीतर चला गया। कुछ देर के बाद फिर निकला तो उसने कहा, "जमींदार साहब घर पर नहीं हैं।"

"कहाँ गए?"

"पता नहीं, कहाँ भाग गए।"

बुधु भगत ने अपने साथियों से कहा, "भाइयो, जमींदार साहब भाग गए। लठैत लड़ने लायक नहीं रहे। इसलिए चलो खलिहान से पूरा धान उठाकर ले चलते हैं।"

इसके बाद जमींदार का खलिहान खाली हो गया। कुछ देर के बाद मागो भगत लूटे गए धान को वापस पाकर बुधु भगत और उसके साथियों को आशीर्वाद दे रहे थे।

□

दूसरे दिन पुलिस फोर्स के साथ जमींदार सिलागाईं आ धमका। गाँव में सन्नाटा पसरा था। यह कोई अप्रत्याशित घटना नहीं थी। पहले से ही अनुमान था कि जमींदार पुलिस के सहारे गाँव में आएगा ही। इसलिए गाँव के सभी युवक सिलागाईं टोंगरी पर जाकर छिप चुके थे। जमींदार ने थानेदार को बताया, "यहीं बुधु भगत रहता है, सर। उसको पकड़ लीजिए।"

थानेदार बुधु भगत के घर पर जा पहुँचा और आवाज लगाई, "बुधु भगत, बाहर आओ।"

उसकी कड़कती आवाज सुनकर उसके पिता बाहर निकले। बोले, "बुधु तो घर पर नहीं है, सरकार।"

जमींदार ने कहा, "दुम दबाकर कहीं भाग गया होगा, सर।"

थानेदार ने बुधु के पिता की ओर इशारा करते हुए कहा, "तब इसी को पकड़ लेते हैं। जहाँ कहीं भी होगा, दौड़ा हुआ खुद हमारे पास आ जाएगा। पकड़ लो इसे।"

दो सिपाहियों ने आगे बढ़कर उस बूढ़े को पकड़ लिया। दरोगा उसके पास पहुँचा और उसके गाल पर एक जोरदार तमाचा जड़ते हुए कड़ककर पूछा, "कहाँ गया बुधुआ?"

"हमको नहीं मालूम सरकार।" बूढ़े ने गिड़गिड़ाकर कहा।

"चलो थाने। डंडे पड़ेंगे तो सब मालूम हो जाएगा। बेटा क्राइम करता है और बाप मौज कर रहा है!"

इसके बाद थानेदार के आदेश से बुधु भगत समेत गाँव के सभी घरों की तलाशी ली गई। जब कोई आंदोलनकारी पुलिस के हाथ नहीं आया तो उस घर के

बूढ़ों को पुलिस के सिपाही पकड़ते चले गए। इस प्रकार एक दर्जन बूढ़े पुलिस की गिरफ्त में आ गए। उनके हाथों में हथकड़ियाँ लगाई गईं और पुलिस के जवान उन्हें खींचते हुए थाने की ओर चल पड़े। इधर गाँव का एक किशोर दौड़ते हुए टोंगरी पर पहुँचा और बुधु भगत को घटना की जानकारी दी। कुछ ही देर में वहाँ दो सौ हथियारबंद युवक एकत्र हो गए। बुधु भगत ने अपनी 25 किलो की तलवार उठा ली और बोले, "चलो थाने।"

बुधु की सेना थाने पर पहुँच गई। उनके स्वागत में एक दर्जन बंदूकधारी सिपाही खड़े थे। एक सिपाही ने जोर से चिल्लाकर कहा, "रुक जाओ।"

लेकिन आनेवाली भीड़ रुकने का नाम नहीं ले रही थी। सिपाही ने इसी प्रकार दो बार चेतावनी दी और उसे बेअसर देखकर बंदूक से गोली दाग दी, जो भीड़ में शामिल एक युवक को जा लगी। युवक वहीं गिरकर तड़पने लगा। उसे देखकर बुधु की सेना ने दूर से ही तीर चलाना शुरू कर दिया। इधर से सिपाहियों ने भी बंदूकें चलाईं। गोलियाँ इधर-उधर होकर निकलती चली गईं। किसी को नुकसान नहीं पहुँचा, लेकिन धनुष से निकले तीरों का निशाना इतना सटीक था कि घायल सिपाही एक-एक कर जमीन पर लुढ़कने लगे और बुधु की सेना को कोई रोकनेवाला नहीं रह गया। अब बुधु हाथ में तलवार लिये सीधे थानेदार के सामने आ पहुँचे। पीछे से कुछ हथियारबंद युवक भी पहुँच गए। बाकी युवकों ने थाने को घेर लिया। अंग्रेजों और जमींदारों के इशारे पर गाँव-गिराँव के गरीब और कमजोर लोगों पर रोब गाँठनेवाले थानेदार के पसीने छूट गए। उसने हकलाते हुए कहा, "क्या चाहते हो तुम लोग?"

बुधु भगत बोले, "जिन्हें आप गिरफ्तार कर लाए हैं, उन्हें बाइज्जत छोड़ दीजिए।"

थानेदार ने खुशामदी लहजे में कहा, "ठीक है बुधुजी, आप सभी को ले जाइए।"

थानेदार अपनी कुरसी से उठा और लॉकअप का ताला खोलकर वृद्ध ग्रामीणों को रिहा कर दिया। इस घटना ने ब्रिटिश सरकार को चौकन्ना कर दिया और बुधु भगत की खोज में पुलिस फोर्स जी-जान से जुट गई, लेकिन वह बुधु भगत तक नहीं पहुँच पाई।

☐

बुधु भगत सिलागाईं में कोयल नदी के किनारे घंटों बैठकर अंग्रेजों और जमींदारों को भगाने के बारे में सोचते रहते। दूसरी ओर गाँव-इलाके वालों के लिए वे

अजूबा बन गए थे। पता नहीं उनके व्यक्तित्व में ऐसा क्या था कि देखते ही गाँववालों के मन में अंग्रेजों और जमींदारों के खिलाफ लड़ने का साहस उबाल मारने लगता था। बुधु भगत को घंटों एकांत में बैठे रहते देखकर गाँववाले समझने लगे थे कि यह जरूर देवदूत है, जो हम लोगों को अंग्रेजों और जमींदारों के अत्याचार से बचाने आया है। बुधु भगत तलवार और धनुष-वाण चलाने में पारंगत थे, इसलिए लोगों ने समझ लिया कि यह पक्का देवदूत है। पूरे गाँव-इलाके में बुधु भगत की चर्चा होने लगी।

सिलागाईं में एक संध्या बरगद के नीचे गाँव के लोग जमा होकर आपसी हाल-चाल की चर्चा कर रहे थे। इस क्रम में बात अंग्रेजों और जमींदारों के अत्याचारों की कहानियों से चलकर बुधु भगत पर केंद्रित हो गई। एक ग्रामीण ने कहा, "भाई, हम तो कहेंगे कि बुधु देवदूत हैं, जो हम लोगों को अंग्रेजों, जमींदारों और साहूकारों से बचाने आए हैं।"

दूसरे ने उसकी बात का समर्थन करते हुए कहा, "आप ठीक कहते हैं। किसी भी ताकत से टकराने की हिम्मत रखते हैं और हर लड़ाई में उनकी जीत होती है। हम तो कहेंगे कि उनको दैवी शक्ति प्राप्त है।"

"तुम लोग नहीं समझोगे कि बुधु में कितनी ताकत है!" एक बुजुर्ग ने गंभीर होकर कहा, "उसमें बचपन से ही उसके खास होने के लक्षण दिखने लगे थे। जानते हो, जब वह बहुत छोटा था, तब उसे जिस खाट पर सुलाया जाता था, उस खाट के पावा जमीन में धँस जाते थे।"

गाँव इलाके में जोर पकड़ रहीं इस तरह की किंवदंतियों और चर्चाओं में बुधु भगत को तेजस्वी और आदिवासियों का उद्धारकर्ता माना जाने लगा और देखते-ही-देखते उन्हें विद्रोह के लिए अपार जन समर्थन प्राप्त हो गया। दोनों बेटे गिरिधर और हलधर बुधु भगत के दायाँ-बायाँ हाथ बन गए। उन्होंने अन्याय के विरुद्ध बगावत का आह्वान किया। हजारों हाथ तीर, धनुष, तलवार, कुल्हाड़ी के साथ उठ खड़े हुए। कैरो का चोन्हारी पहाड़ विद्रोहियों के लिए तीर्थस्थल बन गया। युवकों को तीर, तलवार आदि हथियार चलाने और गुरिल्ला युद्ध का प्रशिक्षण दिया जाने लगा। इसी के साथ ही भयंकर सशस्त्र विद्रोह अंग्रेजों और जमींदारों की नींद हराम करने लगा। दूसरी ओर ब्रिटिश सरकार भी यह मानने लगी थी कि यह जो कुछ भी हो रहा है, उसकी जड़ में बुधु भगत ही है। जब तक उसे पकड़ा नहीं जाएगा, तब तक इस आग पर काबू पाना संभव नहीं हो पाएगा।

ब्रिटिश सरकार के आदेश पर कैप्टन इंपे ने विद्रोह को शांत करने का बीड़ा उठाया। एक दिन कैप्टन इंपे को सूचना मिली कि विद्रोहियों का दल एक जमींदार के

घर पर धावा बोलनेवाला है। कैप्टन इंपे बंदूक और राइफलधारी पुलिस बल लेकर निकल पड़ा और उस गाँव में जा धमका, जहाँ विद्रोहियों के दल के होने की सूचना मिली थी। तब तक विद्रोहियों का दल बगल के जंगल में जा छिपा था। कैप्टन इंपे को गाँव में कहीं विद्रोही दिखाई नहीं पड़े तो उसने घर-घर की तलाशी कराई और लगभग एक सौ सीधे-सादे भोले-भाले ग्रामीणों को पकड़ लिया। ग्रामीण खुद को निर्दोष बताते रहे, गिड़गिड़ाते रहे, लेकिन कैप्टन इंपे पर कोई प्रभाव नहीं पड़ा। वह फोर्स के साथ गाँव से निकला। आगे सड़क एक घाटी से होकर गुजरती थी, जिस पर कैप्टन फोर्स और ग्रामीणों को लेकर आगे बढ़ा। कुछ ही दूर गया था कि सड़क के किनारे खड़े घने पेड़ों से तीर बरसने लगे। उन्होंने बंदूक सँभाली, लेकिन निशाना किस पर साधें। कहीं कोई दिखाई ही नहीं पड़ रहा था। अंततः भगदड़ मच गई और कैप्टन इंपे के साथ पुलिस फोर्स के जवान लहूलुहान होकर सिर पर पाँव रखते हुए भागने लगे। उनकी गिरफ्त में आए सभी ग्रामीण अपने गाँव लौट आए। करारी शिकस्त से कैप्टन बौखला गया। वहीं बुधु भगत के अनुयायियों की संख्या हजारों से चलकर लाखों में पहुँच गई। सरकार ने विद्रोहियों के खिलाफ सेना उतार दी। बुधु भगत की रणनीति अचूक होती थी। रणनीति बनाने में छोटानागपुर के महाराज जगन्नाथ शाही, लेस्लीगंज के सरकारी अफसर गौरी चरण और आलमचंद का सहयोग प्राप्त था।

बुधु भगत की सेना और अंग्रेजी सेना के बीच जहाँ-तहाँ भयंकर टकराव होने लगे, लेकिन विद्रोहियों ने घने जंगलों और दुर्गम पहाड़ियों का फायदा उठाकर कई बार अंग्रेजी सेना को परास्त किया। बुधु को पकड़ने के लिए सरकार ने एक हजार रुपए इनाम की घोषणा कर दी। हजारों लोगों के हथियारबंद विद्रोह से अंग्रेजी सरकार और जमींदार काँप उठे थे। एक बार फिर बुधु को पकड़ने का काम कैप्टन इंपे को सौंपा गया। 13 फरवरी, 1832 को बनारस की पचासवीं देसी पैदल सेना की छह कंपनी और घुड़सवार सैनिकों का एक बड़ा दल जंगल में भेज दिया गया। सेना का दूसरा दल टीको (अब कुड़ू प्रखंड में) गाँव में पहुँच गया, जहाँ विद्रोहियों के दल ने गिरिधर और हलधर के नेतृत्व में सेना पर हमला कर दिया। दोनों ओर से मारक हथियार चलने लगे। इस युद्ध में सेना ने बंदूकों और राइफलों के साथ तोपों का भी जमकर इस्तेमाल किया। इसके बावजूद विद्रोहियों का दल तीर-धनुष जैसे पारंपरिक हथियारों से ही डटकर उनका मुकाबला करता रहा। दोनों ओर से लाशें गिरने लगीं। धीरे-धीरे विद्रोहियों की लाशों की संख्या बढ़ने लगी और इसी बीच गिरिधर और हलधर भी गोलियों के शिकार होकर मारे गए। सैनिकों ने कैप्टन इंपे को दिखाने के लिए दोनों के सिर काटकर रख लिये।

उसी दिन बुधु और उनके साथियों को कैप्टन इंपे ने सिलागाई गाँव में घेर लिया। गाँव के मेलानी पहाड़ की तराई रणक्षेत्र बन गई। बुधु आत्मसमर्पण करना चाहते थे, ताकि अंधाधुंध फायरिंग में निर्दोष ग्रामीण न मारे जाएँ, लेकिन बुधु के भक्तों ने छह वृत्ताकार घेरा बनाकर उन्हें घेर लिया। चेतावनी के बाद कैप्टन ने गोली चलाने का आदेश दे दिया। अंधाधुंध गोलियाँ चलने लगीं। तोपों का भी खुलकर प्रयोग किया गया। बूढ़े, बच्चों, महिलाओं और युवाओं के भीषण चीत्कार से इलाका काँप उठा। इस खूनी तांडव में सैकड़ों आदिवासी मारे गए। पूरी तराई उनकी लाशों से पट गई। इसी बीच कैप्टन इंपे की नजर बुधु भगत पर पड़ी। वह आगे बढ़ते हुए बोला, "बुद्ध भगट, टुम अब भाग नाईं सकटा। इसलिए सरेंडर कर डो। हाम टुमको कुछ नाईं करेगा।"

बुधु भगत ने कहा, "हम सरेंडर करना चाहते थे, ताकि कोई निर्दोष ग्रामीण मारा न जाए, लेकिन तुम लोगों ने मौका नहीं दिया। अब जब पूरा गाँव श्मशान बन गया है तो मुझे सरेंडर करने से क्या फायदा? कैप्टन, इतना होने के बाद भी हम अंतिम दम तक तुम्हारे हाथ नहीं आएँगे।"

इतना कहते हुए बुधु भगत ने अपनी भारी तलवार से अपनी ही गरदन पर ऐसा वार किया कि उनका सिर कटकर गिर पड़ा और धड़ तड़पने लगा। अत्याचारी ब्रिटिश सत्ता के खिलाफ हुई इस क्रांति के वीर नायक बुधु भगत मारे गए। यह दृश्य देखकर कैप्टन इंपे भी हक्का-बक्का रह गया, लेकिन थोड़ी देर में ही वह सँभल गया और सहज हो गया। इस प्रकार अन्याय के विरुद्ध जन विद्रोह को हथियार के बल पर जबरन खामोश कर दिया गया।

लगभग एक घंटे के बाद, जहाँ खेत में सैकड़ों आदिवासियों की खून से सनी लाशें जनसाधारण का दिल दहला रही थीं, वहीं कैप्टन इंपे की क्रूर हँसी गूँज रही थी, "वेल डन¨वेल डन। बहुट अच्छा हुआ, सब मारे गाये। आई वान्ट टू सी द हेड्स ऑफ बुढ़ु भगट एंड हिज संस गिरिढर एंड हलढर। बुढ़ु भगट और उसके बेटों का सिर प्रेजेंट करो।"

सामने खड़े एक अंग्रेज सैनिक ने कहा, "ओके सर, अभी प्रेजेंट करटा हाय।"

थोड़ी देर में वह सैनिक अपने हाथ में तीन सिर लटकाए वहाँ हाजिर हुआ।

कैप्टन इंपे ने कहा, "वेरी बैड। बहोट गलट बाट हाय। दे आर ब्रेव मैन। ये बहाडुर हैं। इनका ऑनर करो¨इज्जट के साठ इनको थाली में सजाकर लाना माँगटा हाय।"

"एक्सक्यूज मी सर।" कहते हुए सैनिक वहाँ से चला गया। थोड़ी देर में वह

कैप्टन इंपे के आदेश का पालन करते हुए एक बड़े से थाल में तीनों सिरों को रखकर वहाँ आ पहुँचा। कैप्टन इंपे ने तीनों कटे सिरों को ध्यान से देखा और मुसकराकर बोला, "वेरी गुड। काँटा साफ हो गया। इन्हें ले जाओ।"

अभी भी बुधु भगत की खुली आँखें मौन भाषा में बोल रही थीं। मानो कह रही हों कि अब भी नहीं जागोगे तो कब जागोगे? उठो और इन अत्याचारियों को सबक सिखाओ! लेकिन कैप्टन उससे बेखबर रहा और शहीद सपूतों के कटे सिरों से सजे थाल को खुद लेकर पिठौरिया स्थित सैनिक छावनी की ओर चल पड़ा।

□

अर्जुन सिंह-जग्गू दीवान

ईसवी सन् 1831 में 'कोल विद्रोह' का बिगुल बज चुका था। विद्रोह के नायक पोटो सरदार अंग्रेजों से बच-बचाकर जुल्मी अंग्रेजी शासन को सबक सिखाने में लगे थे। इसी बीच जगबंधु पटनायक उर्फ जग्गू दीवान से उनकी मुलाकात हो गई। इसके बाद दोनों ने एक साथ मिलकर इस संघर्ष को चलाने का निर्णय लिया। जग्गू दीवान का साथ होने के बाद पूरे कोल्हान क्षेत्र में विद्रोह की आग और धधक उठी। आग की लपटें खरसावाँ पहुँच गईं। वहाँ के राजा चेतन सिंह के गढ़ पर विद्रोहियों ने हमला कर दिया। विद्रोहियों का विश्वास था कि राजा चेतन सिंह अंग्रेजों के कट्टर समर्थक थे। अपनी गरीब प्रजा पर अत्याचार करते थे। विद्रोहियों ने जमकर मार-काट मचाई। गढ़ में आग लगा दी और जो कुछ मिला, लूट लिया। जब बचने का कोई चारा नहीं रहा तो चेतन सिंह ने विद्रोहियों के नायक जग्गू दीवान के सामने आत्मसमर्पण कर दिया। जग्गू ने उसे मारने के लिए तलवार उठाई तो वह हाथ जोड़कर गिड़गिड़ाने लगा, "मुझे मत मारो, भइया। जो गलती-सलती हुई है, उसे माफ कर दो।"

"तुमने गरीबों का खून चूसा है। तुमने उन्हें जीना मुश्किल कर रखा है। तुम

समझते हो कि अंग्रेज सरकार तुम्हारे साथ है तो तुम्हारा कोई क्या बिगाड़ लेगा? अब मरो।"

"देखो जग्गू भाई, मेरे पास जो कुछ भी था, वह खत्म हो चुका है। अब मेरी जान को छोड़कर कुछ भी बचा नहीं है। तुम जो कहोगे, मैं करूँगा। भगवान् के लिए मेरी जान छोड़ दो।"

"ठीक है।" जग्गू ने तलवार नीचे कर ली, "तुम्हें एक काम करना होगा। तुम छोटानागपुर के कमिश्नर के पास जाकर मेरा संदेश दे दो कि अब अंग्रेजों के दिन पूरे हो गए। अब वे भारत को छोड़कर भाग जाएँ।"

"ठीक है, सरदार।" चेतन ने गिड़गिड़ाते हुए कहा। जग्गू ने उसे जिंदा छोड़ दिया और अपने साथियों के साथ कर्रा चला गया। तब जग्गू दीवान कर्रा राजा का ही दीवान था, अंग्रेजों के अत्याचार और राजा द्वारा अंग्रेजों की चाटुकारिता से मर्माहत होने के बाद उसने विद्रोह की राह चुन ली थी और विद्रोहियों ने उसे अपना नायक मान लिया था। बाद में अंग्रेजों ने चालाकी के साथ विल्किंसन रूल की घोषणा कर विद्रोहियों के बीच फूट डालने और विद्रोह की आग को ठंडा करने में कामयाबी हासिल कर ली, लेकिन यह कामयाबी हमेशा के लिए कायम नहीं रह सकी। 1857 में दुबारा क्रांति हुई। सिंहभूम के राजा अर्जुन सिंह भी क्रांति का हिस्सा बन चुके थे। एक दिन उनके प्रधानमंत्री ने जगबंधु पटनायक उर्फ जग्गू दीवान उर्फ जग्गू पिंगुआ की वीरता की खूब प्रशंसा की। उन्होंने कहा, "महाराज, अगर हमारे साथ जग्गू आ जाए तो हमारी लड़ाई बहुत आसान हो जाएगी।"

महाराज ने पूछा, "हमें क्या करना चाहिए?"

"मेरी राय है कि जग्गू को इस राज्य का दीवान बना दिया जाए, क्योंकि उसमें अद्‍भुत सूझ-बूझ है। उसमें दैवी शक्ति है महाराज। वह आज तक किसी लड़ाई में हारा नहीं है। हर जगह उसकी जीत ही हुई है।"

प्रधानमंत्री की राय के अनुसार जग्गू राजा अर्जुन सिंह के दीवान बना दिए गए। इस बीच अर्जुन सिंह के जीवन में कई उल्लेखनीय घटनाएँ घटीं, जिसने अंग्रेजों के प्रति मन में सुलग रही घृणा की चिनगारी को भड़काने में तूफान का काम किया।

□

एक दिन की बात है, सोमा और बिटला दोनों हाट पहुँचे। वहाँ बाजार से बाहर कुछ महिला-पुरुषों को हँड़िया और महुआ का सोमरस बेचते देखा। सोमरस की मादक गंध उनके नथुनों से टकराई और उनका मन ललचा गया। सोमा खड़ा होकर उधर देखने लगा तो बिटला ने टोका, "उधर का देख रहा है सोमा?"

सोमा ने तंबाकू से काले हो चले दाँतों को दिखाकर कहा, "मन कर रहा है।"

बिटला ने कहा, "मन तो मेरा भी कर रहा है, भाई।"

सोमा बोला, "तो चलो, एक-एक दोना ले लिया जाए।"

बिटला ने कहा, "चखना के बिना दारू का मजा तो आएगा नहीं। इसलिए चलो बाजार से कुछ ले लेते हैं।"

"ठीक है!" दोनों बाजार गए और चना का फुटहा लेकर वहीं आ गए, जहाँ थोड़ी देर पहले गंभीरतापूर्वक विचार-विमर्श कर रहे थे। फिर सोमरस बेच रही एक महिला के पास बैठ गए और इशारा किया तो महिला मुसकरा उठी। उसने साल की हरी पत्तियों से बना एक-एक दोना दोनों के हाथ में थमा दिया। फिर एक कटोरे को चौड़े मुँह वाले घड़े में डाला और उससे दारू निकालकर उनके दोनों को भर दिया। दोनों ने एक साँस में ही दारू से भरे दोनों को खाली कर दिया। बिटला ने फुटहा चबाते हुए कहा, "मजा नहीं आया सोमा। एक-एक दोना और हो जाए।"

"चलो, ठीक है।" सोमा ने सहमति जताई तो महिला ने उनके दोनों को फिर भर दिया। इसी प्रकार आगे भी होता रहा और वे दस-दस दोना दारू पी गए। तब तक उसका प्रभाव भी शरीर और दिमाग पर गहरा चुका था। महिला ने जितना कहा, पैसे दिए और दोनों भूल गए कि बाजार में वे कुछ जरूरी सामान खरीदने के लिए आए थे। दारू ने दोनों को टेढ़ा कर दिया था। वे ठीक से खड़े भी नहीं हो पा रहे थे। दोनों के पाँव और जुबान लड़खड़ा रहे थे। दोनों ने एक-दूसरे के कंधे पर अपनी बाँहें जमा लीं और झूमते हुए, झूमर खेलते हुए अपने घर की ओर वापस लौट पड़े। बीच-बीच में वे बेसुरे राग में लोकगीत की पंक्तियाँ गा उठते। सोमा ने नशीली आवाज में कहा, "एक बात जानता है बिटला? हिंच!"

बिटला भी वैसी आवाज में बोला, "हिंच! नहीं रे, हम नहीं जानता···हिंच! हमको कुछो पता नहीं है।"

"हिंच! तो सुनो हम बताते हैं···लेकिन हिंच! लेकिन किसी को मत बताना।"

"अरे नहीं बताएँगे रे हिंच!···हम पर भरोसा नहीं है का भाई, हिंच!···तुम हमारा भाई है···हिंच!"

"तो सुनो। हमारे महाराजा···हिंच! महाराजा अर्जुन सिंह का बेटा···मर गया।"

"अरे बाप रे···हिंच!" बिटला ने रोने के अंदाज में बोला, "ई का हो गया रे? हिंच! कैसे हो गया रे?"

"महाराज अर्जुन सिंह को हिंच! ···पाप लग गया है, पाप।"

"किसका पाप रे···हिंच!"

सोमा ने कहा, "हिंच! महाराजा पहले सौ फौजियों को अंग्रेजों से बचाया··· हिंच! अपने गढ़ में ले आए, हिंच! लेकिन···फिर उन्हें अंग्रेजों को ही सौंप दिया। जानता है उन फौजियों को···अंग्रेज फाँसी पर चढ़ा दिए!"

"ओ अभी समझ में आया···हिंच···यह तो गद्दारी है?···पाप है, पाप! उसी पाप से महाराजा का बेटा मर गया!···जइसन करनी, ओइसन भरनी···!"

सोमा ने थोड़ी ऊँची आवाज में कहा, "बिटला, तुम ठीक कहता है रे···जइसन करनी, वोइसन भरनी···हिंच! महाराजा को पाप का फल मिल गया···बिटला, यह बात किसी को मत बताना रे।"

"नहीं बताएँगे रे, हिंच! किसी को भी नहीं बताएँगे।"

उसी समय दो सिपाही पता नहीं कहाँ से प्रकट हो गए और दोनों को पकड़ लिया। सिपाहियों ने पूछा, "दारू चढ़ गया तो अनाप-शनाप बके जा रहे हो?"

सोमा ने सीना तानकर कहा, "हिंच! सच बात तो बोलकर रहेंगे।···हमको किसी से डर नहीं है। समझे···?"

सिपाहियों ने उन्हें पकड़ लिया और लगभग घसीटते हुए दोनों को राजा अर्जुन सिंह के दरबार में खड़े कर दिए। वहाँ उनके अत्यंत विश्वासी सेनापति जग्गू दीवान भी मौजूद थे। महाराज ने पकड़कर लाने का कारण पूछा तो सिपाहियों ने उन्हें वह सबकुछ बता दिया, जो उन दोनों शराबियों ने राजा के बारे में कहा था। राजा अर्जुन सिंह गंभीर हो गए। उन्हें लगा कि किसी ने उनके सीने पर जोरदार घूँसा जड़ दिया है। वे अतीत में खोते चले गए।

राजा अर्जुन सिंह की राजधानी चक्रधरपुर में थी। झारखंड में शांति का साम्राज्य होने तथा दक्षिण-पश्चिमी भारत के गवर्नर जनरल सर थॉमस विल्किंसन की चलाई प्रशासनिक 'मानकी-मुंडा व्यवस्था' के फलीभूत होने से पहले ही सिंहभूम सिपाही विद्रोह की चपेट में आ गया था। चाईबासा स्थित सैन्य शिविर के 250 सैनिक 3 सितंबर, 1857 को अचानक विद्रोह पर उतर गए। उन्होंने चाईबासा में सरकारी खजाने से 20 हजार रुपए लूट लिये, जेल का फाटक तोड़ दिया और वहाँ से भाग निकले। इनके साथ ही राँची एवं हजारीबाग में भी सिपाहियों ने बगावत कर दी। विद्रोहियों को दबाने के लिए रामगढ़ बटालियन की टुकड़ी भेजी गई, लेकिन वे भी विद्रोह पर उतर गए। इसकी सूचना जब चाईबासा के प्रधान सहायक आयुक्त कप्तान सिसमोर को मिली तो वह घबरा गया। उसने तत्काल चाईबासा छोड़ दिया। वह सरायकेला के राजा चक्रधारी सिंह की शरण में चला गया। कुछ दिनों बाद चक्रधारी सिंह को सिंहभूम राज्य का जिम्मा सौंप दिया और स्वयं कलकत्ता भाग गया।

चाईबासा के विद्रोही फौजी राँची में बागियों से मिलना चाहते थे, इसलिए बंदूकें लेकर राँची की ओर बढ़ चले। उस दिन जोरदार वर्षा थमने का नाम ही नहीं ले रही थी। संजय नदी में भयंकर बाढ़ आ गई थी। उस समय उस नदी पर पुल भी नहीं था, इसलिए विद्रोही फौज चक्रधरपुर से आगे नहीं बढ़ पाई। दूसरी ओर सरायकेला के राजा चक्रधारी सिंह और खरसावाँ के ठाकुर हरिसिंह ने अपनी सीमाओं पर चौकसी बढ़ा दी। उन्हें भय था कि कहीं ये बागी उनकी सीमा में न प्रवेश कर जाएँ! इन परिस्थितियों में बागी फौजियों की हालत दयनीय हो गई। तब सिंहभूम के राजा अर्जुन सिंह को दया आ गई। उन्होंने सैनिकों को शरण देने के लिए जग्गू दीवान को दो हाथियों के साथ भेजा, जिनकी मदद से बागी सैनिक सात सितंबर को चैनपुर के बाबू घाट पर दो हाथियों के सहारे नदी पार हो गए। बागियों को चैनपुर के जमींदार के घर ठहराया गया। नदी पार करने में पाँच दिन लगने के कारण सैनिकों की हालत काफी बिगड़ चुकी थी। कई फौजियों ने राजा के यहाँ नौकरी कर ली। उन्होंने सरकारी खजाने से लूटे 20 हजार रुपए और बंदूकें भी राजा को सौंप दीं। राजा अर्जुन सिंह ने फौजियों की सभा बुलाकर अपनी कुलदेवी पौरी देवी को साक्षी मानते हुए उन्हें जीवन-रक्षा का वचन दिया। 13 सितंबर को पलामू के एस.डी.ओ. लेफ्टिनेंट आरसी बर्च ने सिंहभूम के उपायुक्त के रूप में कार्यभार सँभाला। उन्होंने चाईबासा पर फिर से कब्जा कर लिया, लेकिन कानों से यह नारा टकराता रहा—'खल्क खुदा का, मुल्क बादशाह का और राजा हमारे अर्जुन सिंह।' इसे नारे ने बर्च की बेचैनी बढ़ा दी। उसने महाराजा अर्जुन सिंह को उसके सामने हाजिर होने और विद्रोही सैनिकों समेत लूटे गए सभी सामानों को सौंपने का सख्त आदेश दिया, लेकिन अर्जुन सिंह ने उस आदेश को ठुकरा दिया। तब बर्च ने 23 सितंबर को अर्जुन सिंह को बागी घोषित करते हुए उनके राज्य को जब्त करने की घोषणा कर दी। राजा अर्जुन सिंह बर्च की काररवाई से भयभीत हो गए। उन्हें अवसाद ने घेर लिया। एक दिन राजदरबार में अर्जुन सिंह चिंतित मुद्रा में बैठे थे। उसी समय जग्गू दीवान वहाँ आ धमके। उन्होंने कहा, "महाराज, आप इतने परेशान क्यों हैं? आपकी चिंता का कारण क्या है?"

राजा ने कहा, "दीवानजी, जिलाधीश बर्च ने हमारे राज्य को जब्त करने की घोषणा कर दी है। अब समझ में नहीं आ रहा कि क्या किया जाए?"

"आप परेशान न हों, महाराज। मैं इसका रास्ता निकालूँगा। मेरी राय है कि इस मसले पर छोटानागपुर के कमिश्नर डाल्टन से बात की जाए।"

"लेकिन उससे बात करेगा कौन?"

"मैं करूँगा, महाराज। मैं आज ही राँची जा रहा हूँ। डाल्टन से मिलूँगा और उन्हें समझाऊँगा कि जो हो रहा है, वह गलत है।"

□

अपने चैंबर में डाल्टन साहब बैठे थे। अर्दली आया और उसने कहा, "हुजूर, सिंहभूम से एक आदमी आया है और आपसे मिलना चाहता है।"

"उससे उसका नाम पूछा?"

"जी, वह अपना नाम जग्गू दीवान बता रहा है।"

"ठीक है, उसे अंडर ले आओ। मैं पुलिस को इंफॉर्म कर देता हूँ।" चैंबर में अर्दली के साथ बिखरे बालोंवाला, हलकी दाढ़ी बढ़ाए साँवले रंग का एक प्रौढ़ व्यक्ति का प्रवेश हुआ। देखने में वह आदमी बहुत ही खूँखार लगता था।

डाल्टन ने कहा, "हूँ, टो टुम ही हाय जग्गू डीवान?"

"जी सरकार।"

"क्या बाट हाय?"

"आपसे एक विनती करने आया हूँ।"

"बोलो, क्या कहना माँगटा हाय?"

"सरकार", जग्गू ने विनम्रतापूर्वक कहा, "सिंहभूम के जिलाधीश बर्च ने हमारे महाराजा अर्जुन सिंह के राज्य को जब्त करने का आदेश दे दिया है। उनकी गिरफ्तारी पर 1,000 रुपए इनाम की घोषणा भी कर दी है। हमारा कहना है कि जब हम इलाके में शांति चाहते हैं तो फिर ऐसा करके कोल्हान के लोगों को क्यों भड़काया जा रहा है। इससे बेकार ही खून-खराबा होगा। आपके सिपाही भी मारे जाएँगे और हमारे आदमी भी। यह तो गलत न होगा, क्या?"

डाल्टन ने स्वीकृति में सिर हिलाते हुए कहा, "यू आर राइट मैन। यू आर राइट। हम टो सुना ठा कि टुम बहुट डेंजरस हाय, बट टुम टो वाइजमैन के माफिक बाट करटा हाय। बर्च ने रियली गलट किया हाय। इससे विद्रोह और भड़केगा। हाम उसको रोकेगा। ओके? बट टुमको भी कुछ करना माँगटा।"

"क्या हुजूर?" जग्गू दीवान ने उत्सुकता से पूछा।

"टुम्हारे किंग अर्जुन सिंह के पास जो बागी फौजी हाय, हम उनको सरेंडर करना माँगटा हाय।"

"ठीक है डाल्टन साहब, हम उन सभी बागी फौजियों को लेकर आत्मसमर्पण के लिए आपके पास आ जाएँगे, लेकिन हमारे महाराजा ने उनसे आत्मसमर्पण के

समय उनकी जान की रक्षा करने का वचन दिया है। इसलिए हमारी शर्त होगी कि आप उनकी जान की रक्षा करेंगे। आपको वादा करना होगा।"

"ओके जैग्गू डीवान, आई प्रॉमिश यू।" डाल्टन ने पूरी दृढ़ता के साथ कहा, "वी सेव देम ऐट एनी कॉस्ट। हाम उनको हर हालट में सेव करेगा। उनको हमारा गवर्नमेंट माफी डेगा। हमारा प्रॉमिश है।"

जग्गू दीवान संतुष्ट होकर वापस लौटे। डाल्टन ने हस्तक्षेप कर महाराजा अर्जुन सिंह की गिरफ्तारी पर 1,000 रुपए के इनाम की राशि को वापस भी करा दिया। साथ ही राज्य जब्त करने की काररवाई पर भी रोक लगा दी। अर्जुन सिंह ने विद्रोही सैनिकों का आत्मसमर्पण डाल्टन के समक्ष ही कराने का निर्णय किया। इसके बाद जग्गू दीवान बागी सैनिकों के साथ राँची पहुँच गए, लेकिन डाल्टन ने उनसे मुलाकात ही नहीं की और संदेश भेजवा दिया कि वे चाईबासा जाकर बर्च के समक्ष ही आत्मसमर्पण करें। इसके बाद अर्जुन सिंह ने चाईबासा जाकर बर्च के समक्ष बागी सैनिकों को सौंप दिया। यह जानते हुए भी कि वे उन्हें वध स्थल पर पहुँचा रहे हैं। अर्जुन सिंह अपने वचन पर कायम रहकर अपने शरणागतों की हर हाल में रक्षा करना चाहते थे, लेकिन उसके विपरीत, उन्होंने उन शरणागतों के साथ गद्दारी कर दी। चाईबासा के बागी सैनिकों के आत्मसमर्पण की सूचना जब बंगाल के गवर्नर को मिली तो उसने डाल्टन पर दबाव डाला कि जितनी जल्दी हो सके, उन बागी सैनिकों को मार दिया जाए। डाल्टन पहले तो अड़ा कि यह गलत होगा, लेकिन गवर्नर ने जब बहुत जोर दिया तो 30 अक्तूबर, 1857 को उसने सौ में से 42 सेनानियों को फाँसी पर चढ़वा दिया। इस बात को लेकर राजा अर्जुन सिंह अवसाद के शिकार हो गए, क्योंकि इस बात को लेकर वे जनता के बीच निंदा के पात्र बन गए थे। उन्हें हर समय ऐसा लगता था कि उन्होंने बहुत बड़ा पाप किया है और इसकी सजा उसे कुलदेवी जरूर देंगी। जब उनके पुत्र का आकस्मिक देहांत हो गया, तब उन्हें लगने लगा कि उन्हें उनके द्वारा किए गए पाप की ही सजा मिली है। बाजार से लौटते दो शराबियों का प्रलाप जनता की ओर से निंदा का एक उदाहरण मात्र था।

राजा अर्जुन सिंह की आँखों से आँसू बहने लगे। काफी समय तक उन्होंने कुछ भी नहीं कहा। जग्गू दीवान गुस्से से दाँत पीसते हुए दोनों शराबियों को देखने लगे। मानो उन्हें कच्चा ही चबा जाएँगे। महाराजा के मौन के बावजूद जग्गू दीवान से रहा नहीं गया। उन्होंने कहा, "महाराज, इन दोनों को कठोर दंड देना होगा। इन्होंने आपका अपमान किया है।"

राजा ने उन्हें रोकने की मुद्रा में हाथ उठाया। बोले, "इन दोनों को तत्काल छोड़ दिया जाए।"

जग्गू दीवान ने कहा, "महाराज, इन्होंने घोर अपराध किया है···महाराज को बदनाम किया है।"

राजा ने कहा, "दीवानजी, आप किस-किस का मुँह बंद करेंगे? इन दोनों को सजा देने से ही क्या मेरा पाप धुल जाएगा? जिन बागी फौजियों ने हमारे ऊपर पूरा विश्वास किया, लेकिन हमसे तो विश्वासघात ही हुआ। हमने उन्हें सबकुछ जानते हुए भी मौत के मुँह में धकेल दिया। आपको पता है? उन फौजियों में ग्यारह ब्राह्मण भी थे और उन्हें अंग्रेजों के हाथों मरवा देने के बाद मुझे ब्रह्महत्या का पाप भी लग गया है।"

"फिर भी महाराज···" जग्गू दीवान ने कहा, "अगर इन दोनों को माफ कर देंगे तो कल हजारों की संख्या में लोग आप पर कीचड़ उछालने लगेंगे। इसलिए···!"

राजा अर्जुन सिंह ने उनकी बात काटते हुए कहा, "दीवानजी, हमें सच को सुनने और उसे सहन करने की ताकत भी रखनी चाहिए। इन दोनों ने सच ही कहा है। हमने जिन विद्रोही सैनिकों को उनकी रक्षा का वचन देकर आत्मसमर्पण कराया था, उस वचन का पालन नहीं किया और अंग्रेजों को सौंप दिया, जिन्हें फाँसी पर लटका दिया गया। अंग्रेजों के हाथों सौंपे जाते समय उनकी कातर आँखें हमारी ओर देख रही थीं। कह रही थीं, मानो 'महाराज, हम तो मौत के मुँह में जा रहे हैं, लेकिन आपका भी भला नहीं होगा'।"

राजा भर्राई आवाज में जब अपनी चूक बताने लगे तो दरबार में सन्नाटा छा गया। दीवानजी भी कुछ बोल नहीं पा रहे थे। राजा कहे जा रहे थे, "मुझे उस समय भी लग रहा था कि ये फौजी हमें मन-ही-मन शाप दे रहे हैं और देखिए वही हुआ··· हमारा बेटा हमसे दूर हो गया।" इतना कहकर राजा अर्जुन सिंह रोने लगे और बोले, "दीवानजी।"

"महाराज का हुकुम।" दीवानजी बोले।

"यह कलंक तो मिट नहीं सकता, लेकिन हमें प्रायश्चित्त करना होगा। धोखा देनेवाले अंग्रेजों से युद्ध ही हमारा प्रायश्चित्त होगा।"

जग्गू दीवान ने कहा, "महाराज, आप अधीर न हों। आपके आदेश का पालन होगा। हम अंग्रेजों को सबक सिखाकर रहेंगे।"

राजा अर्जुन सिंह शोकमग्न थे। उसी समय जग्गू ने उनकी सेना की कमान सँभाल ली और अंग्रेजों के खिलाफ एक और युद्ध की तैयारी शुरू कर दी। सबसे

पहले उन्होंने विद्रोहियों की सेना के साथ सरायकेला के राजा चक्रधर सिंह के गढ़ पर हमला कर दिया। भीषण मार-काट के बाद जग्गू की जीत हुई और लोगों का विश्वास पक्का हो गया कि जग्गू साधारण इनसान नहीं है। उसमें दैवी शक्ति है। कानोकान इस बात का प्रचार-प्रसार होता चला गया और कोल्हान के सारे कोलों और मुंडाओं ने जग्गू को अपना सरदार मान लिया।

18 नवंबर, 1857 को जिलाधीश बर्च और कैप्टन हेले के नेतृत्व में अंग्रेजी फौज चक्रधरपुर पहुँची। दोनों ने राजा अर्जुन सिंह के भाई जगन्नाथ सिंह को लालच देकर मिला लिया। उसने उन अंग्रेज अधिकारियों को विश्वास दिलाया कि वह जग्गू दीवान का दुश्मन है और उसी के कारण उसके बड़े भाई ने अंग्रेजों से लोहा ले रखा है। उसने अपनी ओर से अंग्रेजी सेना को दो तोप और दो सौ सैनिक भेंट किए। इस बीच कर्रा स्टेट के मालिक लोकनाथ सिंह ने सूचना दी कि जग्गू चाईबासा में हमले की तैयारी में लगा है। 19 नवंबर को अलसुबह बर्च की सेना आगे बढ़ी। मुरहत्तू गाँव में जग्गू सेना सहित दिखाई पड़ा। एक सैनिक के प्रहार से घायल जग्गू घोड़े से गिर पड़ा। उसके साथी जान बचाकर भाग निकले। उसी दिन बिना मुकदमा और सुनवाई के जग्गू दीवान को फाँसी के फंदे पर लटका दिया गया।

इसके साथ ही राजा अर्जुन सिंह ने जग्गू दीवान जैसे अभिभावक को खो दिया, जो उनके लिए हमेशा अपनी जान हथेली पर रखा करते थे। यह उनके लिए दूसरा सबसे बड़ा आघात था।

अंग्रेज शासन दिनोदिन सख्त होता चला गया। ऐसी स्थिति में राजा अर्जुन सिंह ने गढ़ छोड़ दिया और अपनी प्रजा यानी कोल, कुड़मी और स्थानीय जनता के साथ रहने लगे। क्षेत्र की जनता ने ओटार गाँव में सभा कर घोषणा की कि वह हर हालत में राजा अर्जुन सिंह के साथ है और आगे भी रहेगी। वहीं दूसरी ओर सरायकेला एवं खरसावाँ के राजा, केरा के ठाकुर और आनंदपुर के जमींदार अंग्रेजों के चाटुकार बनकर गौरवान्वित हो रहे थे। जनता के बीच अर्जुन सिंह को लोकप्रियता हासिल थी। यही कारण है कि वे इस जनांदोलन के नेता बन गए। 17 जनवरी, 1858 को कर्नल फॉस्टर के अधीन शेखवत्ती बटालियन चाईबासा भेजी गई, जिसने तीन-चार दिन में ही अर्जुन सिंह का चक्रधरपुर स्थित गढ़ एवं चक्रधरपुर गाँव को नष्ट कर ढेरों कोल-कुड़मियों व स्थानीय लोगों की हत्या कर दी।

अर्जुन सिंह एवं उनके समर्थक कुछ दिनों तक उनका सामना करते रहे। मार्च 1858 से लेकर जून तक सरकारी फौजों और विद्रोहियों के बीच अनवरत युद्ध चलता रहा, लेकिन जब अंग्रेजी सेना और देश के गद्दार भारी पड़ने लगे तो विद्रोही

जंगलों तथा पहाड़ी भागों में शरण लेने को बाध्य हुए। सावधानियों के बावजूद कई विद्रोही अंग्रेजी सेना के हत्थे चढ़ गए। उनमें कुछ लोग फाँसी पर चढ़ा दिए गए तो वहीं कुछ को काला पानी की सजा दे दी गई। परिस्थितियाँ तो कठिन थीं, लेकिन राजा अर्जुन सिंह पूरे धैर्य के साथ डटे रहे। तब अंग्रेजों ने साजिश और दबाव की नीति अपनाई। अर्जुन सिंह को आत्मसमर्पण कराने के लिए उनके ससुर, मयूरभंज के राजा को मोहरा बना लिया। अंग्रेज शासन ने उन्हें धमकी दी कि वे अपने दामाद अर्जुन सिंह का आत्मसमर्पण नहीं कराएँगे तो उन्हें भी राज्य से हाथ धोना पड़ेगा। दबाव में अर्जुन सिंह ने 15 फरवरी, 1859 को समर्थकों के साथ छोटानागपुर के आयुक्त डाल्टन के समक्ष आत्मसमर्पण कर दिया। अंग्रेजों ने राजा अर्जुन सिंह को राज बंदी बनाकर बनारस जेल भेज दिया, जहाँ 1890 में उनका निधन हो गया। □

गोनो पिंगुआ

पोड़ाहाट के राजा अर्जुन सिंह अपने दरबार में बैठे थे। उनके अधीनस्थ सारे जमींदार उपस्थित थे। एक जमींदार कह रहा था, "राजा साहब, अंग्रेजों का अत्याचार दिनोदिन बढ़ता जा रहा है। अब सहन करना मुश्किल है।"

दूसरे जमींदार ने कहा, "कुछ उपाय करना होगा, राजा साहब।"

राजा अर्जुन सिंह ने अपनी मूँछों पर ताव दिया और फिर मुसकराते हुए बोले, "भाइयो, जो बात आप सोच रहे हैं, वह मैं भी महसूस कर चुका हूँ। आज सभी को यहाँ बुलाने का मकसद भी यही है। हम मिल-जुलकर विचार करेंगे कि हमें क्या करना चाहिए?"

तीसरे जमींदार ने कहा, "हुजूर, करना क्या है? बस, ईंट का जवाब पत्थर से देना है…।"

इसी समय दरबार में पहरेदार ने प्रवेश किया और सिर झुकाकर बोला, "सरकार, गोनो पिंगुवा आया है और सरकार से मिलना चाहता है।"

"बुला लाओ।" राजा ने पहरेदार को आदेश दिया तो वह बाहर चला गया। इधर उन्होंने दरबारियों से कहा, "भाइयो, मैंने रणनीति बना ली है। बस, आपका साथ और सहयोग चाहिए।"

"हम आपके साथ हैं, राजा साहब।" दरबार में सामूहिक स्वर गूँज उठा। इसी समय हट्टा-कट्टा शरीरवाला काले रंग का युवक गोनो पिंगुवा अपने हाथ में तीर-धनुष सँभाले हाजिर हुआ।

राजा अपने आसन से उठे और गोनो को गले से लगा लिया। एक आसन पर बैठाकर मुसकराते हुए बोले, "भाइयो, यह चाईबासा जिले के पातजैंत गाँव का रहनेवाला गोनो पिंगुवा है। इसको खानदानी विद्रोही कहा जाए तो गलत नहीं होगा। आज से बीस साल पहले 1837 में 'कोल विद्रोह' हुआ था। उसमें गोनो के पिता माटा और बड़े भाई ने सक्रियता से भाग लिया था। माटा की जेल में मौत हो गई थी और बड़े भाई को सजा-ए-मौत मिली थी। आपको यह बताते हुए खुशी हो रही है कि उन वीरों की शहादत बेकार नहीं गई। आदिवासी लड़ाकों से हार मानकर अंग्रेजों ने विल्किंसन ऐक्ट 1832 के अंतर्गत अर्ध स्वायत्तता दे दी थी। मैं चाहता हूँ कि कंपनी सरकार से बगावत में कोल्हान क्षेत्र के हर आदिवासी का सहयोग मिले। क्या गोनो, तुम्हारा क्या विचार है?"

गोनो ने कहा, "हम तैयार हैं राजा साहब।"

1857 में जहाँ पूरे देश में विद्रोह की आग धधक रही थी, वहीं कोल्हान में पोड़ाहाट के राजा अर्जुन सिंह ने अंग्रेजों के खिलाफ बगावत का ऐलान कर दिया। खूँखार विद्रोही गोनो पिंगुआ ने विद्रोह को सफल बनाने की दिशा में जी-जान एक कर दिया। गाँव-गाँव में जाकर आदिवासियों की विद्रोही सेना तैयार की। व्यापारियों को हुक्म दिया कि पर्याप्त राशन उपलब्ध कराएँ। लोहारों को अधिक-से-अधिक तीर, तलवार, फरसा, कुल्हाड़ी, टाँगी बनाने का आदेश दे दिया गया। अंग्रेजों के खिलाफ युद्ध के प्रतीक के तौर पर तीर को पूरे इलाके के गाँवों में घुमाया गया। मुंडा-मानकियों ने उस प्रतीक का सम्मान करते हुए राजा को साथ देने का आश्वासन दिया।

स्वाधीनता संग्राम की पृष्ठभूमि तैयार हो चुकी थी। पोड़ाहाट राजा अर्जुन सिंह का गढ़ आज चहल-पहल का विशेष केंद्र बना हुआ था। गढ़ के प्रांगण में परंपरागत हथियारों के साथ विद्रोही सेना खड़ी थी। एक मंच बना हुआ था। सबकी निगाहें मंच की ओर टिकी हुई थीं। सभी के चेहरे पर अजीब उत्साह झलक रहा था। उसी समय राजा अर्जुन सिंह मंच पर पहुँचे। उन्होंने कहा, "भाइयो, आज वह दिन आ ही गया, जब हम अपनी मातृभूमि के लिए काम आएँगे। अंग्रेजों की गुलामी से देश को आजाद कराने में हम अपनी जान की भी परवाह नहीं करेंगे। भाइयो, चूँकि किसी भी संग्राम के लिए एक सेनापति या सरदार की जरूरत होती है, आज हम अपनी

विद्रोही सेना का सरदार वीर नायक गोनो पिंगुआ को घोषित करते हैं। गोनो पिंगुआ मंच पर आने का कष्ट करें।"

पूरा प्रांगण तालियों की गड़गड़ाहट से गूँज उठा। मंच पर गोनो पहुँचा। राजा ने ताड़ के पत्ते, पगड़ी और घोड़ा देकर उसे सम्मानित किया।

विद्रोह की आग पूरे कोल्हान में धधक उठी। चारों ओर अंग्रेज अधिकारियों और सैनिकों के बीच हड़कंप की स्थिति बन गई। पूरे कोल्हान क्षेत्र में विद्रोही उपद्रव कर रहे थे। सौ से अधिक विद्रोहियों का जत्था गोनो के साथ चलता। जैंतगढ़ में लड़ाका हो ने एक जमादार और दो लोगों की हत्या कर दी। चाईबासा भेजे जा रहे अनाजों को रास्ते में ही लूटा जाने लगा। गोनो के नेतृत्व में मोगरा और सेरेंग्सिया घाटी की लड़ाई में लड़ाका हो ने अंग्रेजी सेना को पस्त कर दिया। सूखे झरने को पार कर रही अंग्रेजी सेना पर 4 हजार विद्रोहियों ने तीर बरसाने शुरू कर दिए।

कैप्टन हेल और लेफ्टिनेंट बर्च समेत दर्जनों अंग्रेज सिपाही गंभीर रूप से घायल हो गए। इस भीषण युद्ध में 150 से भी अधिक लड़ाका हो शहीद हो गए। फिर भी तीरों, गुलेलों और पत्थरों की बारिश करते हुए विद्रोहियों ने दुश्मन सेना को सात मील तक खदेड़ दिया। मजबूर होकर कंपनी सरकार को शेखावती बटालियन और 100 अतिरिक्त यूरोपीय सैनिकों को बुलाना पड़ा। सेरेंग्सिया घाटी में सात दिनों तक 300 लड़ाका हो घात लगाकर दुश्मन सेना के गुजरने का इंतजार करते रहे। कंपनी सेना के वहाँ पहुँचते ही विद्रोहियों ने भीषण हमला शुरू कर दिया। दुश्मनों को डराने के लिए बैलगाड़ी पर केले के पेड़ को सजाकर तोप की शक्ल देने की कोशिश की। कुशल रणनीति और अद्बितीय साहस का परिचय देते हुए हो विद्रोहियों ने दुश्मनों को वहाँ से खदेड़ दिया। इसी तरह कई बार विद्रोहियों ने छिटपुट हमले कर कंपनी सेना को परेशान किया। अंततः गोनो अंग्रेजी सरकार के हत्थे चढ़ गया। उसे उम्रकैद की सजा सुनाई गई।

□

नीलांबर-पीतांबर

चेमू सिंह की तबीयत आज अचानक खराब हो गई। कहावत है न कि बुढ़ापा सौ रोगों के बराबर होता है, लेकिन चेमू सिंह पर यह कहावत सटीक नहीं बैठ पाती थी। कद के दुबले-पतले और वजन से हलके होने के कारण वे फुर्तीले भी थे। उनके व्यक्तित्व की सबसे बड़ी विशेषता तो यह थी कि वे हँसमुख और मिलनसार थे। बारह गाँवों की जमींदारी होने के बावजूद उनमें घमंड की बू तक नहीं थी। अपने दरवाजे से किसी को भूखा लौटने नहीं देते थे। कोई जरूरतमंद आ जाता तो उसकी सहायता में जी-जान लगा देते थे। यही कारण है कि पूरे इलाके में उनकी लोकप्रियता चरम पर थी। वे भोक्ता समाज के लिए परम आदरणीय तथा मुखिया थे। उनके लिए भोक्ता समाज भी हमेशा एक पैर पर खड़ा रहता था। जिसे जो कह देते, वह उसे ब्रह्मा का आदेश समझकर मान लेता था। दोनों बेटे नीलांबर और पीतांबर पितृभक्त और आज्ञाकारी थे। नीलांबर पच्चीस साल के थे तो पीतांबर बीस साल के। दोनों अपने पिता की सेवा में लगे रहते थे। वे उन्हें किसी भी हालत में उदास या निराश देखना पसंद नहीं करते थे, लेकिन विगत कुछ दिनों से वे भी हैरान थे। चेमू सिंह ने अपने स्वभाव के विपरीत हँसना-मुस्कराना छोड़ दिया था। चेहरे पर उदासी की गहरी परत छाई रहती

थी। एक दिन नीलांबर उनसे पूछ बैठा, "बाबूजी, कुछ दिनों से देख रहे हैं, आपने हँसना-मुस्कराना छोड़ दिया है। क्या बात है? बताइए।"

"अरे कोई बात नहीं है, नीलांबर।" चेमू सिंह ने उसके सवाल को टालने के लिए मुसकराने की कोशिश तो की, लेकिन सफल नहीं हो सके। मुसकराहट की कोशिश पर उदासी हावी हो गई।

नीलांबर ने कहा, "कुछ तो बात जरूर है, बाबूजी। आपको क्या परेशानी है? खेती-बारी सँभालने के लिए अब हम हैं न! हमारा छोटा भाई पीतांबर भी आपकी मदद के लिए तैयार है। क्या हम भाइयों से आपको कोई शिकायत है?"

"नहीं रे नीलांबर", चेमू सिंह ने कहा, "तुम लोगों से शिकायत का तो सवाल ही नहीं है। तुम्हारे जैसा बेटा भगवान् सबको दे।"

"तो फिर क्या बात है, जो आपको भीतर-ही-भीतर खाए जा रही है?"

चेमू ने फिर मुसकराने की कोशिश की, "बेटा, तुम अपने बाप को जानते हो। क्या तुम्हें लगता है कि कोई बात मुझे खा सकती है? अरे बात को तो मैं खाकर पचा लेता हूँ।"

नीलांबर ने बहुत कोशिश की, लेकिन चेमू सिंह अपनी परेशानी का कारण बड़ी ही चतुराई से छिपाते चले गए। दिल में उठनेवाले उद्वेग उन्हें मथते रहे। कई बार अपराध-बोध भी हुआ कि अगर उन्होंने ऐसा किया होता तो आज ऐसा नहीं होता, जो हो गया। कभी अपनी और अपने परिवार की बरबादी के लिए खुद को जिम्मेदार बताते हुए बेचैन हो उठते और खुद को कोसने लगते। अपने दिल के दर्द को दूसरों से छिपाने की कोशिश में कुंठा और अवसाद का जन्म होता है। दूसरों के बीच अपनी व्यथा बाँटने से उसकी जलन कम हो जाती है। चेमू सिंह वैसा नहीं कर सके और भीतर-भीतर ही घुटते चले गए। धीरे-धीरे उच्च रक्तचाप, सिर में चक्कर, बेचैनी आदि शारीरिक परेशानियों से घिरते चले गए और आज अपने बिस्तर पर पड़े कराह रहे हैं। नीलांबर उनके माथे को सहला रहा है और पीतांबर पाँव दबा रहा है। इलाके के वैद्यजी पहुँच चुंके हैं। उन्होंने चेमू सिंह की नाड़ी देखकर कहा, "बबुआ, चेमू किसी बात को लेकर गहरे सदमे में हैं। क्या घर-परिवार में कोई ऐसी-वैसी बात हुई है?"

नीलांबर ने कहा, "नहीं काका। ऐसा कुछ तो नहीं हुआ है।"

"तो फिर इन्हें सदमा कैसे हुआ?" वैद्यजी ने शंका जाहिर करते हुए कहा, "चलो कोई बात नहीं, दवा दे देते हैं। इन्हें खिला देना। इनको नींद आना जरूरी है।"

वैद्यजी ने अपनी दवाओं की पहली खुराक चेमू सिंह को खिलाई और चले गए। इसके बाद चेमू सिंह रोने लगे। अपने कंधे पर रखे अंगोछे से उनके आँसू पोंछते हुए नीलांबर बोले, "बाबूजी, आप रो क्यों रहे हैं? आखिर क्या बात है? हमसे कोई गलती हुई है तो हमारी पिटाई कर दीजिए। जो सजा देनी हो, दे दीजिए।"

चेमू सिंह ने कहा, "वैसी कोई बात नहीं है, बेटा। आज मैं तुमसे कोई बात नहीं छिपाऊँगा। मरने से पहले तुम्हें बता देना जरूरी है कि मेरे साथ क्या हुआ?"

नीलांबर चौंक पड़ा। उसने पूरी व्यग्रता के साथ पूछा, "बाबूजी, आपके साथ क्या हुआ?"

चेमू सिंह ने बिना किसी भूमिका के सीधे बता दिया, "अंग्रेजों ने हमारी बारह गाँवों की जागीर हमसे लूटकर चैनपुर के ठकुराई ईश्वर दयाल सिंह को दे दी है।"

"क्या?" नीलांबर का मुँह खुला-का-खुला रह गया।

"हाँ, बेटा।" चेमू ने कहा, "यही सच है और इसी बात ने मुझे घायल कर रखा है। बहुत खून-पसीना एक कर हमने अपनी जागीर खड़ी की थी, जो चुटकी बजाते मेरे हाथों से निकल गई। इसके लिए मैं दोषी हूँ।"

इतना कहकर वे सुबक-सुबककर रोने लगे।

"आप दोषी कैसे हो सकते हैं?"

"इसलिए कि मैंने अंग्रेज अफ़सरों के तलवे नहीं सहलाए। उनकी चापलूसी नहीं की, जो ठकुराई कर रहे हैं। अगर वह सब किए होते तो आज इसकी नौबत नहीं आती।" चेमू सिंह ने रोते हुए कहा।

"कोई बात नहीं है, बाबूजी।" नीलांबर ने कहा, "आप चुप रहिए, रोइए मत। आपका यह बेटा आपके एक-एक बूँद आँसू का हिसाब अंग्रेजों और ठकुराई से लेगा। आपकी कसम बाबूजी, मैं उनकी नींद और चैन दोनों खत्म कर दूँगा। आपकी जागीर ठकुराई के हाथ से छीनकर मैं आपको जब तक सौंप न दूँ, चैन से बैठूँगा नहीं।"

चेमू ने लड़खड़ाती आवाज में कहा, "बेटा अब तुम लोग जाओ, सो जाओ। अब मुझे भी नींद आ रही है।" वैद्यजी ने कहा था कि इन्हें नींद आना जरूरी है। इसलिए नीलांबर ने कहा, "ठीक है बाबूजी, आप सोइए। हम यहीं आपके पास बैठेंगे।"

चेमू सो गए और नीलांबर-पीतांबर दोनों भाई रातभर वहीं बैठे रह गए और सुबह हो गई। दोनों भाई नित्य कर्म के लिए चले गए। गाँव में दिन की चहल-पहल विराजमान हो गई। सब कोई जग गया, लेकिन चेमू सिंह सोते ही रहे, जो हर हाल

में प्रातः पाँच बजे तक जगकर परिवार के लोगों को आवाज देने लग जाते थे। आज दिन काफी चढ़ने के बाद भी नहीं उठे तो नीलांबर ने उन्हें जगाने का प्रयास किया। आवाज दी। उन्हें पकड़कर, झिंझोड़कर जगाने की चेष्टा की, लेकिन चेमू नहीं जागे। तब वैद्यजी बुलाए गए। उन्होंने नाड़ी टटोली और सिर झुकाकर बोले, "बबुआ, अब ये नहीं रहे।"

अपने बेटों को सुलाते-सुलाते चेमू सिंह खुद ही चिरनिद्रा में सो गए। दोनों बेटे सिर पीट-पीटकर रोने लगे। जिसके कान तक यह खबर पहुँची, वह उनके घर के सामने आकर खड़ा हो गया। चेमू सिंह के घर के सामने सैकड़ों लोग जमा हो गए और उनकी मौत के कारणों पर चर्चा छिड़ गई। हर कोई अपने-अपने ढंग से अनुमान लगा रहा था। तभी एक वयोवृद्ध ने उन्हें टोका, "चेमू भाई की मौत का कारण मैं जानता हूँ। अंग्रेजों ने उनकी जागीर छीन ली और चैनपुर के ठकुराई को दे दी। इसी बात के सदमे को ये बरदाश्त नहीं कर सके।"

भीड़ में से एक व्यक्ति ने गुस्से में आकर कहा, "यह तो सरासर अन्याय है।"

दूसरे व्यक्ति ने कहा, "हाँ भाई, यह अंग्रेजों के बाप की जागीर नहीं थी, जो किसी और के हाथ दे दिया! यह चेरो-भोक्ता समाज के लिए करारा तमाचा है। हम इस मौत का बदला लेंगे।"

"हाँ, हम बदला लेंगे। छोड़ेंगे नहीं।" भीड़ से सामूहिक आवाज आई।

घटना 1857 की है। आज के गढ़वा जिलांतर्गत भंडरिया प्रखंड के चेमू सनेया गाँव के जागीरदगार चेमू सिंह की मौत के बाद चेरो और खरवार समाज में आक्रोश फैल गया। नीलांबर और पीतांबर उस हर गाँव में जाने लगे और अंग्रेजों के खिलाफ लोगों को एकजुट करने लगे, जहाँ चेरो और खरवार रहते थे। हर गाँव में उन्हें न केवल चेरो और खरवार, बल्कि अन्य जातियों के लोगों का भी पूरा समर्थन मिला।

□

ज्येष्ठ की दुपहरी। भगवान् सूर्य आकाश से धरती पर आग की बारिश कर रहे थे। शरीर को झुलसा देनेवाली हवा तेज लू का रूप धारण कर चुकी थी। पलामू जिले की प्रमुख नदी अमानत में बालू के कण गरम हवा के साथ उड़ रहे थे। ऐसे वातावरण में सगालिम से अमानत नदी की दो किलोमीटर की पाट को पार कर तरहसी पहुँचना कोई हँसी-खेल नहीं था, लेकिन दो युवक अमानत नदी के गरम बालू पर तरहसी की ओर चले जा रहे थे। उनके चेहरे पर मोटी गमछी इस प्रकार लपेटी हुई थी कि उनकी आँखों के अलावा चेहरे का कोई भाग दिखाई नहीं दे रहा था। एक ने कहा, "नीलांबर भइया, अब हम अंग्रेजों से लोहा ले सकते हैं,

क्योंकि यहाँ के अधिकतर चेरों, खरवारों और भोक्ताओं के गाँवों को हम एकजुट कर चुके हैं।"

पीतांबर ने कहा, "नहीं नीलांबर, अभी मनातू के चेरों-खरवारों को समेटना बाकी रह गया है। आज बाजार में उनसे मिलना है और उन्हें अपने संगठन में शामिल कर लेना है। फिर थोड़ी सी तैयारी के बाद हम अंग्रेजों के पिट्ठुओं पर हमला कर देंगे।"

पीतांबर ने चौंककर पूछा, "भइया, हमारी लड़ाई तो अंग्रेजों से होनी है तो हम पिट्ठुओं पर हमला क्यों करेंगे?"

अपने पिता से अंग्रेजी सरकार की करतूत की कहानी सुनने के बाद नीलांबर और पीतांबर में बगावत का विचार मचल उठा था। आँखों से नींद उड़ चुकी थी और मन से चैन गायब हो चुका था। दोनों भाई रात-दिन, गाँव-गाँव घूमकर लोगों को ब्रिटिश सरकार के खिलाफ एकजुट करने लगे। जाड़ा हो या गरमी या बरसात, किसी भी बात की परवाह किए बिना ये पूरे पलामू की खाक छानते फिर रहे थे। इसी क्रम में ये दोनों भाई आज तरहसी जा रहे थे। पीतांबर का सवाल सुनने के बाद नीलांबर ने प्रेम से उसे समझाया, "देखो मेरे भाई, यह सही है कि हमारे देश के राजा, जमींदार और महाजन गोरी सरकार की शह पर ही हम जनता पर अत्याचार करते हैं, लेकिन हम ब्रिटिश सरकार से सीधे नहीं लड़ेंगे, बल्कि पहले उसके चमचों को छेड़ेंगे। इसके बाद हमारी लड़ाई अंग्रेजों से खुद-ब-खुद हो जाएगी। एक बात तुम्हें माननी पड़ेगी।"

"क्या भइया?"

"यही कि अंग्रेजों के चमचे उनसे भी अधिक खतरनाक हैं।" बात करते-करते दोनों तरहसी पहुँच गए। वहाँ विभिन्न गाँवों से लगभग एक हजार चेरो-खरवार जमा थे। उन्हें साठ वर्षीय बुधन सिंह ने जुटा रखा था। नाम था बुधन सिंह, लेकिन पूरे इलाके में लोग उन्हें बहुत सम्मान देते थे और 'गउवाँ' कहते थे। चेरो समाज ही नहीं, दूसरे जाति-समुदाय में भी उनकी बात कोई टाल नहीं पाता था। चार दिनों पहले लेस्लीगंज में नीलांबर-पीतांबर से मुलाकात हुई थी और बताया था कि अंग्रेजों और उनके चमचों का अत्याचार बहुत अधिक बढ़ गया है। यदि उनका विरोध नहीं किया जाएगा तो लोगों का जीना मुश्किल हो जाएगा। यदि पलामू के सभी चेरो-खरवार और भोक्ता एकजुट हो जाएँ तो अंग्रेजों का पसीना छुड़ाया जा सकता है। बुधन गउवाँ को बात जँच गई, इसलिए उन्होंने दिन-रात मेहनत कर अपने इलाके के लोगों को एकजुट कर लिया। लोगों के समूह को देखकर नीलांबर-पीतांबर गद्गद

हो गए। नीलांबर ने अपनी बात उन्हें बताई तो लोग काफी प्रभावित हुए और लड़ाई में पूरा साथ देने का वचन दिया।

□

एक दिन नीलांबर-पीतांबर दोनों भाई अपने घर में बैठकर इस बात पर विचार कर रहे थे कि लड़ाई कहाँ से शुरू की जाए? नीलांबर ने कहा, "पीतांबर, अब लड़ना तो है ही, लेकिन मैं सोचता हूँ…।"

"क्या भइया?"

"यही कि एक बार राँची जाकर कमिश्नर डाल्टन से मिला जाए और उनसे बात की जाए कि ब्रिटिश सरकार ने हमारी जागीर क्यों लूट ली?"

"हाँ भइया, आपका कहना ठीक है। अगर आप कहें तो मैं राँची चला जाता हूँ।"

"ठीक है पीतांबर।" नीलांबर ने कहा, "तुम राँची चले जाओ। इस काम के बाद तुम एक और काम कर लेना।"

"कौन सा काम, भइया?"

"वहाँ स्वतंत्रता सेनानियों की एक बैठक भी होनेवाली है। बाबू वीर कुँवर सिंह के रिश्तेदार सलगी (हजारीबाग) के जमींदार लाल जगतपाल सिंह ने एक बैठक बुलाई है। तुम उसमें भी भाग ले लेना। एक पंथ दो काज हो जाएगा।"

पीतांबर राँची आ गए और डाल्टन के चैंबर के पास पहुँच गए, लेकिन वहाँ तैनात सुरक्षाकर्मियों ने उन्हें डाल्टन से मिलने नहीं दिया। बहुत आरजू-मिन्नत के बाद एक अर्दली उनकी बात लेकर डाल्टन के पास गया और वापस लौटकर बता दिया, "साहब आपसे नहीं मिलना चाहते हैं।"

निराश होकर पीतांबर स्वाधीनता सेनानियों की बैठक में चले गए। वहाँ ठाकुर विश्वनाथ शाहदेव, पांडेय गणपत राय, पोराहाट के राजा अर्जुन सिंह, रामगढ़ बटालियन के जमादार माधो सिंह जैसे दिग्गज मौजूद थे, जो अपनी जान हथेली पर रखकर अंग्रेजों के खिलाफ बगावत कर रहे थे। बैठक में ब्रिटिश सरकार द्वारा किए जा रहे अत्याचारों के संबंध में गंभीरतापूर्वक चर्चा हुई। सभी उपस्थित लोगों में अंग्रेजों के खिलाफ आक्रोश था। ठाकुर विश्वनाथ शाहदेव ने बैठक को संबोधित करते हुए कहा, "भाइयो, आज हम यहाँ ब्रिटिश सरकार के द्वारा किए जा रहे अत्याचारों पर विचार-विमर्श के लिए उपस्थित हैं। मुझे लगता है कि यहाँ सभी लोग अंग्रेजों के अत्याचार के भुक्तभोगी हैं। हम अपने ही देश में, अपनी ही धरती पर निरीह हो गए हैं, लाचार हो गए हैं। जो अंग्रेज अफसरों की दलाली कर रहे हैं,

वे तो मस्ती में हैं, लेकिन बाकी लोगों का जीना मुहाल हो गया है। लेकिन अब हम ब्रिटिश सरकार का अन्याय नहीं सहेंगे। आपको यह जानकर खुशी होगी कि देश के विभिन्न भागों में अंग्रेजी सत्ता के खिलाफ बगावत होने लगी है। जगदीशपुर के जमींदार बाबू कुँवर सिंह तन-मन-धन के साथ विद्रोह पर उतर आए हैं। शाहाबाद में विद्रोहियों ने अंग्रेजों से सीधी लड़ाई ठान दी है। हालत यह हो गई है कि अंग्रेज अफसर अपना मुँह छिपाए फिर रहे हैं। यही वह मौका है, जब हम बाबू कुँवर सिंह और उनके साथ चल रहे विद्रोहियों के साथ मिलकर छोटानागपुर को अंग्रेजी शासन से मुक्त करा सकते हैं। यदि हम ऐसा कर सकें तो यह अपने देश और अपनी धरती के लिए बहुत बड़ा कार्य होगा। तो आप भी कहिए, इस पर हमें क्या करना चाहिए?"

पीतांबर उठ खड़े हुए और बोले, "हम आपकी बातों से पूरी तरह सहमत हैं। हमें मिल-जुलकर अंग्रेजों को यहाँ से खदेड़ना ही होगा। हम आपको बता दें कि पलामू में इस आजादी की लड़ाई के लिए चेरो और खरवार जनजातियों की बड़ी सेना तैयार है। उनका नेतृत्व मैं और मेरे भइया नीलांबर करेंगे। यह जानकर हमारा मनोबल बढ़ रहा है कि देश के कई भागों में आजादी की लड़ाई छिड़ चुकी है। इस मौके का फायदा हमें उठाना चाहिए।"

लाल जगतपाल सिंह ने कहा, "यदि हम आजादी की लड़ाई के लिए खड़े हो जाते हैं तो बाबू कुँवर सिंह और शाहाबाद के विद्रोहियों का पूरा सहयोग हमें मिलेगा और इसकी जिम्मेदारी लेने के लिए मैं तैयार हूँ।"

बैठक में उपस्थित अन्य दिग्गजों ने भी अपने विचार व्यक्त करते हुए एक स्वर से ठाकुर विश्वनाथ शाहदेव का समर्थन किया और आजादी के लिए प्राणपण से संघर्ष करने के संकल्प के साथ बैठक समाप्त हो गई।

राँची से वापस लौटकर पीतांबर ने सारी बात नीलांबर को बताई। पहले डाल्टन के पास पहुँचने और फिर उसका मिलने से इनकार करने की बात पर नीलांबर ने कहा, "कोई बात नहीं। हमने अपनी ओर से कोशिश की। अब अगर वह हमारी बात सुनने के लिए तैयार नहीं है तो फिर यही ठीक है।"

पीतांबर ने कहा, "बैठक में जानकारी मिली कि शाहाबाद में अंग्रेजों के खिलाफ बगावत खड़ी हो गई है। बाबू कुँवर सिंह विद्रोहियों का नेतृत्व कर रहे हैं।"

"चलो, यह अच्छी बात हुई।"

"यही नहीं भइया," पीतांबर ने कहा, "खुशी की बात तो यह है कि बाबू कुँवर सिंह हमारी सहायता के लिए तैयार हैं।"

नीलांबर यह बात सुनकर मुसकरा उठा। बोला, “चलो तो कल से हम भी शुरू हो जाते हैं। हमारी सेना तो कब से अंग्रेजों के खिलाफ संग्राम करने को मचल रही है।”

□

उसी दिन विद्रोहियों का जमावड़ा चेमू सनेया गाँव में हुआ और नीलांबर-पीतांबर ने स्वयं को स्वतंत्र घोषित कर दिया। सभा में नीलांबर राजा घोषित किए गए और पीतांबर को उनका सेनापति नियुक्त किया गया। इसके साथ ही उन्होंने अपने उन 12 गाँवों की जागीर पर अधिकार जमा लिया, जिसे अंग्रेजों ने उनके पिता चेमू सिंह से छीन लिया था।

दूसरे दिन यानी 21 अक्तूबर, 1857 को नीलांबर-पीतांबर के चेरो और खरवारों की सशस्त्र सेना ने चैनपुर के जागीरदार ठकुराई रघुवर दयाल सिंह के गढ़ पर हमला बोल दिया। करीब चार घंटे तक दोनों ओर से गोलियाँ चलती रहीं। काफी मशक्कत के बाद भी विद्रोही चैनपुर गढ़ पर कब्जा नहीं कर पाए। तब विद्रोहियों ने चैनपुर बाजार पहुँचकर कुछ संपत्तियाँ जब्त कर लीं और शाहपुर किले की ओर बढ़ गए। शाहपुर किले में चेरो वंश के अंतिम राजा चूड़ामन राय की विधवा निवास करती थी। विद्रोहियों को पता था कि चेरो वंश की गौरवशाली परंपरा को अंग्रेजों ने ही नष्ट किया था और चूड़ामन राय को अपमानित करते हुए उनकी सत्ता छीन ली थी। वहाँ पहुँचने पर विधवा रानी ने विद्रोहियों का स्वागत किया और किले की तोपें उन्हें सौंप दीं। इससे विद्रोहियों की ताकत और बढ़ गई। वहाँ से आगे बढ़कर विद्रोही शाहपुर थाना पहुँचे और वहाँ के सभी कागजात को आग के हवाले कर दिया। प्रतिरोध करने पर थानेदार ईश्वरी लाल को गोली मार दी। अगले दिन विद्रोही सेना का निशाना लेस्लीगंज की छावनी बनी। इस छावनी को लेस्ली ने 1789 में स्थापित किया था। छावनी में कोहराम मचाते हुए विद्रोही सेना ने थाने और कचहरी में भी आग लगा दी। इसी प्रकार पलामू के विभिन्न भागों में अंग्रेजों के पिट्ठू जागीरदारों पर विद्रोही सेना के हमले होने लगे। कई स्थानों पर पुलिस और विद्रोहियों के बीच हिंसक संघर्ष भी हुए।

घटनाओं की सूचना मिलने के बाद डाल्टन आपे से बाहर हो गया। उसने विद्रोहियों पर नियंत्रण और नीलांबर-पीतांबर को पकड़ने के लिए 50 सिपाहियों की टुकड़ी के साथ पूरा अधिकार देकर लेफ्टिनेंट ग्राहम को भेजा, लेकिन क्रांतिकारियों की बड़ी संख्या देखकर लेफ्टिनेंट की सेना रास्ते से ही भाग खड़ी हुई। ग्राहम भी विद्रोहियों के तेवर देखकर घबरा गया और चैनपुर गढ़ में जाकर शरण ले ली।

सूचना मिलते ही विद्रोहियों ने चैनपुर गढ़ को घेर लिया और उसे डराने की कोशिश की, लेकिन कोई नुकसान नहीं पहुँचाया। उनका उद्‌देश्य सिर्फ इतना ही था कि ग्राहम डरकर वहाँ से भाग जाए, लेकिन ग्राहम चैनपुर गढ़ में बैठकर ही पलामू के अन्य बड़े जागीरदारों से संपर्क साधता रहा और उन्हें अपने पक्ष में तैयार करता रहा।

इसी बीच 27 नवंबर, 1847 को विद्रोहियों ने रजहरा की बंगाल कोल कंपनी पर हमला कर दिया और तमाम मशीनरियों को तहस-नहस कर दिया। कंपनी के अंग्रेज प्रबंधक ग्रैंडी और मालजर किसी तरह अपनी जान बचाकर भागने में सफल हो सके। विद्रोही ताबड़-तोड़ चुनौतियाँ दिए जा रहे थे, लेकिन ग्राहम भय के कारण उन्हें रोकने की कोशिश तक नहीं कर सका। तब बंगाल के लेफ्टिनेंट गवर्नर ने मेजर कार्टर को सासाराम की पैदल सेना की दो कंपनियों को लेकर पलामू जाने का आदेश दे दिया। कार्टर 8 दिसंबर, 1857 को शाहपुर पहुँच गया। इसी समय विद्रोहियों का एक दल चेरो जागीरदार देवी बख्श राय के नेतृत्व में कार्टर की सेना से भिड़ गया, लेकिन कार्टर उन पर भारी पड़ा और देवी बख्श राय गिरफ्तार कर लिये गए। परिणामस्वरूप कार्टर आसानी से लेस्लीगंज पहुँच गया। इसके बाद विद्रोहियों ने मनिका और छतरपुर थाने को जला दिया और सारे रिकॉर्ड नष्ट कर दिए। अंग्रेजों के समर्थक जमींदारों और जागीरदारों को निशाना बनाते हुए विद्रोहियों ने चेरो सत्ता के प्रतीक पलामू किले पर भी अधिकार कर लिया। विद्रोहियों की ताकत देखकर पुलिस की हिम्मत भी जवाब दे दिया करती थी।

उधर डाल्टन के पास एक पुलिस अधिकारी पहुँचा और पूरी व्याकुलता के साथ बोला, "योर हायनेस, नीलांबर-पिटांबर ने हमारा नाक में डम कर डिया हाय। दे आर मोस्ट नटोरियस। कई जमींदारों पर अटैक कर रहा हाय और उन्हें परेशान कर डिया हाय।"

"हा-हा-हा-हा···।" जोर से ठहाका लगाकर डाल्टन ने कहा, "नो प्रॉब्लम। ऑफिसर, डोंट वरी। इंडियन लोग बहुट लालची होटा। नीलांबर-पिटांबर को जागीरदार बना डो। प्रॉब्लम खटम हो जाएगा। उन डोनों ब्रदर्स को अभी ऑफर कर डो।"

"यस सर।" कहते हुए अधिकारी ने सम्मानपूर्वक अपना सिर झुकाया और वहाँ से चल पड़ा।

□

चेमू सनेया गाँव में पुलिस अधिकारी के प्रवेश करते ही खलबली मच गई। गाँव के लोग अपने हथियार सहेजने लगे। कोई लाठी सँभाल रहा था तो कोई फरसा

तो कोई तीर-धनुष। पीतांबर ने उत्साहपूर्वक कहा, "भइया, यही मौका है, इसे मार दिया जाए।"

नीलांबर ने कहा, "नहीं मेरे भाई, हम कायरों की तरह नहीं लड़ेंगे। यह हमारे गाँव का अतिथि है। जब तक यह हमारे ऊपर वार नहीं करेगा, हम कुछ नहीं करेंगे। अगर यह बात करना चाहेगा तो हम उसकी बात सुन लेंगे।"

अधिकारी उनके सामने आ पहुँचा था। उसने कहा, "हेलो मिस्टर, हाम नीलांबर और पिटांबर से मिलना माँगटा हाय। बहुट जरूरी बाट हाय।"

तब तक गाँव के हथियारबंद लोगों ने उन्हें चारों ओर से घेर लिया। उन्हें देखते ही ऑफिसर के माथे पर पसीने की बूँदें झलक उठीं। उसने कहा, "देखो मिस्टर, हम टुमसे लड़ना नाईं माँगटा। हम टो डाल्टन साहब का ऑफर लेकर आया हाय। कंपनी बहादुर टुमको जागीरदार बनाना माँगटा हाय।"

नीलांबर ने कहा, "इसी समस्या के लिए तो मेरा भाई पीतांबर डाल्टन साहब से मिलने गया था। उन्होंने मिलने से भी इनकार कर दिया। आज अचानक हमें जागीरदार बनाने का विचार कैसे आ गया? हमें भीख में जागीर नहीं चाहिए। समझे तुम? हम लड़कर अपना अधिकार लेने की ताकत रखते हैं। हम किसी की मेहरबानी से जागीरदार नहीं बनना चाहते। हमें तुम अंग्रेजों के अत्याचार के खिलाफ लड़ाई करनी है, जिसकी शुरुआत हो चुकी है। यह लड़ाई तब तक चलेगी, जब तक तुम अंग्रेज भारत को छोड़कर चले नहीं जाओगे। आई बात समझ में? डाल्टन साहब को बता देना कि हमें उसका प्रस्ताव मंजूर नहीं है।"

□

विद्रोहियों की ओर से हिंसक घटनाएँ बढ़कर डाल्टन के लिए सिरदर्द बन चुकी थीं। वह विद्रोहियों के दमन की योजना के साथ लेस्लीगंज आ पहुँचा। उसने आते ही पलामू के सभी जागीरदारों को उनके समर्थकों के साथ उपस्थित होने का निर्देश जारी किया। एक अंग्रेज अधिकारी ने रणनीति पर अपनी जिज्ञासा प्रकट की, "एक्सक्यूज मी सर, ह्वाट्स ऑवर नेक्स्ट प्रोग्राम?"

डाल्टन ने मुसकराकर कहा, "इट्स ओके! हाम जागीरडारों को बुलाकर यह जानना माँगटा कि कौन हमारा साठ डे सकटा हाय।"

"यू आर राइट सर।" अधिकारी ने खुशामदी लहजे में समर्थन किया।

डाल्टन ने कहा, "हमारा सबसे बड़ा एनिमी नीलांबर एंड पिटांबर है। इंफॉर्मेशन हाय कि इस रिवोल्यूशन को चेरो एंड खरवार डोनों मिलकर ब्रदरहुड के साठ चला रहा हाय। इमेजिन प्लीज, चेरो अगर रिवॉल्यूशन से अलग हो जाएँ?"

"आप बिल्कुल ठीक सोचटा हाय सर।"

लेस्लीगंज में पलामू के छोटे-बड़े जागीरदार डाल्टन के निर्देश पर जमा हो गए। कई जागीरदारों ने उस निर्देश को नहीं माना। उनमें कुछ ऐसे थे, जो खुलकर नीलांबर-पीतांबर का साथ दे रहे थे और कुछ ऐसे भी थे, जो विद्रोहियों की उग्र काररवाई से भयभीत थे। उन्हें डर था कि अगर विद्रोही उनसे नाराज हो गए तो विद्रोहियों के हथियारों से डाल्टन उन्हें नहीं बचा पाएगा। खुले मैदान में जागीरदारों की सभा आयोजित हुई। डाल्टन ने कहा, "हाम सबसे पहले पलामू के ग्रेट किंग मेडिनी राय को नमस्टे बोलटा हाय। वैसा किंग डूसरा नहीं होटा। इसलिए हाम मानटा है कि पलामू का चेरो पीपुल रियल किंग है। ये खैरवार कभी भी चेरो पीपुल का साठ नहीं डेटा, लेकिन उसका फायडा लेटा हाय। अब डेखिए, खरवार पीपुल पलामू फोर्ट पर कब्जा कर लिया हाय। दिस इज वेरी बैड। लड़ाई हामसे है, टो फिर पलामू फोर्ट पर अटैक क्यों किया ? उस पर कब्जा क्यों किया ? आई कान्ट थिंक। हाम सोच नहीं सकटा, बट इट्स वेरी बैड।"

डाल्टन के इस कुटिल भाषण का भोले-भाले चेरो समुदाय पर वैसा ही प्रभाव पड़ा, जैसा वह चाहता था। सभी ने झटके में महसूस कर लिया कि डाल्टन का कहना सही है।

एक चेरो जागीरदार ने बगलवाले के कान में फुसफुसाकर कहा, "इसका कहना तो ठीक ही है।"

बगलवाला उसी प्रकार साँसों में बोला, "जब हम साथ मिलकर लड़ रहे हैं तो फिर पलामू किला पर कब्जा करने का मतलब ?"

तीसरे ने कहा, "अंग्रेजों के खिलाफ लड़ने से कोई फायदा नहीं है।"

डाल्टन कुछ जागीरदारों के चेहरे के भावों को भाँपते हुए बोला, "हामरा गवर्नमेंट आप सभी लोगों का डेवलपमेंट चाहटा हाय। हाम सबको आगे बढ़ाएगा। हाम आप जागीरडारों को गिफ्ट डेगा। जो नीलांबर एंड पीटांबर को साठ दिया, हाम उसको भी माफी डेगा। इनाम डेगा। सेफ्टी डेगा। सिक्योरिटी डेगा। बोलिए, आप हामारा साठ डेगा ? जो साठ डेगा, वो हैंड्स अप करेगा ? अपना हाठ उठाएगा।"

सभा में उपस्थित सारे बड़े जागीरदारों ने अपने हाथ उठा दिए। इसी के साथ डाल्टन चेरो और खरवारों के बीच फूट डालने की साजिश में सफल हो गया। जिन बड़े जागीरदारों को विद्रोहियों के खिलाफ खड़ा होने पर हमला और जान-माल के खतरा का डर था, उनमें भी डाल्टन के भाषण ने हिम्मत भर दी। उन्हें लगने लगा कि विद्रोहियों के साथ खड़े होने में हानि-ही-हानि है तथा अंग्रेजों के साथ खड़े होने

में लाभ-ही-लाभ। फलस्वरूप, कई चेरो जागीरदार डगमगा गए और चेरो समाज पर भी अपनी छाप छोड़ते चले गए। इसी के साथ चेरो-खरवार-भोक्ता गठबंधन टूटकर बिखर गया। हालाँकि इसके बावजूद दर्जनों चेरो जागीरदारों ने विद्रोहियों का साथ नहीं छोड़ा। फिर भी विद्रोहियों की संख्या 12 हजार से घटकर एक हजार पर पहुँच गई।

इस बीच बंगाल के लेफ्टिनेंट गवर्नर ने सासाराम से दो कंपनी सेना लेकर मेजर कोटर को तुरंत चैनपुर पहुँचने का आदेश दिया। लेफ्टिनेंट ग्राहम और मेजर कोटर आदेशानुसार चैनपुर पहुँच गए और इलाके में कोहराम मचाने लगे। विद्रोहियों का नेतृत्व कर रहे नीलांबर और पीतांबर को गिरफ्तार करने के चक्कर में सीधे-सादे ग्रामीणों पर कहर बरपाने लगे। ऐसी स्थिति उत्पन्न कर दी गई कि विद्रोहियों के पास ब्रिटिश सेना से बचने और छिपने के सिवा कोई चारा नहीं रह गया। अंग्रेजी सेना ने सहजतापूर्वक पाटन घाटी पर फिर से कब्जा कर लिया। काफी सावधानियों के बावजूद कुंदा के बागी इलाकेदार प्रेमानंद खरवार सेना की चपेट में आ ही गए। अचानक हमला कर कंपनी सेना ने उन्हें परास्त कर दिया। अब ब्रिटिश सेना के पास सबसे बड़ा और महत्त्वपूर्ण लक्ष्य था—पलामू किले को विद्रोहियों के कब्जे से मुक्त कराना, जो आसान नहीं था। वहीं आयुक्त कर्नल इ.टी. डाल्टन पर विद्रोह को हर हाल में दबाने का भारी दबाव बढ़ता जा रहा था, जिससे डाल्टन को खुद का अस्तित्व ही खतरे में महसूस होने लगा। तब उसने मद्रास इंफेंट्री के 140 सैनिक, रामगढ़ घुड़सवार की छोटी टुकड़ी तथा पिठौरिया परगनैत के नेतृत्व में उसके कुछ बंदुकची के साथ 16 जनवरी, 1858 को पलामू के लिए चल पड़ा। 21 जनवरी को डाल्टन मनिका पहुँचा और लेफ्टिनेंट ग्राहम से मिला। उसके साथ गंभीर मंत्रणा और तैयारियों के साथ दूसरे दिन पलामू किला से विद्रोह का संचालन कर रहे नीलांबर-पीतांबर पर चढ़ाई कर दी गई। करीब दस क्रांतिकारी मारे गए और बाकी भागने में सफल हुए। डाल्टन का हौसला बुलंद था। 200 सैनिकों के बड़े दल के साथ उसने पलामू और सरगुजा की पहाड़ियों का चप्पा-चप्पा छान मारा। टुंगरी घाटी पर हमला कर उसे मुक्त करा लिया। विद्रोहियों में हुई आपसी फूट के कारण अंग्रेजों की अधिक सैन्य क्षमता के समक्ष टिक पाना मुश्किल था। इसलिए नीलांबर और पीतांबर को पलामू किला छोड़ने पर विवश होना पड़ा। किला छोड़ने के समय विद्रोही अपना तोप, भारी मात्रा में गोला-बारूद, असबाब, रसद एवं मवेशी समेट नहीं सके। इसके साथ ही डाल्टन को वहाँ बाबू कुँवर सिंह की ओर से नीलांबर और नकलौत माँझी के नाम लिखी एक चिट्ठी मिल गई। पत्र में बाबू कुँवर सिंह

ने पलामू के विद्रोहियों को अपनी ओर से अविलंब सहयोग करने की योजना बताई थी। पत्र को देखने के बाद डाल्टन ने कुँवर सिंह से मदद मिलने से पूर्व ही विद्रोहियों को कुचल देने की रणनीति तैयार कर ली। इसके बाद उसने लेस्लीगंज में रुककर युद्ध की तैयारी की। गोला-बारूद तथा रसद जुटाए। क्षेत्रीय जागीरदारों को सैन्य सहायता उपलब्ध कराने का आदेश जारी कर दिया। बहुत सारे जागीरदारों ने उसके इस आदेश का पालन किया, लेकिन पलामू राजा से संबंध रखनेवाले प्रमुख चेरो जागीरदार भवानी बक्स राय ने नीलांबर-पीतांबर का समर्थन करते हुए डाल्टन के आदेश को ठुकरा दिया। 10 फरवरी को घाटी के हरिनामाड़ गाँव में विद्रोहियों ने अंग्रेजों के समर्थकों पर हमले कर दिए। उसकी सूचना मिलने पर डाल्टन ने ले. ग्राहम को रामगढ़ सेना एवं देव राजा के सैनिकों के साथ हरिनामाड़ भेज दिया। इससे पूर्व ही विद्रोही वहाँ से निकल चुके थे, लेकिन भागने के क्रम में तीन विद्रोही ग्राहम के हत्थे चढ़ गए। उनमें से दो विद्रोहियों को तत्काल फाँसी दे दी गई। एक विद्रोही को रास्ता बताने के लिए साथ ले लिया। डाल्टन विद्रोही बंदी के सहयोग से 13 फरवरी, 1858 को नीलांबर-पीतांबर की जन्मभूमि चेमू सनेया गाँव की ओर चल पड़ा। कोयल नदी पार करते समय ही नीलांबर-पीतांबर के दल ने उसे सेना के साथ देख लिया और उसकी सूचना जल्द ही विद्रोहियों तक पहुँचा दी। बस, फिर क्या था—विद्रोही चेमू सनेया गाँव से बाहर निकल आए। जंगली टीलों के पीछे छिपकर सेना पर अंधाधुंध वार करने लगे। फिर भी डाल्टन की सेना भारी पड़ने लगी और नीलांबर-पीतांबर उस क्षेत्र को छोड़ने पर मजबूर हो गए। इसके साथ ही शाहपुर और बघमारा घाटी में भी विद्रोहियों और अंग्रेजी सेना के बीच मुठभेड़ हुई। यहाँ भी विद्रोहियों पर सेना भारी पड़ी। विद्रोहियों के पास से 1,200 मवेशी एवं भारी मात्रा में रसद अंग्रेजी सेना ने जब्त कर ली। यहाँ भी नीलांबर और पीतांबर को गिरफ्तार करने में डाल्टन सफल नहीं हो सका। वे निकल भागे। तब डाल्टन ने 12 फरवरी को चेमू सनेया स्थित नीलांबर-पीतांबर के गढ़ पर सुनियोजित ढंग से हमला कर दिया और पूरे गाँव में लूटपाट करते हुए सभी घरों को जलाकर खाक कर दिया। नीलांबर-पीतांबर की संपत्ति, मवेशियों तथा जागीरों को जब्त कर डाल्टन लोहरदगा के तरफ बढ़ गया। जनवरी 1859 में कप्तान नेशन पलामू पहुँचा और ग्राहम के साथ विद्रोह को दबाना शुरू किया। तब तक ब्रिगेडियर डोग्लाज ने भी विद्रोहियों के विरुद्ध अभियान छेड़ दिया। शाहाबाद से आनेवाले विद्रोहियों को रोकने का काम कर्नल टर्नर को सौंपा गया। इस काररवाई से पलामू के जागीरदारों के मन में भय समा गया और उन्होंने नीलांबर-पीतांबर को सहयोग देना बंद कर दिया। चेरो

जाति से अलग हुए खरवार-भोक्ताओं पर 8 फरवरी, 1858 से 23 फरवरी, 1858 तक लगातार हमले किए गए, जिससे इनकी शक्ति क्षीण होती चली गई। दूसरी ओर डाल्टन ने कूटनीतिक चाल चलते हुए अपनी सेना के साथ सघन छापामारी अभियान जारी रखा। एक-एक कर अधिकतर क्रांतिकारी उसकी पकड़ में आ गए। बंदी बनाकर विद्रोहियों को भारी यातनाएँ दी गईं। इस बीच ग्राहम ने एक नई चाल चली। छल-प्रपंच के साथ नीलांबर के भानजे दुखी और जगमोहन को बुलाया।

जब दुखी और जगमोहन पहुँचे तो उन्हें देखकर ग्राहम बहुत खुश हुआ और मुसकराते हुए बोला, "टुम डुखी एंड जैगमोहन।"

दोनों ने हाथ जोड़कर कहा, "हाँ सरकार।"

ग्राहम ने कहा, "वेरी गुड। यू आर वेरी गुड मैन। टुम लोग आज से हमारा काम करेगा। हाम टुमको बहुट इनाम डेगा। हाम टुमको बहोट बड़ा आडमी बनाएगा। ओके। बोलो करेगा हमारा काम?"

दुखी ने पूछा, "काम क्या है सरकार?"

ग्राहम ने कहा, "टुम लोग विड्रोहियों को साठ नाईं डेगा। कोई हेल्प नाईं करेगा।"

जगमोहन ने कहा, "हम नीलांबर और पीतांबर मामा से अलग रहते हैं, सरकार। हमें उनसे कोई मतलब नहीं है।"

ग्राहम ने धमकी भरे लहजे में कहा, "टुम अगर नीलांबर-पीटांबर का साठ होटा टो हाम टुमको गोली मार डेटा। ओके?"

इस धमकी से दुखी और जगमोहन दोनों भीतर-ही-भीतर काँप उठे। उनके चेहरे पर भय का साया साफ दिखाई पड़ने लगा।

ग्राहम ने हँसते हुए कहा, "डोंट वरी मिस्टर डुखी एंड जैगमोहन। हाम टुमको कुच नाईं करेगा। टुम हामारा काम कर डेगा टो हाम टुमको फोर हंड्रेड मटलब चार सौ रुपीज डेगा। काम हाम टुमको समझा डेगा।"

इसके बाद उसने दोनों को पास बुलाया और उनके कान में अपनी योजना बताई। योजना और चार सौ रुपए मिलने की बात सुनकर दोनों की आँखों में चमक आ गई।

ग्राहम ने समझ लिया कि तीर निशाने पर लग गया है। उसने पूछा, "क्या काम करेगा? हाम टुमको प्रॉमिश करटा, विड्रोही टुम्हारा कुच बिगाड़ नाईं साकटा। हाम उनको कंट्रोल करेगा। टुमको बचाएगा। इनाम डेगा। ओके?"

दोनों ने 'हाँ' में सिर हिलाया और वहाँ से चल पड़े। उन्हें पता था कि नीलांबर और पीतांबर के परिवार के लोग पहाड़ में जाकर छिपे हुए हैं। वे उनके पास पहुँच

गए। दुखी अपने चेहरे पर दुनिया भर के दुःख का भाव लाकर बोला, "हमको पता है, आप लोग यहाँ बहुत तकलीफ में हैं।"

जगमोहन ने कहा, "और इसीलिए हम आपको यहाँ से ले जाने को आए हैं। हम आपको दूसरे गाँव में सुरक्षित पहुँचा देंगे और आपके खाने-पीने रहने का पूरा इंतजाम कर देंगे। वहाँ अंग्रेजी सेना कभी नहीं पहुँच पाएगी।"

दुखी ने कहा, "आप लोग हमारे ऊपर भरोसा कीजिए। यहाँ से अभी तुरंत चलिए।"

जगमोहन ने बड़ी चालाकी से डर का एक पाँसा फेंका, "हमको पता चला है कि अंग्रेज अफसरों को आपके यहाँ होने की बात किसी ने बता दी है। पुलिस और सेना यहाँ भी एक-दो दिनों में आनेवाली है।"

परिवारवाले उनकी झाँसे में आ ही गए। उन्हें लेकर दोनों पहाड़ से नीचे उतरे और इधर-उधर देखते हुए आगे बढ़ने लगे। परिवार के सदस्य भी भयभीत नजर आ रहे थे। अचानक एक दर्जन लोग गमछी से अपना मुँह बाँधे हथियारों के साथ वहाँ प्रकट हो गए। सभी ने नीलांबर और पीतांबर के परिवारवालों के साथ दुखी और जगमोहन को भी पकड़ लिया तथा हाथ, मुँह और आँखें गमछी से बाँधकर ले चले। उन्हें पता भी नहीं चल रहा था कि वे आखिर कहाँ जा रहे हैं? कई घंटे चलने के बाद जब उनकी आँखें खोली गईं तो वे ग्राहम के पास खड़े थे। ग्राहम ने मुसकराकर ताली बजाते हुए कहा, "वेल डन। फैंटास्टिक। टुमने बहोट अच्छा काम किया। वेरी गुड।"

जगमोहन ने कहा, "हमारा इनाम?"

ग्राहम ने स्वीकृति में सिर हिलाते हुए कहा, "मिलेगा मैन, मिलेगा। डोंट वरी।"

गिरफ्त में आए एक बूढ़े ने कहा, "जगमोहन, तुमने हमारे साथ गद्दारी की?"

दुखी ने बेशर्मी के साथ हँसते हुए कहा, "यह गद्दारी नहीं है, नानाजी। हम आपको सही जगह पर पहुँचाए हैं।"

"गड्डारी टो हाय डुखी।" ग्राहम ने गंभीर होकर कहा, "टुमने हमारे कहने पर फोर हंड्रेड रुपीज के लालच में अपने लोगों के साठ गड्डारी किया हाय। यू आर ग्रीडी मैन। टुम लालची हाय।"

दुखी और जगमोहन दोनों के मुँह लटक गए। अब उन्हें अपराध-बोध हुआ, लेकिन तीर धनुष से निकल चुका था। इसके बाद तो नीलांबर-पीतांबर के परिवारवालों पर जुल्म के पहाड़ टूटने लगे। जब नीलांबर-पीतांबर तक सूचना पहुँची कि उनके परिवारवालों को ग्राहम ने पकड़ लिया है और उन्हें तरह-तरह

की यातनाएँ दे रहा है तो वे बहुत दुःखी हुए। दर्जनों की संख्या में विद्रोही साथियों के मारे जाने और पकड़े जाने से वे पहले ही काफी टूट चुके थे। इस घटना ने उन्हें बेतरह झकझोर दिया। उन्हें लगने लगा कि अब उनका सपना अधूरा ही रह जाएगा। फिर भी वे अपने बचे-खुचे साथियों के साथ अंग्रेजी सेना से लड़ते रहे और उनकी पकड़ से दूर ही रहे, लेकिन अंततः अंग्रेज कामयाब हो गए। कुछ दिनों के बाद नीलांबर-पीतांबर को भी गुप्त सूचना के आधार पर गिरफ्तार कर लिया गया। दोनों भाइयों पर दंगा, फसाद, लूट, हत्या का आरोप लगाया गया और सीधे मौत की सजा सुना दी गई। 28 मार्च, 1858 को हथकड़ी-बेड़ियों से जकड़े, रस्सियों से बँधे नीलांबर-पीतांबर लेस्लीगंज लाए गए। वहाँ हजारों लोगों के सामने दोनों वीर भाइयों को आम के एक पेड़ से लटकाकर फाँसी दे दी गई। हजारों लोगों की आँखों से आँसू टपक रहे थे, लेकिन कोई कुछ कर नहीं सका।

□

फूलो-झानो

हरे-भरे पेड़-पौधों और हरी झाड़ियों से सुशोभित पगडंडी। पगडंडी पर भागती जा रही एक युवती। हाँफती हुई। हाथ में खून से रँगी टाँगी। ऐसा लग रहा था, मानो कोई उसका पीछा कर रहा हो! लेकिन वैसी बात नहीं थी। पीछा करनेवाला दूर-दूर तक दिखाई नहीं दे रहा था। पेड़-पौधे और झाड़ियाँ तेजी से पीछे छूटती रहीं और वह भागती रही। हाँफती हुई भागती रही और अपने गाँव भोगनाडीह के पास पहुँच गई। उसे इस प्रकार भागते हुए देखकर गाँव से बाहर बैठी दूसरी युवती की नजर पड़ी। उसने जोर से आवाज दी, "झानो!"

झानो एक पल के लिए रुकी और मुड़कर उसे देखा तो कुछ सहजता महसूस की, लेकिन दूसरे ही पल वह फिर उसी गति से भाग चली।

"झानो, रुक जाओ! क्या हुआ, झानो?"

जब झानो नहीं रुकी तो युवती उसके पीछे उसी गति से दौड़ पड़ी। तब तक वह गाँव की सीमा में प्रवेश कर चुकी थी, लेकिन युवती ने उसे पकड़ ही लिया। उसने झानो की बाँहों को पकड़ा और झिंझोड़कर पूछा, "क्या हुआ झानो? और तुम्हारी टाँगी में खून? तुम कुछ बोलती क्यों नहीं?"

"अभी बताती हूँ।" झानो तेज साँस लेती हुई बोली, "फूलो दीदी, फूलो दीदी, गजब हो गया।"

"अरे कुछ बताएगी भी या··· ?"

झानो ने तर्जनी से जंगल की ओर इशारा करते हुए कहा, "उधर जंगल में···।"

"क्या हुआ जंगल में?"

"बुझू काका को मार दिया।"

"किसने मारा?"

"जमींदार के लठैतों ने। मैंने देखा है फूलो दीदी, अपनी आँख से देखा है।"

"क्या देखा है? और तुम्हारी टाँगी में खून?"

ये दोनों हमशक्ल युवतियाँ इतिहास प्रसिद्ध वीरांगना फूलो और झानो थीं, जिन्हें अंग्रेजों के अत्याचार के खिलाफ हुई प्रथम सशस्त्र क्रांति में महत्त्वपूर्ण भूमिकाएँ निभाने का गौरव प्राप्त है। झारखंड के साहेबगंज जिलांतर्गत बरहेट प्रखंड के भोगनाडीह ग्रामवासी चुन्नू मुर्मू की पुत्री के रूप में दोनों का इस धरती पर आगमन एक साथ हुआ था। मतलब यह कि दोनों जुड़वाँ बहनें थीं, हमशक्ल थीं, एक-दूसरे की छायाप्रति थीं। कद-काठी से दोनों ही हृष्ट-पुष्ट। रंग साँवला होने पर भी दोनों सुंदर थीं। दोनों एक जैसा सोचती थीं, एक जैसा बोलती थीं। दोनों की शक्ल-सूरत में इतनी समानता थी कि गाँववाले भी कभी फूलो को झानो तो कभी झानो को फूलो समझ बैठते थे और जब असलियत का पता चलता तो हँसने लगते थे। दोनों स्वभाव से हँसमुख और उदार थीं। अपने स्वभाव के अनुरूप ये सिंगार भी करती थीं और अपने जूड़े में सफेद चमेली का गजरा भी लगाती थीं। तब इनकी सुंदरता और निखर जाती थी। इनका दूसरा रूप यह था कि गरीबों के दु:ख-दर्द को देखकर दोनों ही बेचैन हो जाया करती थीं। संथाल परगना में संथालियों के शोषण, अत्याचार, प्रताड़ना और हत्या जैसे अपराधों के पीछे कौन हैं, वे समझने लगी थीं। उन्हें समझाने में आए दिन होने लगी हिंसक घटनाओं का भी काफी सहयोग रहा। वे जब चाहती थीं कि समस्या के मूल को ही समाप्त कर दिया जाए तो उनका यही सुंदर चेहरा रौद्र रूप धारण कर लेता था और तब इन दोनों के हाथों में कुल्हाड़ी आ जाती थी। दोनों इस मामले में भाग्यशाली थीं कि वे चार वीर भाइयों सिदो, कान्हू, चाँद और भैरव की बहनें थीं। इतिहास के प्राप्त तथ्यों के अनुसार सिदो का जन्म 1815, कान्हू का जन्म 1820, चाँद का जन्म 1825 तथा फूलो और झानो का जन्म 1832 में हुआ। चौथा भाई भैरव उनसे मात्र तीन साल छोटा था।

झानो ने सुना तो था कि जमींदार और महाजन गरीब संथालियों को फँसाते हैं और फिर उनकी संपत्ति हड़पकर उन्हें चिर निद्रा में सुला देते हैं। यह काम ये इतनी सफाई से करते हैं कि भुक्तभोगियों के घरवालों को भी पता नहीं चलता कि आखिर वे गए तो कहाँ गए? लेकिन आज झानो ने अपनी आँखों से प्रत्यक्ष देख लिया। सुनी

हुई बातों से अधिक प्रभाव देखी हुई बातों का पड़ता है, इसलिए झानो को आँखों देखी घटना ने कुछ अधिक ही विचलित कर दिया था।

झानो की साँसों की गति अब धीमी हो चली थी।

उसने कहा, "फूलो दीदी। जो मैंने देखा है। उसे बताती हूँ। मैंने देखा···।"

□

जंगल के एकांत वातावरण में चार लोग एक बूढ़े को पकड़कर घसीटते हुए ला रहे थे। चारों के हाथों में लाठियाँ थीं। झानो की नजर जब गिरफ्त में आए बूढ़े पर पड़ी तो वह चौंक उठी। यह तो बूढ़े बुझू काका हैं, जिनको दो लठैतों ने पकड़ रखा था और वे पूरी तरह बेबस हो गए थे। लाचार थे। जैसे कसाई के हाथों में बकरा, जकड़ा हुआ, मिमियाता हुआ, जान बचाने की आखिरी कोशिश में छटपटाता हुआ। वह लठैतों के आगे हाथ जोड़कर अपनी जान बचाने की मिन्नतें कर रहे थे। घिघिया रहे थे, रो रहे थे और लठैत उन पर लाठियों की बौछार किए जा रहे थे तो काका माफी की भीख माँग रहे थे। झानो दाएँ हाथ में टाँगी सँभाले एक पेड़ की ओट में छिपकर देखने लगी कि यहाँ क्या हो रहा है?

एक लठैत आँखें तरेरकर बोला, "क्यों बे बुड्ढे, अपने आप को समझता क्या है?"

बूझू काका ने हाथ जोड़कर कहा, "कुछ नहीं मालिक। कहाँ आप लोग और कहाँ हम गरीब आदमी! जान छोड़ दीजिए, मालिक। आप लोग जो कहेंगे, हम सब करेंगे।"

"तुम्हीं हो न, जिसने हमारे आदमी को तीर से मारकर घायल किया था?"

"हमसे गलती हो गई, मालिक।"

"तुम्हें मालूम है, उसे तुम्हारे पास किसने भेजा था?"

"हमको नहीं मालूम।"

"जमींदार साहब ने भेजा था। तुमने जमींदार साहब को लगान और नजराना नहीं दिया। वह आदमी उसी का तगादा करने तो आया था। तुम लोगों को प्रेम से कही हुई बात समझ में नहीं आती।" इतना कहकर लठैत ने एक डंडा उसकी पीठ पर दे मारा।

बूढ़ा तिलमिलाकर जमीन पर गिर पड़ा।

लठैत उसकी छाती पर बैठ गया और अपने दोनों पंजों से उसका गला दबाते हुए बोला, "तुमने उसको तीर से क्यों मारा?"

"गलती···हो गई···मालिक। हमको···हमको माफ···माफ कर दीजिए।"

"तुमको हम माफ तो नहीं करेंगे।" लठैत ने कहा, "बल्कि साफ करेंगे। जमींदार साहब का ऑर्डर है। हम तो तुम्हें सजा देंगे ही। तुमको मार डालेंगे।"

लठैत उसके गले पर दबाव बढ़ाता चला गया। बेबस बूढ़ा अपने हाथ-पाँव पटकने लगा। धीरे-धीरे शांत हो गया। लठैत अपने साथ दो कुदाल भी लाए थे। उन्होंने मिलकर गड्ढा खोदा और बूढ़े के मृत शरीर को उसमें धकेल दिया। फिर ऊपर से मिट्टी डालकर समतल किया और वहाँ से चल पड़े। इसी समय एक लठैत की नजर पेड़ के पीछे छिपी झानो पर पड़ गई। उसने कहा, "अरे उधर देखो। एक लड़की हमें छिपकर देख रही थी।"

दूसरे ने कहा, "पकड़ो उसे।"

तीसरे ने कहा, "इसे भी मारकर यहीं गाड़ देते हैं। नहीं तो यह लड़की बात फैला देगी।"

चौथे ने शरारती मुसकान के साथ कहा, "मारने से पहले थोड़ा मजा भी कर लेंगे।"

"अबे चुप!" पहले लठैत ने आँखें तरेरकर कहा, "लड़की सुंदर है। इसके हाथ-पाँव बाँधकर, इसे उठाकर जमींदार साहब के पास ले जाएँगे। उनको यह बहुत पसंद आएगी।"

"हाँ भाई, ठीक कहते हो। हमारा काम आदिवासी लड़कियों को पकड़कर जमींदार के पास पहुँचाना भी तो है। हम तो ऐसा रोज ही करते हैं।"

"चलो, जल्दी करो। जमींदार साहब इस लड़की को देखेंगे तो खुश हो जाएँगे। फिर हम लोगों को भी खुश कर देंगे-ह-ह-ह-ह-ह··· !"

यह बात सुनते ही झानो भाग चली। चारों लठैत उसके पीछे दौड़ पड़े। झानो जंगल में भागती रही और लठैत उसका पीछा करते रहे। जब झानो ने देखा कि अब ये पकड़ ही लेंगे तो वह खड़ी हो गई। उसने काली का रूप धारण कर लिया। अपनी टाँगी उठाकर चिल्लाई, "हमसे दूर रहना। कहे देती हूँ, पास मत आना। जो हमारे पास आएगा, उसको हम काट देंगे।"

उसकी तेज आवाज जंगल में गूँजती हुई निकट के पहाड़ से जा टकराई और फिर प्रतिध्वनि बनकर वापस लौट गई।

एक लठैत हँसते हुए बोला, "तुम हमें काट देगी ? आज तो हम तुम्हें छोड़ेंगे नहीं। जो करना हो, कर लो।" और इठलाते हुए झानो की ओर लपका। वह उसे पकड़ ही लेता, उसी समय बिजली की गति से झानो की टाँगी चली और खचाक् की आवाज के साथ लठैत के सिर में जा घुसी। उसी झटके में झानो ने अपनी टाँगी

उसके सिर से निकाल ली। खून का फव्वारा निकल पड़ा। वह अपनी लाठी के साथ जमीन पर लुढ़क गया और खून से लथ-पथ तड़पने लगा। यह देखकर पास खड़े लठैत ने अपनी लाठी से झानो पर वार करने की कोशिश की। झानो ने अपनी टाँगी को कुछ इस अंदाज में लहराया कि उसकी लाठी टाँगी से टकराती हुई हाथ से छूटकर दूर जा गिरी। फिर टाँगी मचली और लठैत की दाईं बाँह में धँस गई। इससे पहले कि टाँगी का दूसरा वार उसकी गरदन पर होता, वह अपनी बाँह पकड़े वहाँ से पीछे मुड़कर भाग निकला। बाकी बचे दो लठैत यह देखकर हक्का-बक्का रह गए। उन्हें लगा कि इससे लड़ पाना हँसी-खेल नहीं है।

झानो ने फुँफकार कर कहा, "आ जाओ तुम लोग भी!"

दोनों एक साथ बोले, "नहीं बहना, हम जा रहे हैं।" और वहाँ से वे भी भाग खड़े हुए।

□

झानो ने फूलो से कहा, "जमींदार का एक लठैत तो दुनिया से उठ गया। दूसरा घायल हो गया।"

"चलो, कोई बात नहीं। जो हुआ, वह ठीक ही हुआ, लेकिन मुझे लगता है कि जमींदार आगे और कुछ करेगा।"

"हाँ, सो तो है।" झानो ने उत्सुकता से पूछा, "दीदी, क्या जमींदार अपने लठैतों से रोज आदिवासी लड़कियों को उठवाता है?"

"हो सकता है, अगर लठैत बोल रहे थे। ये जमींदार बहुत ही गिरे हुए इनसान होते हैं। हमें तो पता चला है कि ये अंग्रेजों को खुश करने के लिए आदिवासी लड़कियों को जबरन उनके पास भेजते हैं।"

"अब हमें ऐसा कुछ करना होगा कि जमींदार आगे कुछ करने से पहले सौ बार सोचे।"

कुछ ही घंटों में पूरे गाँव में यह घटना घर-घर जा पहुँची। फूलो और झानो के कहने पर पूरे भोगनाडीह गाँव की महिलाएँ टाँगी और अन्य हथियारों की धार तेज करने लगीं। देखते-ही-देखते इस अन्याय के खिलाफ संघर्ष की तैयारी हो गई। सूरज के अस्त होते ही आसमान में चाँद मुसकरा उठा। धीरे-धीरे संध्या ने रात्रि का रूप धारण कर लिया। गाँव की लगभग एक सौ महिलाएँ टाँगी, तीर-धनुष, बर्छी, तलवार लेकर घर से निकल पड़ीं और गाँव में बरगद के पेड़ के पास जमा हो गईं। फूलो और झानो के हाथों में टाँगी थी। फूलो ने कहा, "अभी हम लोग जमींदार के घर पर चलेंगे और उससे पूछेंगे कि वह अपना अन्याय कब बंद करेगा?"

महिलाओं के समूह से एक साथ आवाज उठी, "चलो, हम तैयार हैं।"

थोड़ी ही देर के बाद सशस्त्र महिलाओं का दल जमींदार के घर पर पहुँच चुका था, जहाँ सन्नाटा पसरा था। कहीं कोई आदमी दिखाई नहीं पड़ रहा था। भनक लगते ही जमींदार परिवार के साथ घर छोड़कर भाग चुका था। महिलाओं का दल खाली घर में घुस गया, जब कोई दिखाई नहीं पड़ा तो वे छूटे हुए सामान को समेटने लगीं और जमींदार का गुस्सा उन सामानों पर उतारने लगीं, जिसे वे साथ लेकर नहीं जा सकती थीं। फिर बाहर निकलीं और घर को आग के हवाले कर दिया।

दूसरे दिन झानो ने कहा, "अब तो जमींदार आगे कुछ करने की हिम्मत नहीं कर पाएगा।"

फूलो बोली, "ऐसा नहीं है झानो, जमींदार ब्रिटिश सरकार की ताकत पर हमारा शोषण करता है। जब तक ब्रिटिश सरकार रहेगी, तब तक शोषण और दमन का खेल चलता रहेगा। यह जमींदार यहाँ से भाग भी जाएगा तो दूसरे किसी जमींदार को अंग्रेज यहाँ बैठा देंगे। इसलिए अभी निश्चिंत होने की जरूरत नहीं है, झानो। बूझो काका के साथ जो कुछ हुआ, इस तरह की घटनाएँ यहाँ रोज होती हैं और किसी को कानोकान खबर तक नहीं होती।"

"बात तो सही है, दीदी।" झानो ने कहा, "लेकिन दुःख और मलाल इस बात का है कि मैं बुझू काका की जान बचा नहीं पाई।"

तब तक उनका बड़ा भाई सिदो वहाँ आ गया। बोला, "बुझू काका की मौत बेकार नहीं जाएगी, झानो। इस लड़ाई में अब हम भी तुम्हारे साथ हैं। तुम लोगों को चिंता करने की जरूरत नहीं है। ये जमींदार अंग्रेजों के बल पर अत्याचार करते हैं। उन्हें हम ठंडा करने की कोशिश करेंगे तो अंग्रेज सरकार हमारे पीछे पड़ जाएगी। फिर तो लड़ाई लंबी हो जाएगी, लेकिन हम इस बात से घबरानेवाले नहीं हैं। हमने विद्रोही सेना बना ली है।"

फूलो ने आग्रहपूर्वक कहा, "हमें भी अपनी सेना में शामिल कर लो, दादा।"

सिदो ने हँसकर कहा, "मेरी बहादुर बहनें तो हमारे साथ हैं ही। तुम दोनों हमारे साथ होंगी तो कोई माई का लाल हमें हरा नहीं सकेगा। हम कोई भी लड़ाई जीत लेंगे। आज मैं तुम लोगों को एक रहस्य की बात बताना चाहता हूँ।"

दोनों ने चहकते हुए पूछा, "बताइए दादा, कौन सी बात है ?"

सिदो गंभीर हो गए। उन्होंने कहा, "रात में जब मैं घर वापस आ रहा था तो रास्ते में कुछ दूरी पर एक तेज रोशनी दिखाई पड़ी। फिर वह तेज रोशनी आकाश में उड़ने लगी। फिर वह मेरे सामने आ गई। मैं परेशान था कि यह क्या हो रहा

है? तभी देखा कि रोशनी दो भागों में बँट गई और एक औरत के साथ एक मर्द सामने खड़ा हो गया। मर्द ने कहा—'सिदो, तुम डरना मत। मैं तुम्हारा भगवान् मरांग बुरु हूँ। तुम बहुत बहादुर हो, इसलिए तुमको दर्शन दे रहा हूँ।' मैंने उनको दोनों हाथ जोड़कर प्रणाम किया। औरत बोली—'मैं तुम्हारी कुल देवी जाहेर हूँ। तुम्हारी दोनों बहनें फूलो और झानो भी बहुत बहादुर हैं। तुम चारों भाइयों के साथ उन दोनों बहनों को हमने अन्याय के खिलाफ लड़ने के लिए भेजा है। हम तुम्हें यह काम सौंपते हैं।' मरांग बुरु बोले—'तुम्हें शोषण करनेवाले, जमीन हड़पनेवाले जमींदारों, कर्ज में फँसाकर संथाल गरीबों की संपत्ति लूटनेवाले सूदखोर महाजनों और अत्याचारी ब्रिटिश सरकार के खिलाफ युद्ध करना होगा। अंग्रेजों को यहाँ से खदेड़ना होगा। यहाँ अबुआ राज लाना होगा। संथाल समाज को शोषण से मुक्त करना होगा। यह काम बोलो करोगे न?' मैंने कहा—'हाँ बाबा, जरूर करूँगा।' भगवान् बोले—'अभी से युद्ध की तैयारी शुरू कर दो।' मैंने कहा—'हाँ बाबा।' तो फूलो, अब हमें युद्ध की तैयारी करनी होगी। भगवान् का यह संदेश हमें गाँव-गाँव तक, घर-घर तक पहुँचाना है।"

फूलो ने कहा, "दादा, यह काम आप हम दोनों बहनों पर छोड़ दीजिए।"

झानो बोली, "हम साल का पत्ता लेकर हर माँझी के पास जाएँगे और उनको भगवान् मारंग बुरु का आदेश बताएँगे।"

सिदो ने कहा, "बहुत अच्छा मेरी प्यारी बहनो।" इसके कुछ देर के बाद दोनों बहनें अपने चारों भाइयों की कलाई पर साल-पत्र का गुच्छा बाँधकर उनके माथे पर टीका लगा रही थीं।

दूसरे दिन एक घोड़े पर सवार होकर दोनों बहनें घर से निकल पड़ीं और साल की पत्तियों का गुच्छा लेकर आसपास के गाँवों में घर-घर जाने लगीं। वे माँझी को साल पत्तियों का गुच्छा देती थीं और सिदो को भगवान् द्वारा दर्शन देने की बात बताती थीं। प्रभाव यह हुआ कि जिस घर में साल पत्र का गुच्छा पहुँचा, लोगों ने यही समझा कि अंग्रेजों से लड़ने के लिए भगवान् मारंग बुरु और देवी जाहेर का आदेश है। उन्होंने माँझियों को यह भी कहा कि 30 जून को देवी और देवता से आशीर्वाद लेने के लिए भोगनाडीह में आना होगा और यह साल पत्ता का गुच्छा उसी का निमंत्रण है। फूलो-झानो की बातों ने संथाल परगना के माँझियों और अन्य जाति वर्ग के लोगों पर जादू-सा असर किया और देखते-ही-देखते सभी ने अपने ढंग से लड़ाई की तैयारी कर ली। फूलो और झानो ने अपने इस संदेश अभियान को पूरे मनोयोग से जारी रखा। वे जिस घर में पहुँचीं, लोगों ने खुले दिल से उनका स्वागत

किया और भगवान् के आदेश की बात पर गंभीरतापूर्वक अमल भी किया। आसपास के गाँवों से लोग सिदो के दर्शन करने के लिए आने लगे और इस लड़ाई को अंग्रेजों के देश छोड़ने तक जारी रखने का आश्वासन देने लगे। देखते-ही-देखते संथालों की एक बड़ी सेना तैयार हो गई। उस सेना में संथालों के साथ अन्य जातियों के लोग भी उसी उत्साह से शामिल थे। उनमें अधिकांश शोषण और अत्याचार के भुक्तभोगी थे।

□

वैसे तो अंग्रेज झारखंड क्षेत्र पर 1756 तक अपना आधिपत्य जमा चुके थे, किंतु यहाँ की जनजातियों को अपने वश में नहीं कर पाए थे। धीरे-धीरे शोषण और अत्याचार का शिकंजा कसता गया और जनजाति समाज भी उससे प्रभावित होने लगा। 1850 तक यहाँ के चप्पे-चप्पे में शोषण ने विकराल रूप धारण कर लिया था। संथाल भी इसके शिकार हो गए। ऐसे तो संथाल स्वभावतः भोले-भाले, शांतिप्रिय और थोड़े से ही संतुष्ट होने वाले होते हैं, किंतु जब उनका शोषण बढ़ने लगा, साहबों की उपेक्षा, महाजनों का शोषण, सरकारी अमला के भ्रष्टाचार, अत्याचार में लगातार बढ़ोतरी होने लगी। संथाल स्त्रियाँ भी इस अत्याचार की चपेट में आने लगीं, तब सहन करने की सीमा समाप्त हो गई। बंगाली और बिहारी महाजन ऋण देकर भारी सूद वसूलते थे। छोटे बटखरे से इनके पास सामान बेचते और बड़े बटखरे से इनका उत्पाद खरीदते। वे गरीब और भोले-भाले संथालों को ठगने का कोई मौका हाथ से जाने नहीं देते थे। ऋण की वसूली भी बड़ी क्रूरता-कठोरता से करते। इन सारी परिस्थितियों में न्यायालय उनसे दूर होता चला गया और पुलिस संवेदनाशून्य। कहीं से भी इन्हें न्याय मिलने की उम्मीद नहीं बची थी। धीरे-धीरे इनकी जमीन भी महाजन हड़पने लगे। अंग्रेजों ने मालगुजारी बढ़ा दी और लगान नहीं देने पर इनकी संपत्ति की कुर्की जब्ती तथा नीलामी का दौर सा चल पड़ा। संथाल समाज पूरी तरह से स्वदेशी महाजन, जमींदारों और विदेशी हुक्मरान के चंगुल में जकड़ता चला गया। दोनों ओर से दोहरी मार पड़ने लगी। ऐसी स्थिति में उनके पास 'करो या मरो' के सिवा कोई चारा नहीं बचा था। ये दोनों को ही दिकू समझने लगे और उनके खिलाफ मन में पनप रहा आक्रोश विद्रोह की आग के रूप में भड़क उठा, जिसकी चिनगारी सबसे पहले सिदो-कान्हू के परिवार से उठी और देखते-ही-देखते भयंकर आग के रूप में धधक उठी और जो 'संथाल हूल' के नाम से इतिहास के पन्नों पर अंकित हो गई।

30 जून, 1855। आकाश में मुसकराते पूर्णिमा के चाँद ने देखी आदिवासियों की एक ऐतिहासिक जनसभा, जो संथाल परगना के भोगनाडीह गाँव में एक बरगद

वृक्ष के नीचे आयोजित की गई थी। उसमें चार सौ गाँवों के लगभग 50,000 संथाल पारंपरिक हथियार से लैस होकर भाग ले रहे थे। सभी उत्साहित थे, एक ऐसी ताकत से टकराने के लिए, जिसके राज्य में कभी सूर्यास्त नहीं होता था। एक ऊँची चट्टान पर खड़े थे—सिदो, कान्हू, चाँद और भैरव। साथ में थीं फूलो और झानो जैसी वीरांगना बहनें। सिदो ऊँची आवाज में कह रहे थे—"दामिन-ए-कोह में अंग्रेजों का अत्याचार दिनोदिन बढ़ता जा रहा है। उन्होंने हमें जल, जंगल, जमीन से बेदखल करने के लिए जमींदारों और महाजनों को भी हमारे बीच बसा रखा है और उन्हें मनमानी करने की पूरी छूट दे रखी है। हमारी गरीबी बढ़ती जा रही है। सरकार लगान बढ़ाती जा रही है। हम मजबूरी में लगान नहीं दे पाते तो हमारी जमीन नीलाम कर जमींदार को दे दी जा रही है। एक तरफ अंग्रेजी सरकार तो दूसरी तरफ सूदखोर महाजन हैं, जो हमें कर्ज के जाल में फँसाकर बरबाद कर रहे हैं। ये दोनों दिकू हैं। इस बात को लेकर हमारे भगवान् मरांग बुरु और देवी जाहेर ने मुझको दर्शन दिया और अंग्रेजों के खिलाफ लड़ने को कहा है। हमें आशीर्वाद दिया है। इसीलिए हम कहते हैं—करो या मरो, अंग्रेजों हमारी माटी छोड़ो। अबुआ दिशुम, अबुआ राज। भाइयो, हमारा मानना है कि हम अपनी माटी के लिए, अपने हक के लिए, अपने देश के लिए, अपने समाज के लिए लड़ेंगे। यह लड़ाई केवल हम संथालों की और हम संथालों के लिए ही नहीं होगी। यह लड़ाई दामिन-ए-कोह में रहनेवालों उन तमाम शोषितों, पीड़ितों, उपेक्षितों और दलितों के लिए होगी और इसमें हमें उनका भी पूरा सहयोग चाहिए। आप सभी मेरे साथ बोलिए—अबुआ दिशुम!"

भीड़ से सामूहिक आवाज गूँजी—"अबुआ राज!!"

सिदो ने पूरी ताकत लगाकर जोर से कहा, "करो या मरो!"

भीड़ से सामूहिक आवाज गूँजी—"अंग्रेजो, हमारी माटी छोड़ो!!"

कुछ देर तक ये ही नारा गूँजते रहे। नारे थमने के बाद भीड़ में तालियाँ बजने लगीं और साथ ही खुसर-फुसर भी होने लगी। इसी बीच एक वयोवृद्ध माँझी चट्टान पर सिदो के बगल में आकर खड़े हो गए। माँझी ने कहा, "हम पूरे संथाली समाज की ओर से कहते हैं—करो या मरो, अंग्रेजो हमारी माटी छोड़ो। अबुआ दिशुम, अबुआ राज। दूसरी बात यह है कि आज से हमारा दामिन-ए-कोह आजाद है। हम अंग्रेजों से आजाद हैं। हमारे ऊपर अंग्रेजों का कोई जोर नहीं चलेगा। हम सरकार को लगान नहीं देंगे। आज से दामिन-ए-कोह आजाद हो गया है। आज से हमारे राजा सिदो मुर्मू हैं। कान्हो मंत्री, चाँद प्रशासक और भैरव सेनापति हैं। हमारी सेना तैयार है। एक बात और, हमारी नई सरकार में संदेशवाहक की भूमिका हमारी बहादुर

बेटियाँ फूलो और झानो निभाएँगी। हम सभी लोग इस नई सरकार को अपनी ओर से जी-जान लगाकर सहयोग देंगे।"

भीड़ ने फिर जोरदार ढंग से तालियाँ बजाईं। कान्हू ने कहा, "हमारे बहादुर साथियो, अब हम आजाद हैं। अंग्रेजी राज गया। अब राज हमारा है। हम रखेंगे अपनी माटी की लाज। हम यहाँ एक भी अंग्रेज या शोषक को रहने नहीं देंगे। हम अपना ऐसा युद्ध कौशल दिखाएँगे कि अंग्रेज अपनी जान बचाने के लिए खुद ही देश को छोड़कर भाग खड़े होंगे।"

उनके इस आह्वान पर हजारों संथालों की भीड़ उत्साह से सराबोर हो गई। अब किसी को अन्याय बरदाश्त नहीं था। उनकी रगों में गरम खून दौड़ रहा था। एक बार फिर गूँजा 'अबुआ दिशुम-अबुआ राज' का नारा, जिससे आसमान काँप उठा। इसी बीच महाजन, पुलिस, जमींदार, सरकारी अमला के साथ ही नीलहे गोरों को मार भगाने का संकल्प लिया गया। साथ ही निर्णय किया गया कि वे अब लगान नहीं देंगे और सरकारी आदेश नहीं मानेंगे। नीलहे गोरों ने नील की खेती के लिए संथालों को उत्साहित किया था, पर शीघ्र ही उनका शोषण शुरू हो गया था, जो बढ़ता ही गया। संथाल उनसे भी क्रोधित थे। तीर-धनुष, भाला, कुल्हाड़ी, तलवार, फरसा, टाँगी, गुलेल लिये संथालों की भीड़ अंग्रेजी हुकूमत और जमींदारों के खिलाफ उतावली होने लगी और हो गया 'संथाल हूल विद्रोह' का ऐलान। दिकुओं के खिलाफ ऐलान-ए-जंग! सभा समाप्त हुई।

दूसरे दिन पूरे संथाल परगना क्षेत्र में एक साथ विद्रोह की आग धधक उठी, जिसमें संथालों के साथ ब्राह्मण, राजपूत, कुम्हार, चमार, ग्वाला, तेली, लोहार, डोम, मुसलिम आदि सभी जातियों के लोग भी पूरे उत्साह से शामिल हो गए। अंग्रेजों और दिकुओं को सबक सिखाने के लिए गाँव-गाँव से निकल पड़े सशस्त्र और उग्र विद्रोहियों के दल। विद्रोह का नेतृत्व कर रहे थे सिदो और कान्हू। जहाँ-तहाँ जमींदारों, अंग्रेजों और महाजनों पर गाज गिरने लगी। उनके घर तहस-नहस किए जाने लगे, जलाए जाने लगे। थानों पर भी हमले हो रहे थे और पुलिसवाले भी अपनी जान बचाकर भागने पर मजबूर हो रहे थे। चारों ओर हाहाकार मच गया। विद्रोहियों के दल में महिलाओं की भी पूरी सहभागिता थी, जिनका नेतृत्व एक हजार महिला विद्रोहियों के साथ फूलो और झानो कर रही थीं। वे घोड़े पर सवार होकर तेजी से गाँवों से निकले दलों को सहेज रही थीं।

□

सूरज के अस्ताचल में जाकर छिपने के कुछ ही देर के बाद पूरब की ओर से

दौड़ती हुई रात भोगनाडीह पर छा गई। अपने मकान के एक कमरे में बैठकर झानो 'संथाल हूल' के संबंध में चिंतन-मनन कर रही थी। उसी समय फूलो ने लगभग दौड़ते हुए कमरे में प्रवेश किया। उसने आते ही हाँफते हुए कहा, "झानो, क्या कर रही हो?"

झानो ने कहा, "दिकुओं को हर तरह से बरबाद करने के लिए मन-ही-मन जाल बुन रही हूँ।"

फूलो पूरे उतावलेपन के साथ हाँफती हुई बोली, "अपनी और मेरी टाँगी लेती आ। हमें अभी चलना होगा।"

"कहाँ?"

"ब्रिटिश सरकार यहाँ रेलगाड़ी के लिए लाइन बिछाने का काम करा रही है। वहाँ बहुत सारे संथाल औरतें और मर्द काम कर रहे हैं। ठीकेदार अंग्रेज है। अभी-अभी पता चला है कि वह ठीकेदार तीन संथाली मजदूरिनों को उठाकर अपने ठिकाने पर ले गया है।"

"यहाँ तक गिर गए अंग्रेज? अब हमारी आबरू पर भी हमला!"

फूलो झुँझलाती हुई बोली, "झानो, वे गिरे हुए ही हैं। हमें पता चला है कि वह ठीकेदार खून-पसीना एक कर काम करनेवाले मजदूरों को मजदूरी तक भी नहीं दे रहा है। बोलने पर उन पर जुल्म ढाए जाते हैं, लेकिन अभी इस पर बहस के लिए समय नहीं है। चलो, उठो। जल्दी करो।"

"ठीक है, दीदी।" कहती हुई वह उठी और बगल के कमरे से दो टाँगियाँ उठाकर ले आई। एक फूलो ने सँभाली और दूसरी को झानो ने। दोनों घर से बाहर निकल पड़ीं। बाहर सौ सशस्त्र महिलाओं की टोली खड़ी थी। उनको लेकर दोनों चल पड़ीं। कुछ ही घंटों में वे अंग्रेज ठीकेदार के आवास पर पहुँच गईं। वहाँ उन्हें रोकने के लिए खड़े एक दर्जन पुलिस के सिपाही महिलाओं की उग्र भीड़ देखकर वहाँ से रफूचक्कर हो गए। अब फूलो और झानो बंद किवाड़ को तोड़ती हुई उस कमरे में प्रवेश कर गईं, जहाँ तीन अंग्रेज उन युवतियों के साथ छेड़छाड़ कर रहे थे और युवतियाँ हाथ जोड़कर उनसे छोड़ देने के लिए मिन्नतें कर रही थीं। उन्हें देखकर अंग्रेज घबराए। एक अंग्रेज ने भागने की कोशिश की तो उसे झानो ने धक्का देकर गिरा दिया और फूलो ने अपनी टाँगी से उसका सिर धड़ से अलग कर दिया। दूसरे अंग्रेज पर झानो ने टाँगी से ऐसा सधा वार किया कि उसका सिर भी धड़ से अलग होकर जमीन पर गिर पड़ा। तीसरा अंग्रेज ही ठीकेदार था। उसे भी दोनों बहनों ने पकड़ लिया और उस पर टाँगी से अंधाधुंध वार करने लगीं। देखते-ही-देखते वह

भी मांस के लोथड़े में बदल गया। तीनों युवतियों को साथ लेकर वे कमरे से बाहर निकलीं और 'हूल संथाल' की महिला सेना के साथ गाँव की ओर चल पड़ीं। वे नारा लगाती जा रही थीं—"कुकर्मी अंग्रेज··· हमारी माटी छोड़ो, हमारा देश छोड़ो।"

अब सिदो-कान्हू के साथ दोनों वीरांगना बहनों फूलो-झानो की चर्चा भी ब्रिटिश सरकार और पुलिस-प्रशासन के बीच होने लगी थी। उन्हें पकड़ने की कोशिश भी पूरी ताकत लगाकर की जा रही थी, लेकिन दोनों किसी की पकड़ में नहीं आ रही थीं। दूसरे दिन सिदो-कान्हू ने उग्र भीड़ से कहा, "अब हम कलकत्ता जाकर गवर्नर जनरल से मिलेंगे। अपने ऊपर हो रहे अत्याचार से उन्हें वाकिफ कराएँगे और इनसाफ माँगेंगे। हम खून-खराबा नहीं चाहते, लेकिन हमारे रास्ते में जो आएगा, हम उसका नामोनिशान मिटा देंगे।"

इसके बाद प्रारंभ हुई 'हूल यात्रा', जो कलकत्ता की ओर बढ़ चली। इस क्रम में रास्ते में पड़नेवाले हर गाँव के जमींदारों और साहूकारों की हवेलियों को जलाने का सिलसिला शुरू हो गया। जहाँ कहीं कोई अंग्रेज दिखता, फूलो और झानो की टाँगियाँ मचल उठती थीं और उनके सिर को धड़ से अलग करने के बाद ही शांत होती थीं। अमरापाड़ा में गोरभी माँझी की नजर सूदखोर महाजन प्रताप नारायण पर पड़ गई। गोरभी उसे पहचानता ही नहीं था, बल्कि उसके अत्याचारों का भुक्तभोगी भी था। उसने फूलो से कहा, "देख बेटी, वह सूदखोर···!"

वह अपनी बात पूरी भी नहीं कर पाया था कि फूलो और झानो उसके पास पहुँच गईं। प्रताप नारायण को संकट में देखकर दिग्गी का दारोगा महेशलाल दत्त वहाँ तेजी से आ पहुँचा और रिवॉल्वर निकलकर फूलो की ओर बढ़ा, लेकिन तभी झानो ने पीछे से उसकी गरदन पर टाँगी चला दी। वह दो टुकड़ों में बँट गया। इसके बाद फूलो की टाँगी ने प्रताप नारायण का काम भी तमाम कर डाला। इसके बाद 20 हजार संथाली युवकों ने अंबर परगना के राजभवन पर धावा बोल दिया और 2 जुलाई को उस पर कब्जा कर लिया। फूदनीपुर, कदमसर और प्यालापुर के अंग्रेजों को मार गिराया गया। निलहा साहबों की विशाल कोठियों पर अधिकार कर लिया गया। इस संघर्ष में 19 लोग मौत के घाट उतार दिए गए। इसके बाद फूलो और झानो ने माँझियों के बीच सखुए की डाली बाँटकर नाद कर दिया—"संथाल देश में संथालों का शासन शुरू हो गया है।"

इसी दौरान भागलपुर जेल में बंद संथाल भाइयों को छुड़ाने के लिए राजमहल के रास्ते विद्रोहियों का दल आगे बढ़ चला। अंग्रेजों ने अपने सुरक्षा बलों को पुख्ता कर लिया। आधुनिक हथियारों के साथ सेना भी वहाँ पहुँच गई। भीषण संग्राम

छिड़ गया। पुलिस और सेना के जवानों ने सुरक्षा के लिए बनाए गए मारटेल टावर से अंधाधुंध गोलियाँ चलाकर संथाल विद्रोहियों को भारी क्षति पहुँचाई। फिर भी विद्रोहियों का दल बंदूकों का मुकाबला तीर-धनुष से करता रहा। संथालों ने वीरभूमि क्षेत्र पर कब्जा कर लिया और वहाँ से अंग्रेजों को भगा दिया। रघुनाथपुर और संग्रामपुर की लड़ाई में संथालों की सबसे बड़ी जीत हुई। विद्रोहियों की गिरफ्तारी के लिए पुरस्कार की घोषणा कर दी गई। उनसे मुकाबला के लिए भी जबरदस्त व्यवस्था की गई। 16 जुलाई, 1855 को पिरपैंती में मेजर बैरो और संथाल विद्रोहियों में भीषण लड़ाई छिड़ी। विष बुझे तीर, कुल्हाड़ी, भाले अंग्रेजों के गोली-बारूद पर भारी पड़े। मेजर बैरो की सेना जान बचाकर भागी। दुश्मन सेना के 25 से अधिक सिपाही मारे गए। इसके बाद पूरे संथाल इलाके में मार्शल लॉ लागू कर दिया गया। 15 हजार सैनिकों को गोली, बारूद, तोपों के साथ संथालों के दमन के लिए भेजा गया। 21 जुलाई को विद्रोहियों ने वीरभूम में लेफ्टिनेंट टोल समेत कई सिपाहियों को मार गिराया। 10 नवंबर को पूरे संथाल अंचल को सेना के हवाले कर दिया गया। अब संथालों पर अमानवीय अत्याचारों का दौर शुरू हो गया। कंपनी सेना ने सैकड़ों गाँवों में आग लगा दी। बच्चों, महिलाओं को भी गोलियों से भून डाला। बड़हैत की लड़ाई में चाँद भैरव कमजोर पड़ गए और जब अंग्रेजों की गोलियों के शिकार हो गए तो उनके नेतृत्व की जिम्मेदारी भी फूलो और झानो ने सँभाल ली। भाई की हत्या और अंग्रेजों के बढ़ते अत्याचार ने दोनों बहनों को आपे से बाहर कर दिया। एक अँधेरी रात में संतरी की नजरों से बचती हुई दोनों बहनें टाँगी लेकर कंपनी सेना के शिविर में जा पहुँचीं। वहाँ कुछ सिपाही सो रहे थे। दोनों बहनों ने बारी-बारी से गहरी निद्रा में खर्राटे भर रहे सिपाहियों की गरदनों पर टाँगी से वार करना शुरू कर दिया और उनके रक्त से सराबोर होती चली गईं। खचाक्-खचाक् की आवाज के साथ टाँगी का वार करतीं खून से लथ-पथ दोनों साक्षात् काली जैसी लग रही थीं। शिविर में शोर मचते और अन्य सैनिकों को सावधान होकर वहाँ पहुँचने तक उन्होंने 21 सिपाहियों को काट डाला। खुद को सेना से घिरते देखकर दोनों अपनी टाँगियाँ हवा में लहराती हुई शिविर से बाहर निकल गईं, लेकिन इसी बीच सेना के जवानों ने अपनी बंदूकों और राइफलों से उन पर आग बरसाना शुरू कर दिया। काफी प्रयास के बावजूद 'संथाल हूल' की दो वीरांगनाएँ खुद को बचा नहीं सकीं और वहीं शहीद हो गईं। इधर अंग्रेजों ने सिद्धू-कान्हू के कुछ साथियों को लालच देकर मिला लिया। फरवरी के तीसरे सप्ताह में गद्दारों के सहयोग से कान्हू भी वीरभूम जिले में पकड़ लिये गए, जिन्हें भोगनाडीह में बरगद वृक्ष की डाली से लटका दिया गया। बड़हैत

में 19 अगस्त को सिदो भी पकड़े गए। मेजर शकवार्ग उसे बंदी बनाकर भागलपुर जेल ले गया। सिदो को बड़हैत में फाँसी देने के पूर्व मेजर शकवार्ग ने सिदो के पास जाकर कहा, "टेल योर लास्ट विश बिफोर योर डेथ। मरने से पहले अपनी अंतिम इच्छा बताओ।"

सिदो ने पूरी निर्भीकता के साथ कहा, "तुम हमें मार दोगे, लेकिन यह विद्रोह की आग तब तक नहीं बुझेगी, जब तक तुम हमारी जमीन पर रहकर अत्याचार करते रहोगे। जहाँ तक अंतिम इच्छा का सवाल है, तो मेरी अंतिम इच्छा है कि तुम अंग्रेज हमारी माटी छोड़कर चले जाओ। यह हमारे देवता मारंग बुरु और देवी जाहेर का हुक्म है। अगर तुम ऐसा नहीं करोगे तो मारंग बुरु तुम लोगों को कभी चैन से रहने नहीं देंगे और एक दिन तुम्हें यहाँ से अपना गंदा मुँह छिपाकर खुद ही भागना पड़ेगा।"

अंग्रेज अफसर का चेहरा गुस्से से लाल हो गया। उसने जोर से चिल्लाकर कहा, "हैंग हिम।"

इसके साथ ही 'संथाल हूल' में शामिल बाकी विद्रोही नेता या तो मारे गए या उन्हें पकड़कर फाँसी दे दी गई। इसके साथ ही 'हूल क्रांति' के रूप में उठे देश के सबसे बड़े सशस्त्र जनविद्रोह का सशक्त नेतृत्व समाप्त हो गया। धीरे-धीरे विद्रोह को कुचल दिया गया। 30 नवंबर को कानूनन संथाल परगना जिले की स्थापना हुई। प्रथम जिलाधीश के. एशली इडेन बनाए गए। पूरे देश से भिन्न कानून से संथाल परगना का शासन शुरू हुआ। संथाल परगना टेंनेंसी ऐक्ट बनाया गया। अंग्रेजी सरकार ने संथाल विद्रोह पर काबू पाने में कामयाबी तो हासिल कर ली, लेकिन सिदो, कान्हो, चाँद, भैरव, फूलो और झानो देश और प्रदेश में आजादी के देवी-देवता बनकर आसमान में कहीं स्थापित हो गए। उनकी शहादत के दो वर्षों के बाद 1857 में पूरे देश में अंग्रेजों के खिलाफ महासंग्राम शुरू हुआ और उसकी परिणति देश की आजादी के रूप में नब्बे सालों के बाद 1947 में 15 अगस्त को सामने आई। फूलो और झानो जैसी वीरांगनाओं के साथ 'संथाल हूल' के नायक सिदो, कान्हू, चाँद और भैरव सहित हजारों गुमनाम वीर शहीदों को कृतज्ञ झारखंड कभी भूल नहीं पाएगा।

□

ठाकुर विश्वनाथ शाहदेव

बड़कागढ़ के राजा ठाकुर रघुनाथ शाहदेव इधर कुछ दिनों से महसूस करने लगे थे कि उनका पुत्र अब घर-परिवार से लेकर राज-काज तक जिम्मेदारियाँ सँभालने योग्य हो गया है। वे अपने पुत्र की योग्यता और क्षमता को देख-समझकर फूले नहीं समाते थे। एक दिन उन्होंने उसे अपने पास बुलाया।

"क्या आज्ञा है, पिताजी?"

ठाकुर रघुनाथ शाहदेव ने कहा, "आओ पुत्र, आज मैं तुमसे कुछ विशेष बातें करना चाहता हूँ।"

उन्होंने कहा, "आज्ञा दीजिए, पिताजी।"

"देखो बेटे, अब तुम जवान हो गए हो। तुम शास्त्रों के साथ शस्त्र संचालन में भी निपुण हो गए हो।"

"सब आपका आशीर्वाद है!" ठाकुर विश्वनाथ शाहदेव ने विनम्रतापूर्वक कहा।

"मुझे लगता है कि राज-काज चलाने में भी अब तुम्हें कोई परेशानी नहीं होगी। मैं चाहता हूँ कि अब तुम्हें कुछ जिम्मेदारियाँ सौंपी जाएँ। इसके पहले चरण में मैं तुम्हारा विवाह कर देना चाहता हूँ। उड़ीसा के राजा गांगपुर महाराज की बहन बानेश्वरी सुयोग्य कन्या है। मैं उसी के साथ तुम्हारा विवाह रचाना चाहता हूँ।"

"जैसी आज्ञा, पिताजी।"

पुत्र की सहमति पाकर पिता ठाकुर रघुनाथ शाहदेव का चेहरा खिल गया। उन्होंने कहा, "तुमसे मुझे ऐसी ही उम्मीद थी।"

यह आज्ञाकारी पुत्र थे ठाकुर विश्वनाथ शाहदेव। झारखंड के महान् स्वाधीनता सेनानी। 1857 के स्वाधीनता संग्राम में अपनी महती भूमिका निभानेवाले तेजस्वी वीर। पिता उदयपुर पलानी और कुंडू परगना के स्वामी थे। वे अपने पुत्र को अत्यंत तेजस्वी बनाना चाहते थे। इसलिए उन्होंने बचपन से ही उचित गुरु के संरक्षण में शस्त्र और शास्त्र दोनों की शिक्षा ग्रहण कराई। युवावस्था में पहुँचते तक वे युद्धकला और राज-काज दोनों के संचालन में निपुण हो गए। गृहस्थाश्रम में प्रवेश के लिए पहली जिम्मेदारी उठाने के प्रस्ताव पर सहमति मिलने के बाद ठाकुर विश्वनाथ शाहदेव का विवाह धूमधाम के साथ हो गया। बानेश्वरी उनकी सहधर्मिणी बन गईं और जिम्मेदारियों का प्रथम चरण संपन्न हो गया। लेकिन वे यह नहीं जानते थे कि आगे की जिम्मेदारियाँ सौंपनेवाले उनके पिता का साया उन पर अधिक दिनों तक रहनेवाला नहीं है। विवाह के कुछ ही समय बाद 1840 में ठाकुर रघुनाथ शाहदेव का निधन हो गया। श्राद्ध कर्म संपन्न हुआ तो पंडितों ने ठाकुर विश्वनाथ शाहदेव के सिर पर राज-काज की पगड़ी बाँध दी। उनका राजतिलक उस कठिन दौर में हुआ, जब पूरे देश में अंग्रेजों का शासन था, जो भारतीयों पर जमकर अत्याचार कर रहे थे। अंग्रेजों ने राजा-रजवाड़ों को अपनी मुट्ठी में जकड़ रखा था।

ठाकुर विश्वनाथ शाहदेव का जन्म 12 अगस्त, 1917 को बड़कागढ़ राज्य की राजधानी शतरंजी में हुआ। उनका लालन-पालन एवं शिक्षा-दीक्षा शाही शान-शौकत से किया गया। माता चानेश्वरी कुँवर के लाड़-प्यार और पिता के अनुशासन ने उन्हें बहादुर के साथ बुद्धिमान और विवेकी भी बना दिया था। वे बड़कागढ़ में जगन्नाथ मंदिर स्थापित करानेवाले राजा ठाकुर एनीनाथ शाहदेव की सातवीं पीढ़ी में थे। राज-काज सँभालने के बाद उनके पास अंग्रेजों के कारनामों की सूचनाएँ पहुँचने लगीं। एक दिन की बात है कि ठाकुर विश्वनाथ शाहदेव ने अपनी सेना को एक विशेष उद्देश्य से रामगढ़ भेजा, लेकिन सेना रामगढ़ नहीं जाकर तमाड़ चली गई। इस बात को ठाकुर ने गंभीरता से लिया। अपने प्रधानमंत्री को बुलाया और पूछा, "प्रधानमंत्रीजी, हमने तो अपनी सेना को रामगढ़ भेजा था। वह तमाड़ कैसे चली गई?"

"ऐसा अकसर होता है, महाराज।" प्रधानमंत्री ने चिंतित होकर कहा, "हम करना कुछ चाहते हैं, लेकिन कुछ और ही हो जाता है।"

"आखिर ऐसी कौन सी मजबूरी है कि हम जो चाहते हैं, उसे कर नहीं पाते?"

प्रधानमंत्री ने सकुचाते हुए कहा, "सरकार बात ऐसी है कि कंपनी बहादुर ने… ।"

"कंपनी बहादुर?"

"हाँ, महाराज। कंपनी बहादुर ने अपनी आवश्यकता को ध्यान में रखकर हमारी सेना को रामगढ़ के बजाय तमाड़ भेज दिया।"

ठाकुर साहब गुस्से से आगबबूला हो गए। उन्होंने दहाड़कर कहा, "यह क्या बात हुई प्रधानमंत्रीजी? इस राज्य के राजा हम हैं या कंपनी बहादुर?"

"क्षमा करें महाराज, राजा तो आप ही हैं, लेकिन अंग्रेजी सरकार जो कहे, उसी के अनुसार हम लोगों को चलना पड़ता है। यह कोई नई बात भी नहीं है और ऐसा सभी राजाओं के साथ हो रहा है।"

"इसका मतलब है कि हम केवल नाम मात्र के राजा हैं? असली राजा तो अंग्रेज हैं। तो क्या अभी तक यही सब होता रहा है?"

"जी हाँ, महाराज। यहाँ के राजाओं को तो वे अपना गुलाम ही समझते हैं। आदेश-पर-आदेश करते रहते हैं। वे जब चाहें मिलने का आदेश देते हैं और राजा उनके पास सिर पर पाँव रखकर पहुँच जाते हैं। छोटे-से-छोटे अंग्रेज अधिकारी राजाओं पर अपना रोब झाड़कर चले जाते हैं। जब जी में आता है, लगान बढ़ा देते हैं और दबाव देकर वसूल भी लेते हैं। अगर कोई विरोध करता है तो उस पर शामत आ जाती है। उनका दबदबा ऐसा है कि भय से कोई राजा-महाराजा मुँह नहीं खोल पाता। या तो मन मसोसकर रह जाता है या फिर जहाँ आमद हो, वहाँ खुशामद करने में कोई हर्ज नहीं वाले विचार से राजी-खुशी झेल लेता है। कुछ तो राजा और जमींदार ऐसे हैं, जो अपनी जीभ से अंग्रेजों के जूते साफ करने के लिए हमेशा तैयार रहते हैं और उसी में अपना गौरव महसूस करते हैं।"

"तो क्या अंग्रेजों ने मुझे भी वैसा ही राजा समझ रखा है?"

"उनकी नजर में देश के सारे राजा-महाराजा एक जैसे ही हैं, जिनके लिए अंग्रेजों की गुलामी और बेगारी के सिवा कोई चारा नहीं है।"

"तो अब यह सब नहीं चलेगा।" ठाकुर विश्वनाथ शाहदेव ने दृढ़तापूर्वक कहा, "हमारे रास्ते में ये अंग्रेज रोड़ा नहीं अटका सकते। हम उनमें से नहीं हैं, जो उनकी बातों को आँखें मूँदकर मानते चले जाएँगे। प्रधानमंत्रीजी!"

"आदेश दीजिए, सरकार।"

"हम अंग्रेजों की सत्ता को धत्ता बताने के लिए तैयार हैं। अपनी नई राजधानी

बनाएँगे, ताकि हम अपने ढंग से शासन चला सकें। आप जनता को खबर कर दें कि बड़कागढ़ राज्य की राजधानी अब शतरंजी नहीं, हटिया में होगी। हमारे पास अपनी मजबूत सेना होनी चाहिए, जिसका संचालन हमारे सिवा दूसरा और कोई न कर पाए।"

"जी महाराज। आपके आदेश का पालन होगा।" कहते हुए प्रधानमंत्री चले गए। इधर राजा सोचने लगे—'कंपनी बहादुर की बहादुरी कुछ अधिक ही चल रही है। इनकी मनमानी दिनोदिन बढ़ती जा रही है। अंग्रेजों की दाल में काला है। वे हमारा राज्य को गटक लेना चाहते हैं, लेकिन हम ऐसा नहीं होने देंगे। हम नए सिरे से अपनी सेना गठित करेंगे। अंग्रेजों से आर-पार की लड़ाई भी करनी पड़े तो हम पीछे नहीं हटेंगे, परिणाम चाहे जो भी हो।'

□

ठाकुर विश्वनाथ शाहदेव का राजदरबार। प्रधान आसन पर विराजमान हैं महाराज। अगल-बगल दो अंगरक्षक अपने हाथों में नंगी तलवार लेकर खड़े हैं। उनके बगल के आसन पर प्रधानमंत्री और सेनापति बैठे हैं। दरबार में कायम शांति ने वातावरण को गंभीर बना रखा है। सभी किसी गंभीर विषय पर मंत्रणा की मुद्रा में मौन हैं। ठाकुर साहब ने मौन भंग किया। गंभीर आवाज में कहा, "प्रधानमंत्रीजी और सेनापतिजी, आप लोगों को तो पता ही है कि अंग्रेज हमारे हर काम में टाँगें अड़ाने से बाज नहीं आ रहे। हम उसे बरदाश्त नहीं कर पाएँगे। जो स्थिति है, उसमें हमें ईंट-से-ईंट बजाने की तैयारी प्रारंभ कर देनी चाहिए। आप सभी का इस पर क्या विचार है ?"

इस प्रश्न पर दरबार में उपस्थित सभी लोगों ने आपस में प्रतिक्रिया व्यक्त करना शुरू कर दिया। इससे वातावरण में कोलाहल तैरने लगा। ठाकुर साहब ने कहा, "आप जो सोचते हैं, उसे मुझ तक पहुँचने दें।"

एक दरबारी अपने आसन से उठकर खड़ा हुआ। हाथ जोड़कर राजा का अभिवादन किया और फिर बोला, "महाराज, यदि अंग्रेजों से पंगा लेना हो तो हमें पहले अपनी ताकत बढ़ा लेनी होगी।"

ठाकुर साहब ने मुसकराकर कहा, "आप ठीक कहते हैं, हमें अपनी ताकत बढ़ानी होगी, क्योंकि हमारा दुश्मन बहुत ताकतवर है।"

दूसरा दरबारी खड़ा हुआ। उसने भी राजा का अभिवादन किया। वह कुछ बोलता, इससे पहले दरबार में द्वारपाल आ गया। उसने कहा, "महाराज की जय हो! बाहर एक अंग्रेज सैनिक आया है। वह महाराज से मिलना चाहता है।"

ठाकुर साहब के चेहरे पर गंभीरता लौट आई। उन्होंने कहा, "ठीक है, उसे भेज दो।"

कुछ ही पलों में एक अंग्रेज सैनिक ने दरबार में प्रवेश किया। राजा साहब ने कहा, "कहो सैनिक, कैसे आना हुआ?"

सैनिक ने सिर झुकाकर कहा, "महाराज गुडमॉर्निंग। कंपनी बहादुर की ओर से कमिश्नर डाल्टन साहब ने आपके नाम यह लेटर भेजा हाय। इसमें आपके लिए सरकार का खास ऑर्डर हाय। आपको उनके सामने आज शाम टक प्रेजेंट होना माँगटा हाय। ये कंपनी बहादुर का ऑर्डर है।"

ठाकुर साहब ने कहा, "सैनिक, जाकर कह दो अपनी सरकार को कि हम उसका आदेश नहीं मानते। इसलिए कि जमीन अपनी है, राज्य अपना है, प्रजा अपनी है। फिर हम तुम्हारी कंपनी का आदेश क्यों मानेंगे? हम किसी के पास नहीं जाएँगे। जिसे मुझसे बात करनी होगी, वह खुद यहाँ आकर हमसे मिलेगा। समझे?"

सैनिक ने हिम्मत जुटाकर कहा, "मिस्टर ठाकुर, अगर आप नहीं मानेगा टो कंपनी बहादुर आपको पनिशमेंट डेगा।"

"खामोश!" ठाकुर ने ऊँची आवाज में दहाड़ा और कमर से लटकती अपनी तलवार म्यान से खींच ली। उन्होंने तलवार हवा में लहराते हुए कहा, "अपनी औकात में रहो, सैनिक…और अपने कंपनी बहादुर के अफसर से भी कह देना कि वह भी औकात में रहे। मैं यहाँ का राजा हूँ। मुझ पर किसी का आदेश नहीं चल सकता। समझे?"

आवाज इतनी दमदार थी कि अंग्रेज सैनिक के पाँवों के नीचे की धरती डोलने लगी। उसका चेहरा पसीने से भीग गया। उसने धीमी आवाज में डरते-डरते कहा, "ओके सर।"

राजा साहब ने अपनी आवाज को सहज करते हुए कहा, "सैनिक, तुमने अपने कंपनी बहादुर का हुक्म मुझे सुना दिया। तुम्हारा काम खत्म हुआ। अब तुम जाओ।"

"यस, सर।" कहते हुए सैनिक वहाँ से चला गया।

ठाकुर विश्वनाथ शाहदेव के आदेशानुसार सन् 1853 ईसवी के अंत तक बड़कागढ़ राज्य की राजधानी हटिया में स्थापित हो गई। हटिया में इनकी प्रजा ने उनका तन-मन-धन से साथ दिया। उन्हें शासन की दृष्टि से हटिया शतरंजी गढ़ से अधिक सुरक्षित एवं उपयुक्त महसूस हुआ। उन्होंने अपने गढ़ में सैन्य शक्ति को मजबूत कर लिया और उसके संचालन का दायित्व खुद ही सँभाल लिया। जगदीशपुर के जमींदार बाबू कुँवर सिंह द्वारा अंग्रेजी सत्ता के विरुद्ध घोषित संग्राम ने

उनकी उमंग को चौगुना कर दिया। इसके साथ ही सलगी (हजारीबाग) के जमींदार और बाबू कुँवर सिंह के दामाद लाल जगतपाल सिंह ने ठाकुर विश्वनाथ शाहदेव से संपर्क स्थापित किया और देश की वर्तमान राजनीतिक स्थिति पर विशद चर्चा की। 1855 में दोनों की सहमति से राँची में अंग्रेजों के अत्याचार से असंतुष्ट राजाओं और जागीरदारों की बैठक आयोजित की गई। बैठक में लाल जगतपाल सिंह सहित पोड़ाहाट के राजा अर्जुन सिंह, जग्गू दीवान, उमराँव टिकैत सिंह, शेख भिखारी, छोटानागपुर महाराज के पूर्व दीवान पांडेय गणपत राय, पीतांबर सिंह भोक्ता, रामगढ़ बटालियन के हवलदार माधो सिंह, नादिर अली जैसे महारथी उपस्थित हुए। बैठक में गंभीरतापूर्वक विचार-विमर्श के बाद स्वाधीनता संग्राम का बिगुल फूँक दिया गया। इसी बैठक में ठाकुर विश्वनाथ शाहदेव ने अपने राज्य को स्वतंत्र घोषित कर दिया। ठाकुर विश्वनाथ शाहदेव इस स्वतंत्र राज्य के राजा और पांडेय गणपत राय सेनापति घोषित किए गए। इसके बाद पूरी राँची में डुगडुगी बजाकर मुनादी करा दी गई, "सुन लो भाइयो, बहनो, बड़कागढ़ राज्य स्वतंत्र हो गया है। यहाँ से अंग्रेजों का शासन समाप्त हो गया है। आज से हमारे राजा ठाकुर विश्वनाथ शाहदेव हैं। अंग्रेजों को हम कोई टैक्स नहीं देंगे और न उनका कोई हुक्म मानेंगे।"

मुनादी की आवाज अंग्रेज अधिकारियों तक पहुँची तो उनके बीच उथल-पुथल मच गई। यह अंग्रेजी सत्ता के गाल पर करारा तमाचा था, जिससे बंगाल में बैठे गवर्नर तक के पाँव तले की जमीन खिसकती नजर आने लगी। उसने अधीनस्थ अधिकारियों को तत्काल कड़ा कदम उठाने का आदेश दिया। बस फिर क्या था? अंग्रेजी फौज ने ठाकुर विश्वनाथ शाहदेव की हटिया स्थित राजधानी पर हमला बोल दिया। घमासान युद्ध हुआ। आधे से अधिक अंग्रेजी फौजी ठाकुर विश्वनाथ शाहदेव और उनके राज्य के सैनिकों की तीक्ष्ण तलवार का ग्रास बन गए। बाकी बचे सैनिकों ने डोरंडा शिविर में शरण लेकर अपनी जान बचाई। यहीं से छोटानागपुर में स्वाधीनता संग्राम छिड़ गया और चूहा-बिल्ली का खेल प्रारंभ हो गया, जो लंबे समय तक चलता रहा। अंग्रेजों ने नए स्वतंत्र राज्य पर अपना कब्जा जमाने का बहुत प्रयास किया, लेकिन ठाकुर साहब और उनके सेनापति पांडेय गणपत राय की बहादुरी के चलते उनके हाथ असफलता ही आती रही।

30 जुलाई, 1857 को हजारीबाग में आठवीं पैदल सेना ने विद्रोह का झंडा लहरा दिया। 1 अगस्त, 1857 ई. को डोरंडा की सेना भी भड़क उठी। इसके साथ ही चाईबासा और रामगढ़ में सैनिकों ने विद्रोह कर दिया। सभी विद्रोही सैनिकों को ठाकुर विश्वनाथ शाहदेव की सेना ने पूरा सहयोग दिया। 2 अगस्त, 1857 ई. तक

संपूर्ण राँची ठाकुर विश्वनाथ शाहदेव के कब्जे में आ गया। विद्रोहियों की विध्वंसक कारखाइयों से छोटानागपुर का कमिश्नर कर्नल ई.टी. डाल्टन दहशत में आ गया। तब उसने बगोदर की ओर भागकर किसी प्रकार अपनी जान बचाई। रामगढ़ की देशी सेना अंग्रेज सिपाहियों का कत्लेआम करते हुए राँची आ पहुँची और उन लोगों ने ठाकुर विश्वनाथ शाहदेव को इस विद्रोह का नेता मान लिया। अब संपूर्ण राँची पर ठाकुर विश्वनाथ शाहदेव का झंडा लहराने लगा। विभिन्न हथियारों से लैस होकर मुंडा, उराँव और क्षत्रियों की संयुक्त विजय वाहिनी अंग्रेजों पर टूट पड़ी। इन्होंने तीन दिनों में अंग्रेजों के यूनियन जैक को उखाड़कर फेंक दिया। विद्रोही सैनिकों ने राँची में कई सरकारी भवनों और दफ्तरों में आग लगा दी। अंग्रेज अधिकारियों को जमकर पीटा और सरकारी खजाने को लूट लिया। क्रांतिकारियों ने राँची जेल पर हमला कर 300 से अधिक कैदियों को मुक्त करा लिया। उन्होंने 21 दिनों तक राँची को अंग्रेजी हुकूमत से पूरी तरह मुक्त कराए रखा। इस भयानक विद्रोह को छोटानागपुर की आम जनता ने भी भरपूर सहयोग दिया। छोटानागपुर के विभिन्न क्षेत्रों से लोग जी-जान से उन्हें सहयोग देने के लिए आतुर थे, मानो लोगों ने छोटानागपुर से अंग्रेजों को खदेड़ देने की प्रतिज्ञा ही कर रखी थी। सिल्ली और झालदा से देसी बंदूकें बनाकर विद्रोहियों के पास पहुँचाई जा रही थीं। योजना यह थी कि छोटानागपुर से अंग्रेजों को नेस्तनाबूद करने के बाद यहाँ के सारे विद्रोही रोहतास में कुँवर सिंह से जा मिलेंगे। जहाँ एक ओर बाबू कुँवर सिंह अंग्रेजों की नींद हराम कर चुके थे, वहीं दूसरी ओर छोटानागपुर में विश्वनाथ शाहदेव भारी चुनौती दे रहे थे।

11 सितंबर, 1857 को करीब 600 क्रांतिकारियों का जत्था बाबू वीर कुँवर सिंह से मिलने जगदीशपुर के लिए चल पड़ा। 1 अक्तूबर, 1857 को चतरा पहुँचने पर क्रांतिकारियों का सामना मेजर इंगलिश से हुआ। एक तो लंबी यात्रा की थकावट और उस पर खाने-पीने के सामानों की समाप्ति ने विद्रोहियों की कमर तोड़ दी। इसके बावजूद सेनापति गणपत राय के नेतृत्व में विद्रोहियों ने फिरंगी सेना का आखिरी दम तक सामना किया। मेजर इंगलिश की सेना के साथ हुई इस मुठभेड़ में सैकड़ों क्रांतिकारी शहीद हो गए। लगभग 300 विद्रोही किसी प्रकार जीवित तो बच पाए, लेकिन अंग्रेजी सेना के चंगुल में आ ही गए। उन्हें चतरा के हरिजीवन तालाब के पास फाँसी दे दी गई, लेकिन ठाकुर शाहदेव और गणपत राय अँधेरे का फायदा उठाकर भागने में सफल रहे। विद्रोहियों को संगठित करने का काम फिर से शुरू हुआ।

इस बीच हजारीबाग छावनी पर अंग्रेजों ने आक्रमण कर दिया। संयोगवश उस

समय तक ठाकुर विश्वनाथ शाहदेव, पांडेय गणपत राय तथा उनके साथी वहाँ से अन्यत्र निकल चुके थे। बहुत प्रयास के बाद भी अंग्रेज ठाकुर विश्वनाथ शाहदेव तथा उनके साथियों को गिरफ्तार नहीं कर पाए। उस समय लोहरदगा राँची जिला का मुख्यालय था तथा पलामू जिले का शासन क्षेत्र लोहरदगा के ही अधीन था। जब ठाकुर विश्वनाथ शाहदेव को पता चला कि लोहरदगा के अधिकारीगण हजारीबाग चले गए हैं और वहाँ कोई नहीं है तो उन्होंने इस अवसर का लाभ उठाने का निश्चय किया और लोहरदगा स्थित सरकारी खजाने को लूटने के लिए अपने 1,100 सैनिकों के साथ कूडु होकर लोहरदगा के लिए चल पड़े। यह बात किसी तरह फूट गई। महेश नारायण शाही और विश्वनाथ दूबे ने अंग्रेजों की सहायता की और विश्वनाथ शाहदेव लोहरदगा के पास कूदा गढ़ा ग्राम में अंग्रेजों द्वारा गिरफ्तार कर लिये गए। पांडेय गणपत राय यहाँ से भी बच निकलने में सफल हो गए।

ठाकुर विश्वनाथ शाहदेव को राँची के वर्तमान पुरानी बकरी बाजार के पास में रखा गया। वहाँ भी वे देश को गुलामी के जंजीरों से मुक्त कराने के लिए संघर्ष करते रहे। जेल में एक वार्डर को मिलाया और विद्रोह को चालू रखने के लिए अपने साथियों के पास पत्र लिखा। यह पत्र उन्होंने कोयले को चबाकर उससे रोशनाई बनाकर लिखा था। दुर्भाग्यवश, उनका अंतिम प्रयास विफल हो गया और वह पत्र भी अंग्रेजों के हाथ लग गया। उन्हें 16 अप्रैल, 1858 ई. को कमिश्नर ने फाँसी की सजा सुनाई। इसके बाद उसी दिन उन्हें जेल से लाकर राँची जिला स्कूल के निकट कदंब की एक मोटी डाली में लटकाकर फाँसी दे दी गई। इतनी सजा देने के बाद भी अंग्रेजों को संतोष नहीं हुआ तो उनके शतरंजीगढ़ तथा हटियागढ़ के किलों को ध्वस्त कर दिया गया। परिणामस्वरूप मातृभूमि की आजादी के लिए अपनी जान की कुरबानी देनेवाले शहीद का परिवार बेघर होकर दर-दर की ठोकरें खाने को मजबूर हो गया। इतना होने पर भी ठाकुर विश्वनाथ शाहदेव की पत्नी वानेश्वरी देवी ने हार नहीं मानी और अपने पति की एकमात्र निशानी अपने पुत्र कपिलनाथ शाहदेव को लेकर गुमला की पहाड़ियों में जा छिपीं। फिरंगियों के रक्त से सैकड़ों बार स्नान कर चुकी ठाकुर विश्वनाथ शाहदेव की तलवार उनकी फाँसी के बाद उनके किसी स्वामिभक्त सेवक ने प्राप्त कर उसे गुप्त रूप से उनकी पत्नी के पास पहुँचा दिया।

वानेश्वरी कुँवर इस दौरान पालकोट स्थित खोरा गाँव में लगभग 11 वर्षों तक अंग्रेजों की नजर से छिपी रहीं। जब ठाकुर कपिल नाथ शाहदेव कुछ बड़े हुए, तब ठाकुरानी वानेश्वरी कुँवर ने कलकत्ता हाईकोर्ट में 1872 में बड़कागढ़ स्टेट लौटाने के लिए एक याचिका दायर की, किंतु अदालत ने उनके आग्रह को

खारिज कर दिया। याचिका में उन्होंने बड़कागढ़ स्टेट के उत्तराधिकारी कपिलनाथ शाहदेव के जीवित होने का हवाला देते हुए सरकार द्वारा जब्त की गई संपत्ति लौटाने का आग्रह किया था। अदालत का फैसला था, चूँकि ठाकुर विश्वनाथ शाहदेव ने ब्रिटिश सरकार के खिलाफ बगावत की थी, इसलिए उनकी संपत्ति वापस नहीं की जा सकेगी। इसके बावजूद अदालत ने वानेश्वरी कुँवर एवं उनके पुत्र की परवरिश के लिए तीस रुपए प्रतिमाह का गुजारा भत्ता के साथ जगन्नाथपुर मंदिर के पास एक मकान बनाकर उनके रहने की व्यवस्था कर दी। ठाकुर विश्वनाथ शाहदेव की कुरबानी निष्फल नहीं गई और उनके द्वारा सुलगाई गई आग कमोबेश धधकती रही। अंतत: अंग्रेजों को नब्बे सालों बाद भारत छोड़कर जाना पड़ा और भारत की स्वाधीनता का वह सपना पूरा हो गया, जिसे ठाकुर विश्वनाथ शाहदेव ने देखा था। □

पांडेय गणपत राय

गया जिले के गदवा गाँव में लोहरदगा से बारात आई थी। पूरा गाँव जगमग कर रहा था। ढोल, नगाड़ों और बैंड-बाजा से पूरा गाँव गहगहा उठा था। बस्ती के बाहर खलिहान में रंग-बिरंगे कनातों और झालरों से सजा जनवासा बनाया गया था। जहाँ बारातियों का सरातियों ने स्वागत किया। फिर रीति-रिवाज के अनुसार कई विधियों को पूरा करने के बाद बारातियों के लिए नाश्ता और शरबत की व्यवस्था की गई। उसका आनंद लेते हुए बाराती जनवासा में बिछी कालीन पर बैठ गए। दूसरी ओर सराती बैठे। बीच में खाली जगह में नारी के वेश में एक नर्तक खड़ा हो गया। साथ में आए साजिंदे अपने-अपने साजों से सुर-ताल निकालने लगे और नर्तक ने अपनी कला का प्रदर्शन शुरू कर दिया। पहले उसने मंगलाचरण में भगवान् गणेश और माँ शारदे का स्मरण किया। फिर गाने से ही बारातियों और सरातियों का स्वागत किया। इसके बाद शृंगार रस से भरपूर डोमकच ताल पर नाचते हुए नागपुरी गीत गाने लगा। मगहीभाषी बहुल इस गाँव के लिए नागपुरी गीत और संगीत नया और अजूबा के साथ ही मनोरंजक भी था। लोगों ने इसका भरपूर आनंद लिया। इस गीत के बाद गीत-संगीत और नृत्य का कार्यक्रम कुछ देर के लिए स्थगित कर दिया गया। एक वयोवृद्ध सज्जन, जो सिर पर गुलाबी

पगड़ी बाँधे बैठे थे, बोले, "हम आप सभी बारातियों का तहेदिल से स्वागत करते हैं। हमारा रिवाज है कि हम जनवासे में बारातियों के साथ शास्त्रार्थ करते हैं। मतलब यह कि हम बारातियों से सवाल पूछते हैं और उनके सवालों का जवाब देते हैं। कुछ समय के लिए हम जीतते और हारते भी हैं, लेकिन उस हार या जीत को हम इसी जनवासे में छोड़ देते हैं। उसे अपने साथ लेकर बाहर नहीं जाते। उसमें केवल हमारी मनोरंजन की भावना ही रहती है। तो कहिए, आप लोग इसके लिए तैयार हैं?"

बारात में पधारे पालकोट महाराजा के दीवान सदाशिव राय ने हाथ जोड़कर कहा, "हम तो आपके द्वार पर आए हैं, इसलिए हमें तो आपकी ही इच्छा से चलना होगा। हम शास्त्रार्थ के लिए तैयार हैं।"

सराती सज्जन ने कहा, "तो ठीक है, आप हमारे सवालों का जवाब दीजिए। हमारा पहला सवाल है—किस कारण से भगवान् शिव ने अपनी पत्नी सती का त्याग किया?"

दीवान सदाशिव राय दीवान होने के नाते राजनीतिक दाँव-पेंच में तो माहिर थे। राज-काज की सारी बारीकियों के ज्ञान में पारंगत थे, लेकिन पुराणों का अध्ययन करने के लिए समय निकाल नहीं पाए थे। इसलिए इस सवाल का जवाब क्या दिया जाए, उन्हें समझ में नहीं आ रहा था। उनके माथे पर बल पड़ गए और पसीने की बूँदें झलकने लगीं। सवाल करनेवाले सज्जन ने मुसकराकर कहा, "पहले ही सवाल में टायँ-टायँ फिस्स!"

बगल में बैठा एक सोलह साल का किशोर इस व्यंग्य को बरदाश्त नहीं कर सका। उसने हाथ जोड़कर कहा, "आप वयोवृद्ध हैं, मैं आपको प्रणाम करता हूँ और साथ ही अनुरोध भी कि आप ऐसा बोलकर हमें अपमानित न करें। ये मेरे परम पूज्य चाचाजी हैं। मेरे रहते इन्हें मैदान में उतरने की जरूरत नहीं है। पहले आप मुझसे तो मुकाबला कर लीजिए। मैं आपके सवाल का जवाब दूँगा।"

सज्जन ने कहा, "ठीक है बाबू, तो आप ही जवाब दीजिए।"

किशोर ने कहा, "आपने बहुत सुंदर सवाल किया है। इसके लिए आपको बहुत-बहुत धन्यवाद।"

सज्जन अपनी मूँछों पर हाथ फेरकर मुसकराते हुए बोले, "हमें धन्यवाद नहीं, हमारे सवाल का जवाब चाहिए।"

किशोर ने कहा, "तो सुनिए, यह है आपके सवाल का जवाब। आपके सवाल का जवाब रामचरित मानस में गोस्वामी तुलसीदास ने इस प्रकार दिया है—सिय भेस सति जो किन्ह तेहिं अपराध संकर परिहरी।"

बारातियों की खुशी का ठिकाना नहीं रहा। वे जोर-जोर से तालियाँ बजाने लगे। सज्जन ने बीच में टोक दिया। बोले, "बाबू, आपका जवाब हम समझ नहीं पाए हैं। जरा बढ़िया से समझाइए।"

किशोर ने अपने जवाब को आगे बढ़ाया, "बहुत अच्छा। तो सुनिए। तुलसी बाबा कहते हैं—भगवान् राम सीताहरण के बाद रोते-बिलखते वन में भटक रहे थे। उसी समय भगवान् शिव और माता सती वहाँ से गुजर रहे थे। भगवान् शिव ने राम को देखा तो उन्हें प्रणाम किया। तब सती माता ने उनसे पूछ दिया कि आप तो त्रिलोकी नाथ हैं, फिर आपने एक राजकुमार को प्रणाम क्यों किया? तब भगवान् शिव ने उन्हें बताया कि भगवान् विष्णु ने ही राम रूप में अवतार लिया है। ये साधारण राजकुमार नहीं, बल्कि वही भगवान् राम हैं। इनकी पत्नी सीता का किसी ने हरण कर लिया है, इसलिए ये दुःखी हैं। माता सती को मन में संदेह हुआ कि ऐसा कैसे हो सकता है? भगवान् का अवतार एक नारी के लिए कैसे रो-बिलख सकता है? तब भगवान् शिव ने कहा कि यदि आपके मन में किसी प्रकार का संदेह है तो जाकर परीक्षा ले लीजिए। माता सती परीक्षा लेने चल पड़ीं। उन्होंने सीता का वेश धारण किया और राम के मार्ग में एक पेड़ के नीचे बैठ गईं। राम जब उनके निकट आए तो माता सती को माता कहकर प्रणाम किया। इसके बाद 'पुनि हँसि कहहिं कहाँ वृषकेतू, बिपिन अकेलि फिरहिं केहि हेतू।' मतलब राम ने हँसकर कहा—भगवान् शिव कहाँ हैं? और आप यहाँ अकेले वन में किस कारण से विचर रही हैं? उनके सवालों को सुनकर माता सती को अपनी गलती का अहसास हुआ। वे वहाँ से लौट पड़ीं तो भगवान् शिव ने पूछा—परीक्षा कैसी रही। माता सती ने कहा—'कछु न परीक्षा लीन्ह गोसाईं, किन्ह प्रणाम तुम्हारिहिं नाईं।' भगवान् शिव तो अंतर्यामी हैं। उन्होंने समझ लिया कि सती झूठ बोल रही हैं। इसके साथ ही वे सोचने लगे कि सती ने तो माता सीता का वेश धारण कर लिया तो अब ये पत्नी कैसे हो सकती हैं। बस, उन्होंने सती का त्याग कर दिया।"

बारातियों ने जोरदार तालियाँ बजाईं। सरातियों ने तालियों के मामले में उसी गर्मजोशी के साथ सहभागिता निभाई। सभी सरातियों ने उस किशोर को प्रशंसा की नजरों से देखा। सवाल पूछनेवाले गुलाबी पगड़ीधारी सज्जन तो गद्गद हो गए। किशोर ने कहा, "अगला सवाल पूछा जाए।"

सज्जन ने उठकर किशोर को गले से लगा लिया। फिर बोले, "हम एक ही सवाल के जवाब से तृप्त हो गए। अब हमें कोई जवाब नहीं चाहिए। आप अपना परिचय देने का कष्ट करें।"

किशोर ने दीवान साहब की ओर इशारा करते हुए कहा, "ये मेरे चाचा हैं और मैंने यहाँ जो कुछ किया, वह इनकी ही देन है। मेरा नाम पांडेय गणपत राय है।"

अब सज्जन ने दीवान साहब की ओर देखते हुए कहा, "दीवान साहब, आप धन्य हैं कि आपको ऐसा योग्य भतीजा मिला है। अब आपसे एक निवेदन है कि आप हमारी एक इच्छा पूरी कर दें।"

दीवान साहब ने चौंककर कहा, "अब आपकी कौन सी इच्छा है, श्रीमान?"

सज्जन ने कहा, "मैं इतने योग्य वर को हाथ से जाने नहीं देना चाहता। इन्हें मैं अपना दामाद बनाना चाहता हूँ। आप मेरी बेटी को वधू के रूप में स्वीकार कर लीजिए।"

दीवान साहब ने कहा, "यह आप कैसी बातें कर रहे हैं श्रीमान?"

सज्जन ने मुसकराकर कहा, "मुझे यह लड़का चाहिए। मैं आपके पैर पकड़ता हूँ।"

जनवासे पर वातावरण गंभीर हो गया। बारातियों और सरातियों के बीच गहन विचार-विमर्श शुरू हो गया। काफी देर के बाद दोनों पक्ष इस निष्कर्ष पर पहुँचे कि विवाह हो जाना चाहिए। जनवासे में ही तिलक की रस्म पूरी हो गई और उसी विवाह मंडप में पांडेय गणपत राय भी परिणय सूत्र में बँध गए। गए थे बाराती बनकर, लेकिन लौटे दूल्हा के रूप में दुलहन के साथ! एक दुलहन के बजाय दो-दो दुलहनों को लेकर वापस लौटते बाराती भी गद्गद हो रहे थे। घर आए तो उनकी पत्नी को दीवान साहब ने 'बहुरानी' कहकर संबोधित किया। बस, उसी दिन से वे 'बहुरानी' कही जाने लगीं। गाँव के बड़े-बूढ़ों के साथ बच्चे भी उन्हें 'बहुरानी चाची' कहने लगे।

यह वही गणपत राय थे, जिन्होंने स्वाधीनता संग्राम में अपना सबकुछ न्योछावर कर दिया था। यह वही गणपत राय थे, जिन्होंने अपनी बहादुरी से अंग्रेजों की नींद हराम कर दी थी। पांडेय गणपत राय का जन्म सन् 1809 ई. में लोहरदगा के भंडरा प्रखंड के अंतर्गत भौंरो ग्राम में हुआ था। पिता का नाम रामकिशुन राय एवं चाचा का नाम था सदाशिव राय। पांडेय गणपत राय बचपन में अपने चाचा सदाशिव राय के साथ रहते थे। वहाँ दरबारी पंडित एवं मौलवियों ने हिंदी एवं अरबी की विधिवत् शिक्षा दी। चाचा के साथ दरबार में आने-जाने के कारण वे दरबारी रीति-रिवाजों से भी भलीभाँति परिचित हो गए। हँसमुख, मिलनसार और मेधावी तो थे ही, सभा चतुर भी बन गए। व्यक्तित्व इतना प्रखर था कि देखते-ही-देखते वे शासन-प्रशासन की कला में पारंगत हो गए। विवाह के बाद जब वर्षों गुजर गए और उन्हें संतान

की प्राप्ति नहीं हो सकी तो माथे पर चिंता की लकीरें परिलक्षित होने लगीं। उनके चेहरे पर हर समय थिरकनेवाली मुसकान मानो रूठकर कहीं और चली गई थी। उनकी चिंताग्नि की आँच बहुरानी तक भी पहुँच गई। वे भी चिंता का कारण समझ नहीं पा रही थीं। एक दिन जब वे इसी प्रकार चिंता में निमग्न थे, बहुरानी उनके पास आईं। कहने लगीं, "मैं कुछ दिनों से देख रही हूँ, आप बहुत उदास रहते हैं। आखिर कारण क्या है?"

पांडेय गणपत राय ने कहा, "विवाह के बाद कई वर्ष गुजर गए, लेकिन हमें कोई संतान की प्राप्ति नहीं हो सकी। इससे घर तो सूना लगता ही है, भविष्य की चिंता भी सताने लगी है।"

बहुरानी ने कहा, "यदि ऊपरवाले को मुझे संतान देना मंजूर नहीं है तो इसमें चिंता की क्या बात है? यदि आप चाहें तो दूसरा विवाह कर लें। हो सकता है, ऊपरवाला उसे ही संतान दे दें।"

पांडेय गणपत राय ने उसी प्रकार चिंता के स्वर में कहा, "और अगर दूसरी पत्नी से भी संतान नहीं हुई तो क्या करेंगे?"

बहुरानी ने कहा, "ऐसा नहीं होगा। मेरा विश्वास है। हमें नकरात्मक बात नहीं सोचनी चाहिए। आशा ही तो जीवन है। भगवान् करेंगे, सब अच्छा होगा। इसलिए आप मेरी बात मान लीजिए।"

पांडेय गणपत राय ने एक पल के लिए सोचा—'कैसी औरत है यह! खुद अपने पति को सौतन लाने की सलाह दे रही है!' वे मन-ही-मन बहुरानी की महानता के कायल हो गए। उन्होंने कहा, "ठीक है, जब तुम कह रही हो तो ऐसा ही करते हैं, लेकिन मेरी जिंदगी में तुम्हारा महत्त्व कभी कम नहीं होगा। तुम तब भी मेरे लिए वही रहोगी, जो आज हो।"

सन् 1837 ई. में इन्होंने सुगंध कुँवर से दूसरा विवाह कर लिया। सुगंध कुँवर पलामू जिला के बगलाडीह करार गाँव के श्रीमोहन सिन्हा की पुत्री थी। सुगंध कुँवर के दो पुत्र एवं तीन पुत्रियाँ हुईं। पांडेय गणपत राय के बड़े पुत्र का नाम नवाब एवं छोटे का श्वेताभ रखा गया था। बड़ा पुत्र नवाब कुछ ही महीनों बाद चल बसा। अब पांडेय गणपत राय अपने छोटे पुत्र श्वेताभ पर विशेष ध्यान देने लगे। कुछ समय बाद चाचा सदाशिव राय का देहांत हो गया। पांडेय गणपत राय से पालकोट महाराजा प्रभावित थे ही। सदाशिव राय के जाने के बाद पांडेय गणपत राय को दीवान के पद पर नियुक्त कर लिया। दीवान बनने के बाद पांडेय गणपत राय ने अपनी जमींदारी का मुख्यालय वर्तमान गुमला जिला के पालकोट थाना के अंतर्गत ग्राम पतिया में

बनाया। अपने परिवार के साथ सुविधा के अनुसार कभी पतिया तो कभी भौरों गाँव में रहने लगे। पांडेय गणपत राय के सरल एवं मिलनसार स्वभाव के कारण साधारण लोगों के लिए भी इनसे मिलना आसान था। फिर भी प्रशासनिक तौर पर इनका काफी दबदबा था, क्योंकि इनका बचपन अपने दीवान चाचा के साथ गुजरा था। उन्हें अपने चाचा के प्रशासनिक कार्यों को देखने-समझने के बहुत सारे अवसर मिले थे और उन्होंने काफी कुछ सीख लिया था। एक दीवान के रूप में पांडेय गणपत राय का व्यक्तित्व निखर गया था। उनकी शारीरिक संरचना साधारण थी। इकहरा बदन, साँवला रंग। औसत कद पर धोती, कुरता, टोपी और शालीमशाही जूते खूब फबते थे। हाथ में छड़ी लेकर जब इलाके में घूमने निकलते तो सोलह कहारोंवाली पालकी भी उनके साथ चलती थी। उन्हें अस्त-व्यस्त रहन-सहन पसंद नहीं था। हर छोटी-छोटी बातों पर भी उनका ध्यान रहता था। महाराजा के दीवान के रूप में सभी कार्यों का कुशलतापूर्वक निष्पादन करने के साथ-साथ अपने परिवार के लिए भी वे समय निकाल लिया करते थे। उनका मानना था कि जो व्यक्ति अपने परिवार का नहीं हो सकता, वह समाज और राष्ट्र के लिए भी कुछ नहीं कर सकता। यह भी मानते थे कि परिवार केवल उनकी जिम्मेदारी है, जिसे केवल और केवल वे ही निभा सकते हैं।

दीवान जैसे एक जिम्मेदार पद पर होते हुए भी पांडेय गणपत राय को अंग्रेजों की गतिविधियाँ खलती थीं। उससे भी अधिक उन्हें तब कष्ट होता था, जब महाराजा की ओर से अंग्रेजों को खुश करने के लिए अपनी प्रजा के कष्टों की परवाह नहीं की जाती थी; बल्कि लगान वसूलने के साथ ही अन्य मामलों में आम लोगों के साथ उनका व्यवहार अंग्रेजों की इच्छा के अनुसार ही होता था। अंग्रजों को खुश रखने के लिए महाराजा कुछ भी करने को हरदम तैयार रहते थे। इसके बावजूद जब अंग्रेज अफसर आते तो सिर्फ अपनी संतुष्टि के लिए आम लोगों पर कोई-न-कोई जुल्म अवश्य ही ढा देते थे। इन सारी बातों से उनके मन में अंग्रेजों के प्रति घृणा का बीजारोपण हो चुका था। उनके मन में अंग्रेजों के प्रति आक्रोश बढ़ता गया। समय का चक्र अपने ढंग से घूमता रहा और पांडेय गणपत राय के सामने वह मंजिल आ गई, जिसकी कल्पना वे करते रहते थे।

10 मई, 1857 ई. को देश के कुछ भागों में भारतीय स्वतंत्रता संग्राम का बिगुल बज गया। विद्रोह की आग जब धधकी तो तेजी से फैलती हुई झारखंड क्षेत्र तक आ धमकी। मातृभूमि की आजादी के लिए इस क्षेत्र के भी कितने सपूतों ने अपने प्राण न्योछावर कर दिए। झारखंड क्षेत्र से बड़कागढ़ के राजा ठाकुर विश्वनाथ शाहदेव ने

जब क्रांति का नेतृत्व सँभाला तो पांडेय गणपत राय दीवान का पद त्यागकर उनके साथ संग्राम में कूद पड़े। 30 जुलाई, 1857 ई. को हजारीबाग में आठवीं देशी सेना ने विद्रोह कर दिया और 1 अगस्त को राँची स्थित डोरंडा छावनी में सेना विद्रोह पर उतर आई और 2 अगस्त को पूरा राँची विद्रोहियों के अधिकार में आ गया। इक्कीस दिनों तक राँची का शासन विद्रोहियो के हाथ में रहा। पूरी ताकत लगाकर भी छोटानागपुर का कमिश्नर डाल्टन विद्रोह को नियंत्रित करने में सफल नहीं हो सका। वह विद्रोहियों की ताकत को देखते हुए इतना भयभीत हो गया कि उसने यहाँ से जान बचाकर भाग जाने में ही अपनी भलाई समझी। वह अपने अधिकारियों के साथ पिठोरिया होते हुए हजारीबाग और फिर बगोदर की तरफ भाग निकला। इसके बाद विद्रोहियों ने राँची कचहरी, थाना एवं जेल को लूट लिया। विद्रोहियों का नेतृत्व ठाकुर विश्वनाथ शाहदेव ने किया। उनके सेनापति के रूप में पांडेय गणपत राय ने अपनी भूमिका निभाई। अब स्वाधीनता संग्राम को और धार देने के लिए बाबू कुँवर सिंह के साथ की आवश्यकता महसूस की जाने लगी। सितंबर के अंत में बाबू कुँवर सिंह से संपर्क करने की योजना बनी और विद्रोहियों की टोली राँची से निकल पड़ी। उन्हें हर प्रकार का सहयोग दे रहे थे बाबू कुँवर सिंह के हजारीबाग निवासी दामाद लाल जगतपाल सिंह। चंदवा, बालूमाथ होते हुए विद्रोही चतरा पहुँच गए। उसकी सूचना ब्रिटिश सरकार को मिल गई। 2 अक्तूबर, 1857 को मेजर इंगलिश के नेतृत्व में ब्रिटिश सरकार की सेना ने विद्रोहियों को घेर लिया। रामगढ़ बटालियन के साथ भिड़ंत हुई। विद्रोहियों ने बहुत ही बहादुरी के साथ उसका सामना किया, लेकिन थकान के साथ ही रसद और हथियारों की कमी के कारण सरकार की सेना उन पर भारी पड़ी। विद्रोही उस समय परास्त हो गए। कुछ मारे गए और कुछ घायल हुए। बाकी किसी तरह वहाँ से भाग निकले। अंग्रेजी सेना ने उनके पास से 4 तोप, 45 गाड़ी गोली-बारूद बरामद किया। इस घटनाक्रम के बाद विद्रोहियों ने 4 अक्तूबर को पुनः आक्रमण कर दिया, लेकिन इस बार भी अंग्रेजी सेना उन पर भारी पड़ी। सैकड़ों विद्रोही मारे गए। जो बचे, उन्हें पकड़कर तत्काल फाँसी दे दी गई। ठाकुर विश्वनाथ शाहदेव और पांडेय गणपत राय वहाँ से निकल भागने में सफल रहे। दोनों वहाँ से राँची लौट आए। अब ब्रिटिश सरकार उन दोनों के पीछे हाथ धोकर पड़ गई। बहुत सारे प्रयासों के बाद भी जब वे अंग्रेजों के हाथ नहीं आ सके, तब उन्हें अपने चंगुल में लाने के उद्देश्य से उन दोनों विद्रोही नेताओं की जमींदारी और संपत्ति जब्त कर ली गई। इससे दोनों को भारी आर्थिक संकट का सामना करना पड़ा, लेकिन वे हार नहीं माने। क्रांति को आगे बढ़ाने के लिए नए सिरे से संगठन

को मजबूत करने की आवश्यकता महसूस हुई। ठाकुर विश्वनाथ शाहदेव के साथ पांडेय गणपत राय संगठनात्मक कार्यों में जुट गए। विद्रोहियों ने संगठनात्मक कार्यों में आर्थिक आवश्यकता की पूर्ति के लिए पहले बरवे थाना को लूटा, फिर सरकारी खजाने को लूटने के लिए लोहरदगा की ओर चल पड़े। रास्ते में ही ठाकुर विश्वनाथ शाहदेव गिरफ्तार कर लिये गए। वहाँ भी पांडेय गणपत राय बच निकले और वापस अपने भौंरो गाँव पहुँच गए।

इस बात की जानकारी मेजर नेशन को मिल गई। वह 100 सिपाहियों के साथ भौंरो गाँव पहुँच गया और पांडेय गणपत राय के घर को घेर लिया। मेजर नेशन द्वारा घेराबंदी किए जाने के बाद पांडेय गणपत राय चरवाहे का वेश धारण कर घर से बाहर निकल गए। मेजर नेशन द्वारा घर की तलाशी के बाद पांडेय गणपत राय उसके हाथ नहीं लगे। तब वह हाथ मलता हुआ वापस चला गया। पांडेय गणपत राय अपने पुरोहित उदयनाथ पाठक के साथ रातोरात लोहरदगा की ओर चल पड़े। रात बिताने के उद्देश्य से वे कैंबो गाँव के अपने बडाईक मित्र के घर जाना चाहते थे। रात अँधेरी थी, इसलिए वे रास्ते भूल गए और कैंबो के बदले परहेपाट पहुँच गए। इस बात की जानकारी मिलने के बाद परहेपाट के जमींदार महेश शाही ने उनका खूब स्वागत किया। उसने कहा, "ये अंग्रेज लोग बहुत बुरे हैं। इसलिए विद्रोही लोग जो कर रहे हैं, बहुत अच्छा कर रहे हैं। यह अच्छा हुआ, जो आप हमारे यहाँ आ गए। यहाँ से अंग्रेजों का बाप भी आपको पकड़ नहीं पाएगा। आप यहाँ निश्चिंत भाव से आराम कीजिए और कल आपको जहाँ जाना हो, चले जाइए।"

ऐसे मधुर वचनों और स्वादिष्ट व्यंजनों से आतिथ्य-सत्कार करते हुए महेश शाही ने एक कमरे में आराम करने की व्यवस्था कर दी। इसके बाद वह घर से बाहर निकल गया। एक लठैत प्रतीक्षा कर रहा था। शाही ने उससे कहा, "तुम अभी लोहरदगा जाओ और मेजर नेशन को सूचना दे दो कि यहाँ पांडेय गणपत राय आराम कर रहे हैं।" लठैत एक घोड़े पर सवार हुआ और लोहरदगा की ओर चल पड़ा। शाही वापस घर के भीतर आ गया। उसने उस कमरे की कुंडी बाहर से लगा दी, जिसमें पांडेय गणपत राय सो रहे थे। प्रात: काल जब किवाड़ पीटने की आवाज कमरे में गूँजने लगी तो पांडेय गणपत राय बाहर निकले। सामने फौजियों के दल के साथ मेजर नेशन खड़ा था। जमींदार के महल को अंग्रेजी सेना ने घेर रखा था। गणपत राय इस बार कुछ न कर सके। मेजर ने उन्हें गिरफ्तार कर लिया। 21 अप्रैल, 1858 को छोटानागपुर के आयुक्त ई.टी. डाल्टन ने पांडेय गणपत राय को अंग्रेजी हुकूमत के खिलाफ हथियारबंद विद्रोह छेड़ने के जुर्म में मौत की सजा

सुनाई। उसी दिन राँची के प्रधान डाकघर के पास कदंब के पेड़ पर उन्हें फाँसी दे दी गई। ठाकुर विश्वनाथ शाहदेव को भी पाँच दिनों पूर्व इसी कदंब के वृक्ष पर फाँसी दी गई थी। यह फाँसी स्थल वर्तमान में जिला स्कूल राँची के पास 'शहीद स्मारक' के नाम से प्रसिद्ध है। इस प्रकार छोटानागपुर क्षेत्र से 1857 ई. में क्रांति का नेतृत्व करनेवाले ठाकुर विश्वनाथ शाही एवं उनके सेनापति पांडेय गणपत राय को फाँसी देकर गोरी सरकार ने राहत की साँस ली। आज भी 'शहीद चौक' पर 'शहीद सप्ताह' का आयोजन किया जाता है और कृतज्ञ नगरवासी उन्हें भावभीनी श्रद्धांजलि अर्पित करते हैं।

□

शेख भिखारी

राँची से लगभग बीस किलोमीटर दूर ओरमाँझी थाने के अंतर्गत खुदिया गाँव के जागीरदार शेख पहलवान अपने बागीचे में अपने पाँच साल के बेटे शेख भिखारी के साथ बैठे थे। उन्होंने अपने नन्हे बेटे से पूछा, "बेटा, तुम बड़े होकर क्या बनोगे?"

बच्चे ने कहा, "अब्बू, हम बड़ा होकर बहादुर बनेंगे।"

"कैसा बहादुर?"

"आपकी तरह। पहलवानजी।"

"इससे क्या होगा?"

"हमको लड़ाई में कोई हरा नहीं पाएगा।"

शेख पहलवान ने कहा, "बेटा, बहादुर बनने के लिए तुमको हथियार चलाना भी सीखना होगा।"

"वह हम आपसे सीख लेंगे। आप हमें सिखाएँगे न?"

शेख पहलवान हँसते हुए बोले, "जरूर सिखाएँगे बेटा, जरूर सिखाएँगे। हम तुम्हें ऐसा हथियार चलाना सिखाएँगे कि कोई तुमको हरा नहीं पाएगा।" वे उठे और घर के अंदर चले गए। फिर वहाँ से हाथ में तीर और धनुष लेकर बाहर आए और बच्चे के पास बैठ गए। उन्होंने पूछा, "इधर देखो। मेरे हाथ में क्या है?"

बच्चे ने चहककर कहा, "तीर-धनुष।"

“इसे हाथ में लेकर देखो।”

बच्चे ने धनुष को अपने हाथ में सँभाल लिया।

शेख पहलवान के मुँह से अनायास ही निकल गया, “शाबाश, अब तीर लो और उसे धनुष पर चढ़ाओ।” बच्चे ने धनुष पर तीर भी चढ़ा दिया तो बोले, “अब बेटा, वह सामनेवाले पेड़ पर जो फल लगा है, उस पर तीर मारो।”

उसने तीर मारा तो वह सीधे फल में चुभ गया।

“वाह, बहुत अच्छा”, पहलवानजी ने उसकी पीठ ठोकी, “तुमने तो कमाल कर दिया! अब तुमसे कोई जीत नहीं सकेगा।”

“सब आपकी मेहरबानी है, अब्बू।”

“नहीं बेटा, सब अल्लाह तआला की मेहरबानी है, जो तुम्हारे जैसा मुझे बेटा दिया।”

अब्बू और बेटे के बीच दोस्ती का ऐसा दौर चला कि बेटे ने जवान होते-होते बहुत कुछ सीख लिया। अब्बूजान के पास कोई ऐसी विद्या नहीं बची, जो शेख भिखारी के पास न पहुँच गई हो। खेती-गृहस्थी से लेकर जमींदारी सँभालने तक की कला जान गया। यहाँ तक कि अब्बू ने उसे सैन्य संचालन का ज्ञान भी दे दिया। दिमाग भी बहुत तेज था। बुद्धि का चमत्कार ऐसा कि जो भी मिलता, प्रभावित हुए बिना नहीं रह पाता। उस समय माँझी खटंगा में राजा टिकैत सिंह का राजपाट था। उन तक शेख भिखारी की बहादुरी की कहानी पहुँच गई तो उन्होंने उसे बुला भेजा। राजदरबार में शेख भिखारी पहुँचे तो राजा ने कहा, “शेख, हम तुम्हारी बुद्धिमानी और वीरता की बहुत कहानी सुन चुके हैं। हम बहुत खुश हैं।”

“शुक्रिया जमींदार साहब।” शेख भिखारी ने विनम्रतापूर्वक कहा।

“हम चाहते हैं कि तुम मेरे दीवान बन जाओ। क्या हम तुमको अभी नियुक्त कर सकते हैं?”

शेख भिखारी ने सिर झुकाकर कहा, “जी, हुजूर, आपकी मेहरबानी।”

उस समय वहाँ टिकैत सिंह के छोटे भाई घासी सिंह भी मौजूद थे। शेख भिखारी को दीवान बनाने संबंधी निर्णय से वे बहुत प्रसन्न हुए। साए की तरह अपने बड़े भाई का साथ निभाते थे घासी सिंह। टिकैत सिंह अंग्रेजों के अत्याचार के खिलाफ थे। उन्होंने अघोषित तौर पर जंग छेड़ रखी थी। इसकी भनक ब्रिटिश सरकार तक भी पहुँच चुकी थी। घासी सिंह उनकी योजना को साकार करने में भूमिका निभाते थे। शेख भिखारी जैसे बहादुर युवक को साथ पाकर घासी अपने आप को बहुत मजबूत महसूस कर रहे थे। एक दिन अंग्रेज शासकों के खिलाफ

बगावत का झंडा बुलंद करनेवाले बड़कागढ़ के राजा ठाकुर विश्वनाथ शाहदेव टिकैत उमराँव सिंह के घर पहुँचे। वहीं शेख भिखारी की ठाकुर साहब से पहली मुलाकात हुई। ठाकुर विश्वनाथ शाहदेव से शुरू हो चुके स्वाधीनता संग्राम के संबंध में गंभीर मंत्रणा हुई।

टिकैत ने कहा, "ठाकुर साहब, अब संग्राम के सिवा कोई रास्ता नहीं है। हम अंग्रेजों को सबक सिखाएँगे।"

शेख भिखारी ने कहा, "माफ कीजिएगा, मुझे लगता है कि अंग्रेज बहुत ताकतवर हैं। क्या हम उनसे लड़ पाएँगे?"

टिकैत ने कहा, "लड़ाई बुद्धि से होती है, ताकत से नहीं। जो बुद्धि का प्रयोग करते हुए लड़ता है, उसकी जीत होती है। जो देह से लड़ता है, वह मारा जाता है।"

ठाकुर साहब ने कहा, "शेख भिखारी, क्या तुम्हें पता है कि अंग्रेज शासक हम लोगों पर कितना अत्याचार कर रहे हैं?"

"पता तो सब है ठाकुर साहब, मगर दिक्कत यह है कि हम अकेले क्या कर सकते हैं?"

"हम अकेले नहीं हैं शेख, हमारे साथ पूरी जनता है, जिसे अंग्रेजों ने तबाह कर रखा है। तुम अगर सबकुछ समझते हो तो आओ हमारे साथ। अंग्रेजों से लड़ने के लिए हमने 'मुक्तिवाहिनी' नामक दल का गठन किया है। शामिल हो जाओ हमारी 'मुक्तिवाहिनी' में। इसमें पांडेय गणपत राय, जयमंगल पांडेय, नादिर अली खान, बृजभूषण सिंह, श्यामा सिंह, शिव सिंह, रामलाल सिंह, बिरजू राम जैसे बड़े-बड़े लोग शामिल हैं। यहाँ तक कि तुम्हारे राजा टिकैत उमराँव सिंह भी।"

शेख भिखारी उत्साहित हो गए। उन्होंने पूरी गर्मजोशी के साथ कहा, "हम तैयार हैं ठाकुर साहब।"

जागीरदार शेख पहलवान का 38 साल का बेटा शेख भिखारी स्वाधीनता संग्राम में कूद पड़ा और उसने रण-कौशल से विद्रोही सेना को मजबूत कर दिया। तोप, गोले और हथियारों का इंतजाम किया गया। 1 अगस्त, 1857 को राँची जिले के डोरंडा की सेना ने ही अंग्रेजों के खिलाफ विद्रोह कर दिया, जिसका नेतृत्व जमादार माधो सिंह और सूबेदार नादिर अली खान कर रहे थे। इसका केंद्र चुटूपालू घाटी और ओरमाँझी बन गया। शेख भिखारी इस संग्राम में शामिल थे। रणकुशल एवं दूरदर्शी शेख भिखारी ने सूबेदार नादिर अली, जमादार माधो सिंह को हरसंभव सहायता उपलब्ध कराई।

2 अगस्त, 1857 को चुटूपालू की सेना ने राँची नगर पर अधिकार कर लिया।

अंग्रेज अधिकारियों में अफरा-तफरी मच गई। उस समय राँची में छोटानागपुर का आयुक्त इटी डाल्टन, जिला अधिकारी डेविस, न्यायाधीश ओकस तथा पलामू का अनुमंडल अधिकारी बच मौजूद थे। उन्हें अपनी जान पर खतरा महसूस होने लगा। इसलिए वे सभी पिठौरिया के रास्ते से बगोदर भाग गए। तब तक चाईबासा और पुरुलिया में क्रांति की आग धधकने की खबर उन्हें मिल गई। हजारीबाग छावनी के सैनिकों ने अंग्रेजों के खिलाफ भीषण विद्रोह छेड़ दिया। चाईबासा और पुरुलिया में क्रांति को कुचलने के लिए अंग्रेजों ने सिख सैनिकों से सहायता ली। हजारीबाग में 2 सितंबर से 4 सितंबर, 1857 तक सिख सैनिकों ने पड़ाव डाला। इसी बीच शेख भिखारी हजारीबाग पहुँच गए। उन्होंने ठाकुर विश्वनाथ शाहदेव का पत्र सिख सेना के मेजर विष्णु सिंह को दिया और राजनीतिक सूझ-बूझ से मेजर विष्णु सिंह को अपने पक्ष में कर लिया।

तब विद्रोहियों को हथियार डालने पर मजबूर करने के लिए राँची से दो कंपनी सेना, 30 घुड़सवार और दो तोपों के साथ लेफ्टिनेंट ग्राहम निकल पड़ा। ईस्ट इंडिया कंपनी की सेना तेजी से चुटुपालू घाटी पार कर हजारीबाग की ओर बढ़ रही थी, लेकिन रास्ते में ही ग्राहम की सेना ने भी विद्रोह कर दिया। विद्रोही सैनिकों का दल जमादार माधो सिंह और तोपची नादिर अली के नेतृत्व में वापस राँची छावनी की ओर मुड़ गया। अंग्रेजों को टक्कर देने के लिए डोरंडा छावनी (राँची) से गोली, बारूद, बंदूकें, तोप व अन्य युद्धक हथियार लूटना जरूरी था। विद्रोही जल्द-से-जल्द घाटी पार कर राँची पहुँचना चाहते थे। टिकैत उमराँव सिंह रामगढ़ और राँची के बीच पड़नेवाली घाटी के घटवाल थे। टिकैत जानते थे कि राँची पहुँचने का सबसे सरल और सीधा रास्ता उनके ही क्षेत्र से होकर गुजरता है। दूसरा रास्ता खतरनाक घाटियों और दुर्गम पहाड़ियों से होकर जाता था। खूँखार जंगली जानवरों का खतरा भी था। उमराँव सिंह और विद्रोहियों ने योजना बनाई कि कंपनी सेना को घाटी में भटका दिया जाए। सीधे रास्ते को अवरुद्ध कर दिया जाए। उमराँव सिंह अपने भाई घासी सिंह और दीवान शेख भिखारी के साथ चुटुपालू घाटी मार्ग में जगह-जगह गड्ढे खुदवाने लगे और सड़क को बड़े-बड़े पत्थर रखकर अवरुद्ध करने लगे। इससे न तो दुश्मन सेना राँची पहुँच पा रही थी और न ही आला अंग्रेज अधिकारियों का कोई आदेश आयुक्त डाल्टन को मिल पा रहा था। इस बीच हजारीबाग का राजा शंभुनाथ सिंह कंपनी सरकार से जा मिला। उसकी मदद से घाटी का अवरुद्ध मार्ग जल्द ही बहाल कर लिया गया, लेकिन तब तक क्रांतिकारियों के दल ने राँची के डोरंडा छावनी पर कब्जा जमा लिया था। युद्धक हथियार लूट लिये और कंपनी

सरकार को पंगु बना दिया। शेख भिखारी का महत्त्वपूर्ण कदम चुटूपालू घाटी की नाकेबंदी था, जिसने टिकैत उमराँव सिंह और शेख भिखारी की ओर अंग्रेजों का ध्यान खींच लिया।

10 अगस्त, 1857 को जगदीशपुर के बाबू कुँवर सिंह का एक पत्र डोरंडा पहुँचा, जिसमें विद्रोहियों से मुक्ति संग्राम में भाग लेने की अपील की गई थी। 11 सितंबर को क्रांतिकारियों ने निर्णय किया कि बाबू कुँवर सिंह की 'मित्र वाहिनी' की सहायता जाए। मुक्ति वाहिनी का क्रांतिकारी दस्ता डोरंडा से चल पड़ा और कुड़ू, चंदवा, बालूमाथ होता हुआ चतरा पहुँच गया। पहले डाल्टनगंज के मार्ग से रोहतास जाने की योजना थी, किंतु दुर्गम मार्ग होने के कारण मार्ग बदल दिया गया। चुटिया के जमींदार भोला सिंह, सलंगी बालूमाथ निवासी एवं बाबू कुँवर सिंह के भाई दयाल सिंह के दामाद जगन्नाथ शाही रास्ते में 'मुक्ति वाहिनी' के साथ हो गए। 30 सितंबर, 1857 को यात्रा फाँसिहरी तालाब पहुँची। मंगल तालाब के पास पड़ाव डाला गया। दस्ते में उस समय लगभग 3,000 क्रांतिकारी थे। दूसरी ओर ब्रिटिश सेना का 53वाँ पैदल दस्ता 150 सैनिकों के साथ, 70वीं बंगाल का पैदल दस्ता 20 सैनिकों के साथ और रैटरी सिख दस्ता के 150 सैनिक उन पर हमले के लिए चतरा पहुँच गए। 2 अक्तूबर को विद्रोहियों और ब्रिटिश सेना के बीच भीषण युद्ध हुआ, जिसमें विद्रोहियों के दल में शेख भिखारी सहित नायक सूबेदार जयमंगल पांडेय और सूबेदार नादिर अली खान ने भी अपने शौर्य का परिचय दिया। एक घंटे तक चले संघर्ष में अंग्रेजों ने विद्रोहियों पर काबू पा लिया। 150 देसी सैनिकों को 3 अक्तूबर को फाँसी दे दी गई। 77 स्वतंत्रता सेनानियों को फाँसी देने के बाद एक गड्ढे में दफन कर दिया गया। जय मंगल पांडे एवं नादिर अली खान, दोनों सूबेदारों को 4 अक्तूबर, 1857 को फाँसी दी गई। ठाकुर विश्वनाथ शाहदेव, पांडेय गणपत राय एवं जमींदार माधव सिंह सहित शेख भिखारी वहाँ से बच निकलने में सफल हो गए। शेख भिखारी चुटूपालू घाटी पहुँच गए और अपना अभियान जारी रखा। संथाल विद्रोह को कुचलने के बाद मद्रास फौज के कप्तान मेजर मैकडोनाल्ड को बंगाल के गवर्नर ने चुटूपालू घाटी की तरफ बढ़ने और शेख भिखारी की फौज का मुकाबला करने का आदेश दिया। शेख भिखारी और टिकैत उमराँव सिंह चुटूपालू पहुँच गए और अंग्रेजों का रास्ता रोक लिया। उन्होंने घाटी की तरफ जानेवाले रास्ते को अवरुद्ध कर दिया। पेड़ों की मोटी-मोटी डालियाँ काटकर सड़क पर डाल दीं। जब अंग्रेजी सेना घाटी में पहुँची तो पहाड़ों के ऊपर से उन्होंने अपने साथियों के साथ उस पर गोलियाँ चलानी शुरू कर दीं। जब गोलियाँ समाप्त हो गईं, तब ऊपर

से पत्थर लुढ़काना शुरू किया, किंतु अंग्रेज गुप्त मार्ग से उनके पास पहुँच गए। मेजर की सेना अत्याधुनिक हथियारों से लैस थी। अंतत: मेजर विद्रोहियों पर भारी पड़ा। सैकड़ों क्रांतिकारी शहीद हो गए, कुछ भाग निकले और बाकी को बंदी बना लिया गया। स्थिति अब अंग्रेजों के नियंत्रण में थी। टिकैत उमराँव सिंह, घासी सिंह और शेख भिखारी भी बंदी बना लिये गए। घासी सिंह की लोहरदगा जेल में मृत्यु हो गई। 8 जनवरी, 1858 को चुटुपालू घाटी में अंग्रेजों की सेना और ऑफिसर मौजूद थे। उनके सामने रस्से से बँधे खड़े थे—टिकैत उमराँव सिंह और शेख भिखारी। एक अंग्रेज अधिकारी ने चहककर कहा, "हा-हा-हा-हा, टुम लोग ब्लैक मैन, इडियट! क्या समझटा हाय! पकड़ लिया न टुम लोगों को! अब हम टुमको उस ट्री में फाँसी पर लटका डेगा। बोलो, टुम्हारी आखिरी इच्छा क्या है?"

शेख भिखारी ने उसके मुँह पर थूकते हुए कहा, "तुम लोग हमारी क्या इच्छा पूरी करोगे? अगर पूरी करनी है तो गीदड़ की तरह यहाँ से फूट निकलो।"

अधिकारी पूरी ताकत से चिल्लाया, "यू शटअप। बहुट बोलटा हाय। इसको फाँसी पर लटका दो। इडियट!"

दो वीर 'भारतमाता की जय' के नारे लगाते रहे और उन्हें बरगद पेड़ की एक डाली से फाँसी पर लटका दिया गया।

□

धरती आबा

अचानक आकाश में बादल छाने लगे। तेज हवा चली तो चलकद के समीप के जंगल के सभी हरे-भरे पेड़-पौधे झूम उठे। विभिन्न प्रकार के शोरगुल के साथ आकाश में पक्षियों का दल मँडराने लगा। भेड़ों का एक झुंड हरी घासों का आनंद ले रहा था। घास चरते हुए भेड़ आपस में 'में-में' की आवाज के माध्यम से अपनी भाषा में बातें भी करते जा रहे थे। देखते-देखते आसमान बादलों से भर गया और चमकता सूर्य उनके सघन ओट में छिप गया। भरी दोपहर में संध्या का दृश्य उपस्थित हो गया। फिर टप-टप से शुरू हुई वर्षा ने घनघोर रूप धारण कर लिया। वृक्षों की हरी-हरी पत्तियाँ लहलहा उठीं। इस पूरे मनोरम वातावरण में चार चाँद लगा रही थी पास के महुआ के पेड़ से आती बाँसुरी की स्वरलहरी। लगभग दस वर्ष का एक बच्चा महुआ की डाली पर बैठकर तन्मय होकर बाँसुरी बजाए जा रहा था। बाँसुरी की तान सुनकर यह अनुमान लगाया जा सकता था कि वह बच्चा बाँसुरी के वादन में प्रवीणता प्राप्त कर चुका था। वर्षा होती रही और बाँसुरी से संगीत के मोहक सुर निकलते रहे। कुछ देर में जब वर्षा थमी तो दौड़ता हुआ एक दूसरा बच्चा वहाँ आ पहुँचा। आते ही बोला, "बिरसा दादा, आप तो पूरी तरह भीग गए। बारिश थम गई है। अब नीचे उतर जाइए।"

बिरसा अपने एक हाथ में बाँसुरी और लौकी की तुंबड़ी और ताँत से बना एक बाजा सँभाले हुए महुए के पेड़ से नीचे उतर आया। लड़के ने कहा, "दादा, आप बाँसुरी बहुत अच्छा बजाते हैं। क्या मुझे भी सिखा देंगे?"

"हाँ रे, सीख लेना। बाँसुरी बजाना बहुत बड़ी बात नहीं है, सोमरा।" बिरसा ने मुँह से बाँसुरी को लगाया और उसके छिद्रों पर उँगलियाँ रखते हुए बोला, "ऐसे मुँह से लगाओ। इसे फूँको और अपनी उँगलियों से इस प्रकार इसके छिद्रों को जरूरत के अनुसार दबाते जाओ।" उसको बताते हुए बिरसा ने स्वयं वैसा ही किया और बाँसुरी से फिर एक तान निकल गई। साथ वाले सोमरा ने उसे टोका, "दादा, आपके हाथ में वह क्या है?"

बिरसा ने कहा, "यह भी एक बाजा है सोमरा। इसको मैंने बनाया है। जानते हो कैसे?"

"कैसे?"

"गोल लौकी को पक जाने के बाद उसे आधा काटकर चमड़े से मढ़ दिया। फिर एक छोटा सा डंडा और डंडे में ताँत लगा दिया। हो गया बाजा तैयार! इसका नाम टुइला है।" इतना कहते हुए बिरसा ने उस वाद्ययंत्र का तार छेड़ा तो उसमें से टुहूँ-टुहूँ की आवाज निकलने लगी। सोमरा बहुत खुश हुआ। उसने हँसते हुए कहा, "दादा, हमको बाँसुरी के साथ टुइला बजाना भी सीखना है।"

"सीख लेना।" बिरसा ने भी उसकी हँसी में अपनी हँसी घोलते हुए कहा।

घर पहुँचने पर बिरसा के अंग-अंग प्रफुल्लित हो गए। कारण यह था कि उसके मामा आए हुए थे, जो उसकी माँ करमी और पिता सुगना मुंडा के साथ बातें कर रहे थे। खुशी का कारण यह था कि मामा उसे बहुत प्यार करते थे। वे जब आते थे तो बिरसा का मुँह मीठा कराने के लिए कुछ-न-कुछ अवश्य ही लाते थे। मामा के साथ सूट-बूट पहने एक गोरे रंग के सज्जन भी बैठे हुए थे। बिरसा अपने मामा से लिपट गया। गोरे सज्जन ने पूछा, "ये बॉय कौन हाय?"

सुगना बोले, "मेरा बेटा बिरसा।"

गोरे सज्जन ने हँसते हुए कहा, "ओ मैन, यह आपका बेटा हाय। वेरी गुड।"

सुगना भी मुसकराकर बोले, "वीरवार को इसका जनम हुआ था, इसलिए इसका नाम बिरसा रख दिया। हम लोग वीरवार को अपनी भाषा मुंडारी में 'बिरसा' कहते हैं।"

"वेरी गुड-वेरी गुड", गोरे सज्जन ने पूछा, "ये बॉय क्या करटा हाय?"

"कुछ नहीं, हुजूर!" सुगना ने झेंपते हुए कहा, "जंगल में भेड़ चराता है। बाँसुरी बहुत अच्छा बजाता है। एक नया बाजा भी बना लिया है टुइला।"

"इसका मटलब ये लड़का बहुट इंटेलिजेंट हाय।" गोरे सज्जन ने मुसकराते हुए कहा, "इसको स्कूल क्यों नहीं भेजटा?"

सुगना ने रुआँसी आवाज में अपनी मजबूरी बताई, "हम बहुत गरीब आदमी हैं हुजूर। हम अपने बच्चे को स्कूल कैसे भेज सकते हैं?"

गोरे सज्जन की आँखों में चमक आ गई। उन्होंने गंभीरतापूर्वक कहा, "डोंट वरी मैन। टुम डुखी नाईं होएगा। हाम इसको स्कूल भेजने का अरेंजमेंट करेगा। खाना-कपड़ा सब डेगा। इसको भी और टुम्हारा फैमिली को भी। बट टुमको एक काम करना माँगटा है।"

"क्या हुजूर?"

"टुमको ये गाँव, ये घर सब छोड़ना पड़ेगा। अपना रिलीजन भी छोड़ना पड़ेगा। बोलो, मंजूर हाय?"

अबकी बार मामाजी बोल पड़े, "आप बिरसा को पढ़ा-लिखा दीजिए। हमको सब मंजूर है। इनके बड़े भाई कानू मुंडा तो पहले ही सबकुछ छोड़कर क्रिश्चियन बन चुके हैं।"

गोरे सज्जन ने मुसकराकर कहा, "वेरी गुड!"

दो दिनों के बाद सुगना करमी और बिरसा के साथ गोरे सज्जन द्वारा बताए गए स्थान बुर्जू चले गए। वहीं चर्च में तीनों का बपतिस्मा संस्कार हुआ। सुगना मुंडा मसीह दास हो गए और बिरसा का नाम बदलकर डेविड उर्फ दाउद कर दिया गया। वहाँ के मिशन स्कूल में बिरसा का नामांकन हो गया। गोरे सज्जन ने उसके लिए स्कूल का यूनिफॉर्म खरीद दिया। साथ ही मसीह दास उर्फ सुगना को चर्च में ही काम दे दिया। स्कूल में बिरसा का मन पढ़ाई में लग गया। शिक्षकों के मुँह से बिरसा एक बार जो सुन लेता, अपने दिमाग में अच्छी तरह बैठा लेता था। उसकी मेधाविता को देखते हुए चाईबासा स्थित लुथरन मिशन इंगलिश मिडिल स्कूल में भेज दिया गया। रहने-खाने की नि:शुल्क व्यवस्था स्कूल के छात्रावास में ही कर दी गई। वहाँ अंग्रेजी, हिंदी, गणित, इतिहास, भूगोल, विज्ञान आदि सभी विषयों में उसका ज्ञान तेजी से बढ़ने लगा। इसी प्रकार तीन वर्ष बीत गए। एक दिन बिरसा घूमने के उद्देश्य से अकेले ही छात्रावास से निकल गया। रास्ते में बिरसा ने देखा कि दर्जनों लोग एक स्थान पर इकट्ठा होकर आपस में झगड़ रहे हैं। उसका मन उत्सुक हो उठा। वह वहाँ पहुँचा तो उसे समझ में आया कि मामला जमीन का है। झगड़ा मिशन के लोगों और ग्रामीणों के बीच चल रहा था। मिशन की ओर से फादर नॉट्राट वहाँ अखरा की जमीन पर चर्च बनवाने की नीयत से पहुँचे थे। इसे संयोग

कहें या दुर्योग, फादर उसी स्कूल के संचालक थे, जिसमें बिरसा की पढ़ाई चल रही थी। ग्रामीणों को आपत्ति थी, इसलिए दोनों पक्षों के बीच बक-झक चल रही थी।

एक ग्रामीण ने कहा, "यह अखरा की जमीन है। इस पर आपको हम चर्च नहीं बनाने देंगे।"

उसके समर्थन में दूसरे ग्रामीण ने कहा, "आप लोग यहाँ से चले जाइए, नहीं तो ठीक नहीं होगा।"

फादर नॉट्राट ने तैश में आकर कहा, "क्या ठीक नाईं होगा, मैन? टुम क्या कर लेगा? हाम चर्च तो यहीं बनवाएगा।"

स्थानीय पादरियों ने भी उसका समर्थन किया। एक ने कहा, "यह जमीन किसी की बपौती नहीं है। हम भी यहीं के रहनेवाले हैं। देख लेंगे, तुम क्या करते हो?"

फादर नॉट्राट भी तैश में था। उसने कहा, "होश में बाट करने का, मैन। टुम्हें पटा नाईं होगा कि हाम टुम्हारा क्या कर सकटा हाय! हमारा गवर्नमेंट है। हम जो चाहेगा, वही होगा, अंडरस्टैंड? अभी पुलिस को बुलाकर टुम सबको अरेस्ट करवा डेगा। जेल भेजवा डेगा। टब समझ में आ जाएगा!"

बिरसा को समझ में आ गया कि ये पादरी लोग अखरा की जमीन पर जबरदस्ती चर्च बनाने जा रहे हैं। यह जमीन तो गाँववालों की है। उस पर चर्च बनाना कहाँ तक उचित है! यह तो सरासर गलत है—अन्याय है। बालक बिरसा को अन्याय पसंद नहीं था, इसलिए वह स्वयं पर नियंत्रण नहीं रख सका। यह भी सोच नहीं सका कि वह जो कुछ करने जा रहा है, उसका परिणाम अच्छा नहीं होनेवाला है। इसलिए कि वह जिससे पंगा लेनेवाला था, उसी के स्कूल में उसकी पढ़ाई चल रही है। एक वयोवृद्ध ग्रामीण ने कहा, "फादर, आप चर्च तो कहीं और भी बनवा सकते हैं। यह हमारे अखरा की जमीन है। किसी और जगह पर आप चर्च बनवा लीजिए। हम कुछ नहीं बोलेंगे, लेकिन अगर आप इसी जगह पर चर्च बनाना चाहते हैं तो हम नहीं बनने देंगे।"

"कौन रोकेगा हमें?" फादर नॉट्राट ने चुनौती दी।

"हम रोकेंगे फादर।" बिरसा एक पत्थर का छोटा टुकड़ा हाथ में उठाकर जोर से चिल्लाया, "हम रोकेंगे। अखरा की जमीन पर चर्च नहीं बनने देंगे। जो आगे आएगा, उसका सिर इसी पत्थर से मारकर फोड़ देंगे।"

ग्रामीण उसके समर्थन में खड़े हो गए। फादर नॉट्राट को यह नागवार गुजरा। वह दाँत पीसता हुआ बिरसा की ओर बढ़ा, तभी ग्रामीणों ने बिरसा को अपने घेरे में

ले लिया। एक ग्रामीण ने आँखें तरेरकर कहा, "फादर, होश में आओ। इस लड़के को हाथ लगा दिया तो यहीं काटकर रख देंगे।"

फादर नॉट्राट उसका तेवर देखकर सहम गया। उसने बिरसा की ओर इशारा करते हुए पूछा, "यह कौन हाय?"

उसके साथ खड़े एक स्थानीय पादरी ने कहा, "यह दाउद है, फादर। यह हमारे स्कूल का स्टूडेंट।"

"ओके!" फादर नॉट्राट बोला, "मामला सीरियस हाय। लेट्स गो नाउ। हाम इस मामले पर दूसरे दिन बाट करेगा।"

सभी क्रिश्चियन पादरी वहाँ से चले गए। बिरसा जब स्कूल पहुँचा तो मुख्य द्वार पर खड़े दरबान ने उसे रोक दिया। बोला, "तुम क्लास में नहीं जा सकते।"

बिरसा ने पूछा, "क्यों?"

दरबान ने कहा, "प्रिंसिपल साहब का ऑर्डर है।" उस दिन बिरसा चुपचाप छात्रावास लौट गया। दूसरे दिन उसे पता चला कि उसे स्कूल और छात्रावास दोनों से निकाल बाहर कर दिया गया है।

यह घटना 1890 की है। स्कूल से निकाले जाने के बाद बिरसा ने चाईबासा के साथ ईसाइयत को भी त्याग दिया। वह अपने माता-पिता के साथ वापस चलकद आ पहुँचा। उसके माता-पिता इस बात से दुःखी थे कि बेटे को पढ़ा-लिखाकर अच्छा आदमी बनाने का उनका सपना टूट गया; लेकिन उन्हें पता नहीं था कि यही बिरसा एक दिन ब्रिटिश सत्ता की चूलें हिलाकर रख देगा। धार्मिक, सामाजिक, आर्थिक और राजनीतिक आंदोलन चलाकर 'धरती आबा' बन जाएगा—यहाँ के लोगों की नजर में भगवान् बन जाएगा। बिरसा का जन्म खूँटी जिले के उलीहातू गाँव में 15 नवंबर, 1875 को हुआ था। पिता सुगना मुंडा रोजी-रोटी के चक्कर में कई स्थानों से होते हुए परिवार के साथ चलकद आ गए। इस प्रकार बिरसा का बचपन चलकद में ही बीता। ये वही बिरसा भगवान् हैं, जिनके विद्रोह के सामने अंग्रेजी सरकार ने घुटने टेक दिए थे। सी.एन.टी. ऐक्ट के जरिए सन् 1908 में ही अंग्रेजों ने इस क्षेत्र में स्थानीय स्वशासन को मान्यता दे दी थी। जल, जंगल, जमीन पर आदिवासियों के पुरखौती हक की वापसी में 'धरती आबा' की बड़ी भूमिका रही है।

☐

15 साल की उम्र में पढ़ाई छोड़ने के बाद परिवार की निर्धनता ने उन्हें कुछ काम करने पर विवश कर दिया। रोजी-रोटी के सिलसिले में कंदेर और गौरबेरा गए। उसी क्रम में बंदगाँव में आनंद पाड़ नामक एक वैष्णव संन्यासी से संपर्क हो गया।

बिरसा के व्यक्तित्व ने आनंद पाड़ को प्रभावित किया। अपने व्यक्तित्व और ज्ञान के कारण आनंद पाड़ ने भी बिरसा को अपनी ओर आकर्षित किया और उन्होंने उन्हें एक शिष्य के रूप में स्वीकार कर लिया। आनंद ने 1890 से करीब पाँच साल की अवधि तक बिरसा को धर्म, अध्यात्म, नीति, दर्शन आदि विषयों के साथ ही वैष्णव पंथ के आचार-व्यवहार के बारे में सम्यक् ज्ञान दिया। उन्हें रामायण, महाभारत और पुराणों से अवगत कराया। आनंद पाड़ की संगति में बिरसा ने आध्यात्मिक ज्ञान के साथ विभिन्न रोगों में काम आनेवाली जड़ी-बूटियों के प्रयोग में भी प्रवीणता प्राप्त कर ली। उन्होंने न केवल वैयक्तिक और सामाजिक जीवन पर धर्म के प्रभाव पर अच्छी तरह से चिंतन-मनन किया, बल्कि उन्होंने उस ज्ञान को व्यावहारिक रूप में भी अपनाया। उन्होंने महसूस किया कि ईसाई मिशन के लोग मुंडा समाज को उनके अपने धर्म से विमुख कर रहे हैं और उनकी बदहाली अपने धर्म के रास्ते से ही दूर की जा सकती है। उन्होंने मांस-मदिरा का त्याग करते हुए यज्ञोपवीत धारण कर लिया। पीली धोती और खड़ाऊँ उनकी पहचान बन गई। अपने गुरु के प्रभाव में आकर बिरसा पूरी तरह योगी-संन्यासी हो गए। उन्होंने सामाजिक बुराइयों, पाखंडों और अंधविश्वासों को भी गहराई से महसूस किया और समाज-सुधार की दिशा में अपने कदम बढ़ा दिए। उनकी बातों में जादू सा असर आ गया। एक योगी के रूप में उनकी ख्याति तेजी से फैलने लगी। उन्होंने गरीबों और रोगियों की सेवा को अपना लक्ष्य बना लिया। उनसे ज्ञान की बातें सुनने के लिए लोगों की भीड़ पहुँचने लगी।

वर्ष 1895 का एक दिन। चलकद में नीम के पेड़ के नीचे आसन लगाकर योगी बिरसा विराजमान थे। उनके सामने सौ से अधिक ग्रामीण बैठे थे। बिरसा ने कहा, "हमारे मुंडा समाज में सबसे बड़ा रोग अंधविश्वास है। कोई बीमार पड़ता है तो उसका सही इलाज नहीं किया जाता। उस भूत-प्रेत की पूजा शुरू कर दी जाती है, जिसका अस्तित्व है भी कि नहीं, इसमें भी संदेह है। मैं पूछता हूँ कि क्या भूत-प्रेत की पूजा करने और मुरगा-बकरा की बलि देने से कोई बीमारी ठीक हो सकती है?"

उपस्थित ग्रामीणों ने एक स्वर में कहा, "नहीं।"

बिरसा बोले, "बिल्कुल ठीक। तो फिर आप ऐसा क्यों करते हैं? आप ओझागुनी के चक्कर में क्यों फँस जाते हैं? आप भूत-प्रेत की पूजा करते रहते हैं और उसी दौरान बीमार दम तोड़ देता है। फिर ओझागुनी उसके लिए आप में से ही किसी को जिम्मेदार ठहरा देता है और आपस में वैर उत्पन्न कर देता है। आप लोग आपस में ही मरने-मारने पर उतारू हो जाते हैं। क्या यह अच्छी बात है? इस पर आप सभी को विचार करना चाहिए। आपको मालूम होना चाहिए कि ईश्वर

एक है और वह है सिंगबोंगा। उससे ऊपर और कुछ नहीं है। इसलिए भूत-प्रेत के चक्कर में पड़ना बेकार है। आपका जीवन जितना सादा होगा, आपके लिए उतना ही अच्छा होगा, आपका जीवन उतना ही सार्थक होगा। इसके लिए मांस-मछली, मुरगा-बकरा को भोजन बनाना छोड़िए। गाय की हत्या भी नहीं की जानी चाहिए, क्योंकि गाय एक माता के रूप में आपको दूध देती है। आप हँड़िया और दारू पीते हैं और अपना होश खो बैठते हैं। उसका फायदा जमींदार, अंग्रेज, ईसाई मिशन और दिकू लोग उठा लेते हैं। आपकी जल, जंगल और जमीन पर उनका कब्जा हो जाता है। जब आपका नशा फटता है तो आपको पता चलता है कि आप लुट गए, मिट गए, बरबाद हो गए। इस पर अगर आप और हम नहीं सोचेंगे तो कौन सोचेगा?"

बिरसा की यह बात लोगों के दिल में सीधे उतर गई। उनसे नहीं रहा गया तो उनकी जोरदार तालियाँ गूँज उठीं। बिरसा ने पूछा, "क्या मैंने गलत कहा?"

एक ग्रामीण ने खड़े होकर कहा, "नहीं बाबा! आपका कहना बिल्कुल सही है। हम इसे अपने जीवन में भी उतारेंगे।"

बिरसा ने कहा, "अगर तुम अपने धर्म का त्याग करोगे तो तुम्हें सिंगबोंगा कभी माफ नहीं करेंगे। अगर तुम नहीं सुधरोगे तो यहाँ भयंकर अकाल पड़ेगा। तुम्हें दाने-दाने के लिए तरसना पड़ेगा। महामारी आएगी और तुम्हें बिना मौत मरना होगा। इसीलिए मैं कहता हूँ कि अब भी सँभल जाओ। नहीं तो तुमको कोई बचा नहीं पाएगा।"

उनके सेवा-कार्य और इलाज का असर यह था कि लोगों में उनके छूने भर से चंगा होने का विश्वास जग गया। वे हजारों लोगों की आस्था के केंद्र बन गए। उनके व्यक्तित्व और कृतित्व के साथ कई किंवदंतियाँ जुड़ने लगीं। कारण यह भी था कि बिरसा केवल बैठकर उपदेश ही नहीं दे रहे थे, बल्कि गाँव-गाँव के घर-घर तक जाकर रोगी-दु:खियों की सेवा भी करते थे। इसे चमत्कार कहें या आध्यात्मिक व्यक्तित्व का प्रभाव, बिरसा जिस रोगी के माथे पर हाथ रख देते, वह एक-दो दिनों में ही पूरी तरह चंगा हो जाता था। लोगों की समस्या सुनते और उसके समाधान की भविष्यवाणी कर देते। लोगों में इतना आत्मविश्वास आ जाता कि कम-से-कम दिनों में समस्या सुलझ जाती थी। उनके ऐसे कार्य 'चमत्कार' के रूप में प्रचारित होने लगे। उन्हें ईश्वर का दूत माना जाने लगा। संत स्वभाव और जनसेवा के कारण बिरसा आम गरीब आदिवासियों के लिए तो साक्षात् भगवान् हो गए। बिरसा की कही बातों को सीधे सिंगबोंगा का आदेश समझा जाने लगा। अंग्रेजी सत्ता के चंगुल में फँसी अपनी जमीन के लिए वर्षों से आंदोलनरत मुंडा

सरदार भी उनके व्यक्तित्व से प्रभावित हुए बिना नहीं रह सके। उनमें से जो कुछ मुंडा सरदार एवं सैकड़ों मुंडा ईसाई धर्म अपना चुके थे, उन्होंने बिरसा के प्रभाव के कारण ईसाई धर्म त्यागकर अपने परंपरागत धर्म में वापसी कर ली। इससे ईसाई मिशनरियाँ बेतरह बौखला गईं। अब बिरसा के अनुयायियों में भारी संख्या में उराँव भी शामिल होने लगे, जिससे उनकी संख्या हजारों में पहुँच गई, जो 'बिरसाइत' कहे जाने लगे। बिरसा का पंथ पूरे जनजातीय समाज के पुनर्जागरण का माध्यम बन गया। उसके धार्मिक विधान जनजातीय समाज की आंतरिक बुराइयों से निजात पाने और आत्महीनता से मुक्ति दिलाने के कारगर उपाय साबित हुए। मुंडा सरदारों के अनुयायी बन जाने के बाद बिरसा के समक्ष शिथिल हो चुका 'सरदारी आंदोलन' और उनकी समस्या भी जीवंत रूप में आ गई। इसके बाद उनके विचारों में जल, जमीन और जंगल के अधिकार को हड़पने के मामले में अंग्रेज शासकों के साथ ईसाई मिशनरियों और पादरियों के चेहरे भी स्पष्ट होने लगे। साथ ही उन चेहरों के खिलाफ संगठित होकर आवाज बुलंद करने की प्रेरणा भी मिलने लगी। यहीं से क्रांतिकारी योगी के रूप में बिरसा का एक नया अवतार हुआ। धार्मिक अभियान के साथ ही भूमि आंदोलन भी चलने लगा, जो धीरे-धीरे जनांदोलन का रूप धारण करता चला गया। उस आंदोलन और बिरसा के लोकप्रिय व्यक्तित्व के कारण 'सरदारी आंदोलन' में नई जान आ गई।

बिरसा के इस रूप को जहाँ एक ओर श्रद्धा और भक्ति के रूप में देखा जा रहा था और उनके अनुयायियों की संख्या बढ़ती जा रही थी, तो वहीं दूसरी ओर ईसाई मिशनरियों, महाजनों और जमींदारों के सीने पर साँप लोटने लगे। वे आपस में मिलकर बिरसा के लिए जाल बुनने लगे। एक जमींदार एक पादरी के साथ थाना पहुँच गया। उन्हें देखते ही थानेदार ने मुसकराकर कहा, "आइए, आइए। आज कैसे रास्ता भूल गए, जनाब? बहुत दिनों के बाद आपका यहाँ आगमन हुआ?"

जमींदार ने कहा, "यह बिरसा तो आजकल कमाल कर रहा है। महात्मा बनने का ढोंग कर रहा है। हजारों लोग उसके पास पहुँच जाते हैं और दिन भर बैठकर प्रवचन करता रहता है।"

थानेदार ने कहा, "अरे तो करने दीजिए। उससे हमें क्या?"

पादरी ने कहा, "आप नहीं समझ रहे हैं। वह इसी बहाने अपने धर्म का प्रचार कर रहा है।"

"तो इसमें भी हर्ज क्या है?" थानेदार ने अबकी जरा लापरवाही से कहा।

पादरी ने कहा, "हर्ज है दारोगाजी। हर्ज है। वह ईसाई मिशरियों के खिलाफ

भी लोगों को भड़का रहा है। कल को ऐसा भी हो सकता है कि वह अपने लोगों के साथ मिशरियों के खिलाफ जंग छेड़ दे!"

जमींदार ने कहा, "वह जल, जंगल और जमीन की भी बात करता है। यह भी कहता है कि ब्रिटिश सरकार मुंडाओं की जमीन लूट रही है। हम जमींदारों पर भी आरोप लगा रहा है कि हम लोग यहाँ के आदिवासियों का शोषण कर रहे हैं। यदि यही सब चलता रहा तो कल वह हमारे, आपके, इनके और सरकार के खिलाफ भी लोगों को खड़ा कर सकता है। इस बात को आप समझिए।"

पादरी ने नया जाल फेंका, "अगर आप बिरसा को कंट्रोल नहीं कर सकते तो कहिए हम ऊपर के अफसरों के पास जाते हैं।"

थानेदार उसकी इस बात पर चौंक गया। उसकी समझ में तत्काल यह बात आ गई कि अगर यह ऊपर के अधिकारियों के पास पहुँच जाएगा तो उसकी ऐसी की तैसी हो जाएगी। फिर गंभीर होते हुए बोला, "नहीं, नहीं। आप ऐसा मत समझिए। आपको कहीं और जाने की जरूरत नहीं है। हम बिरसा को सँभाल लेंगे।" पादरी और जमींदार थानेदार को धन्यवाद देकर चले गए।

9 अगस्त, 1895 को थानेदार अपने लावालश्कर के साथ चलकद जा पहुँचा। वहाँ बिरसा अपने अनुयायियों को ज्ञान की बात बता रहे थे। वे कह रहे थे, "अगर जीवन में कुछ करना चाहते हो, अगर घर-परिवार के साथ सुखी जीवन बिताना चाहते हो तो तुम्हें जीवन का ज्ञान होना चाहिए। अज्ञानता के कारण जीवन में बहुत सारी समस्याएँ आ जाती हैं और उसका निदान निकालना मुश्किल हो जाता है। इसके लिए आवश्यक है कि आप अपने बच्चों को पढ़ाएँ। उन्हें शिक्षित बनाएँ। समाज से अज्ञानता और अशिक्षा को दूर करें। तभी हमारे समाज का कल्याण हो पाएगा।"

श्रोताओं के बीच इस बात का अच्छा असर दिखा। वे आपस में एक-दूसरे से कहने लगे, "ठीक कह रहे हैं बिरसा। हमें अपने बच्चों को पढ़ाना होगा। स्कूल भेजना होगा। तभी हमारी हालत में सुधार होगा।"

बिरसा कहते जा रहे थे, "समाज में अगर सभी लोग आपस में प्रेमभाव से रहें, कोई किसी का बुरा न चाहे, बुरा न करे तो किसी का भी बुरा नहीं होगा। इसे गाँठ बाँध लो। इस संसार में कोई किसी का दुश्मन नहीं है। अगर दुश्मन है तो वह हमारे भीतर बैठा डर। वही डर हमें कमजोर बनाता है। कभी-कभी उस डर का कोई आधार भी नहीं होता। हम बिना किसी कारण के भी डर का भूत खड़ा कर लेते हैं और उसे डराने के लिए तैयार कर लेते हैं। हमारे शास्त्रों का कहना है कि डर से तभी

तक डरना चाहिए, जब तक वह सामने खड़ा न हो जाए। अगर वह सामने खड़ा हो जाता है तो डरने के बजाय उससे लड़ने के लिए तैयार हो जाना चाहिए। हमारा धर्म भी यही कहता है। हमें खुद को मजबूत बनाने के लिए अपने धर्म को साथ लेकर चलना होगा। हमें आनेवाली सारी विपदाओं से अपना धर्म ही बचाएगा। हम अपने धर्म को छोड़कर कभी आगे नहीं बढ़ सकते। इसलिए हमें वैसे लोगों से सावधान रहना चाहिए, जो हमें अपने धर्म से अलग करने के लिए बहकाते हैं।"

थानेदार ने टोका, "हम तो सुनते थे कि आप साधु-महात्मा हो गए हैं तो फिर आप लोगों को लड़ने-भिड़ने की शिक्षा काहे दे रहे हैं?"

बिरसा ने निर्भीकतापूर्वक कहा, "हम लड़ने-भिड़ने की बात नहीं कह रहे दारोगाजी। हम तो अपने लोगों को ज्ञान की बात बता रहे हैं। उन्हें धर्म की शिक्षा दे रहे हैं।"

थानेदार ने कड़ककर कहा, "हमें उल्लू समझते हो? यह सब नहीं चलेगा। इस प्रकार भीड़ जुटाना गैर-कानूनी है। आगे से इस प्रकार भीड़ जुटाए तो पकड़कर जेल भेज देंगे। समझ में आया?"

बिरसा ने शांत स्वर में जवाब दिया, "तुम्हारी इस गीदड़भभकी से हम डरनेवाले नहीं हैं, दारोगा। हम कोई गलत काम नहीं कर रहे हैं। मुंडा समाज को हम यही बता रहे हैं कि उसे तरक्की के लिए क्या करना चाहिए और क्या नहीं!"

थानेदार पूरे रोब के साथ कड़क उठा, "बंद करो बकवास। चलो, अभी उठो। जमींदार और पादरी ठीक ही कह रहे थे कि तुम लोगों को उनके खिलाफ भड़का रहे हो।"

थानेदार की यह बात सुनकर बिरसा का एक अनुयायी भड़क उठा, "अच्छा! तो तुम यहाँ जमींदार और पादरी की शिकायत सुनकर आए हो? वाह, कमाल है! अब बताओ, अगर ये यहाँ से नहीं उठेंगे तो क्या कर लोगे, दारोगा? तुमको पता नहीं कि तुम किससे बात कर रहे हो? हम कहते हैं, हमारे पूजनीय बिरसा अपने गाँव में अपनी जमीन पर बैठे हैं। इस स्थान से ये नहीं उठेंगे। अगर हिम्मत है तो इन्हें उठाकर देखो!"

वहाँ उपस्थित भीड़ भी उत्तेजित हो गई। दूसरे ने कहा, "अगर हमारे गुरुजी को कोई छू भी देगा तो हम उसको छोड़ेंगे नहीं। बोटी-बोटी नोच लेंगे।"

इधर थानेदार और बिरसा के बीच चल रही बहस की सूचना गाँव में घर-घर तक जा पहुँची। इसके बाद तीर-धनुष, फरसा, तलवार और लाठी से लैस ग्रामीणों का दल वहाँ आ पहुँचा। थानेदार सँभल भी नहीं पाया और भीड़ उसके

लावा–लश्कर से भिड़ गई। उनके हथियार लूट लिये और कपड़े नोचने लगे। तीर से खुरचकर वरदी फाड़ दी। इसके बाद उन पर लाठियाँ बरसने लगीं। यह सबकुछ एक झटके में हो गया। बिरसा खड़े हो गए और बमुश्किल भीड़ को आगे किसी अप्रिय घटना का कारण बनने से रोका। बोले, "हमें हिंसा का सहारा नहीं लेना है। छोड़ दो इन्हें।"

भीड़ ने उन्हें इस चेतावनी के साथ छोड़ दिया कि आइंदा अगर ऐसी गलती करोगे तो जान से हाथ धोना पड़ेगा। थानेदार अपने लावा–लश्कर के साथ मुँह लटकाए वहाँ से खाली हाथ चलने लगा। बिरसा ने कहा, "दारोगा, अपने हथियार भी लेते जाओ। ये हमारे काम के नहीं हैं। ये हथियार हमें हिंसा करने को उकसाते हैं, लेकिन हम शांति और अहिंसा के पुजारी हैं। हमें किसी से वैर नहीं है। बच्चो, इनके हथियार इन्हें वापस कर दो।"

थानेदार और उसके सिपाहियों को हथियार वापस कर दिए गए और वहाँ से वे चले गए। इस घटना की दोहरी प्रतिक्रिया हुई। बिरसा के अनुयायियों का मानना था—ब्रिटिश सरकार, ईसाई मिशनरी और जमींदार नहीं चाहते कि हम अपना सिर उठाकर जिएँ। वास्तव में वे दिक्कू हैं। वे हमें चैन से जीने नहीं देंगे। बिरसा किसी का कुछ बिगाड़ नहीं रहे। सबकी भलाई ही चाहते हैं और करते भी हैं। यहाँ तक कि दुश्मन को सामने देखकर भी हिंसा से बचने की शिक्षा देते हैं। हमारे समाज में व्याप्त कुरीतियों के खिलाफ अभियान चलाते हैं। धार्मिक और सामाजिक सुधार के लिए एड़ी से चोटी तक जोर लगाते हैं, लेकिन इसके बावजूद ये उनकी आँखों की किरकिरी बन गए हैं। तभी तो थानेदार उन्हें धर्म की बात करने से रोकने के लिए लावा–लश्कर के साथ चलकद पहुँच गया और हम सभी को धमकी देने लगा। वे दिक्कू जिस प्रकार हरकत दिखा रहे हैं, उनका मुकाबला शांति और अहिंसा से नहीं हो पाएगा। इसलिए कि दिक्कुओं के पास बहुत ताकत है, हथियार हैं। जिनके पास हथियार होते हैं, उन्हें हथियारों की भाषा ही जल्दी समझ में आती है।

दूसरी ओर घटना की जानकारी ब्रिटिश उच्चाधिकारियों को मिली तो उन्हें लगा कि बिरसा के गाँव में पहुँचकर पुलिस कुछ कर नहीं पाई, उल्टे मुँह नोचवाकर वापस लौट गई तो इसका मतलब यही है कि मामला गंभीर है। मतलब यह कि लोगों में शासन का डर खत्म हो गया है। वे राष्ट्रद्रोही हैं, जो जमींदारों, मिशनरियों और ब्रिटिश सरकार के खिलाफ गोलबंद हो रहे हैं और उनकी जड़ में बैठा है बिरसा मुंडा। अब उसके खिलाफ कठोर काररवाई करनी ही होगी। इस दोहरी प्रतिक्रिया ने दो परस्पर विरोधियों को आमने–सामने खड़ा कर दिया। अंग्रेजी सरकार और

जमींदारों ने लोगों पर आए दिन ढाए जा रहे जुल्मों की मात्रा बढ़ा दी। लगान वसूली के लिए कड़ाई बढ़ गई और लाचारी में जमीन की नीलामी भी धड़ाधड़ होने लगी। पुलिसिया जुल्म भी बढ़ने लगे और ग्रामीणों पर शामत आने लगी। धन और धर्म पर हमले तो हो ही रहे थे, दिक्कुओं की कुदृष्टि से महिलाओं को बचा पाना भी मुश्किल हो गया। इससे आम लोगों के भीतर सुलग रही आक्रोश की चिनगारी की मुखर और प्रखर अभिव्यक्ति बने बिरसा और उनके हजारों अनुयायी।

अगस्त 1895 में वन संबंधी बकाए की माफी का आंदोलन चला। उसका नेतृत्व बिरसा के हाथ में आया और धार्मिक आधारों पर एकजुट बिरसाइतों का संगठन जुझारू सेना की तरह मैदान में उतर गया। तब से पूरे 'सरदार आंदोलन' के नेतृत्व की बागडोर बिरसा के हाथ में आ गई। बकाए की माफी के लिए बिरसा ने चाईबासा तक की यात्रा की। गाँव-गाँव से रैयतों को एकजुट कर चाईबासा ले जाया गया। अंग्रेजी हुकूमत ने बिरसा की माँग ठुकरा दी। बिरसा ने भी ऐलान कर दिया—"ब्रिटिश सरकार खत्म हो गई। अब जंगल-जमीन पर आदिवासियों का राज होगा। अबुआ राज होगा। अब यहाँ रानी का राज नहीं चलेगा। अब हमारे ऊपर ब्रिटिश सरकार का शासन नहीं चलेगा। हम अफसरों की बात नहीं मानेंगे। सरकार को लगान नहीं देंगे। अब जंगल पर अंग्रेजों का अधिकार नहीं रहेगा। जंगल के मालिक हम होंगे।" यह अंग्रेजी हुकूमत के खिलाफ बगावत का पहला ऐलान था। बिरसा के नेतृत्व में बिरसाइतों के संगठन के तेवर देख शासन पहले से ही चौकन्ना था।

16 अगस्त, 1895 को गिरफ्तार करने की योजना के साथ चलकद आए पुलिस बल को बिरसा के नेतृत्व में उनके 900 अनुयायियों ने सुनियोजित तरीके से घेर लिया और वहाँ से खदेड़ दिया। ब्रिटिश सरकार और क्वीन विक्टोरिया का पुतला जलाकर भीषण विद्रोह की शुरुआत कर दी गई। योजना के अनुसार 24 सितंबर, 1895 को पूरे मुंडा इलाके में आगजनी की घटना को अंजाम दिया गया। राँची, सिंहभूम और तमाड़ इलाके में सरकारी दफ्तरों, मिशनरियों और अफसरों के बँगलों पर हमले किए गए। प्रतिक्रिया में सिंहभूम जिले के 150, खूँटी और तमाड़ के 300 और राँची जिले के 100 वर्गमील क्षेत्र में पुलिस की सैकड़ों टुकड़ियाँ तैनात कर दी गईं।

इन घटनाओं से ब्रिटिश सरकार सकते में आ गई। गवर्नर से लेकर उच्चाधिकारियों तक में खलबली मच गई और स्थिति पर काबू पाने के लिए राँची के कमिश्नर पर दबाव बढ़ने लगा। राँची के कमिश्नर फोरवेस ने डिप्टी कमिश्नर

स्ट्रीटफील्ड को अपने चैंबर में बुलाया और पूछा, "मिस्टर स्ट्रीटफील्ड, हू इज दिस ब्लडी बिरसा?"

डिप्टी कमिश्नर स्ट्रीटफील्ड ने अदब से सिर झुकाकर जवाब दिया, "सर, बिरसा इज वेरी डेंजरस मैन। पूरा इलाका उसको गॉड मानटा हाय। पीपुल समझटा हाय कि उसको कोई नहीं पकड़ सकटा।"

फोरबेस ने कड़े तेवर में कहा, "नो नो मिस्टर। बिरसा गॉड नाईं हो सकटा। हाम पीपुल को बटाएगा कि बिरसा गॉड नाईं हाय। वह यहाँ के पीपुल को बेवकूफ बनाटा हाय। डू यू अंडरस्टैंड?"

"यस्स सर!"

"आई वान्ट टू सी बिरसा। हाम बिरसा को अभी गिरफ्टार करना माँगटा हाय। अभी छापामारी टेज करो।"

"ओके सर।" कहते हुए स्ट्रीटफील्ड वहाँ से चला गया और बिरसा के खिलाफ रणनीति बनाने में जुट गया।

दूसरे दिन से ही सरकारी ताकत विद्रोहियों के पीछे पड़ गई। गाँव-गाँव में छापामारी अभियान प्रारंभ हो गया। पुलिस और सेना के जवान जंगल-जंगल की खाक छानने लगे। 24 अगस्त, 1895 को पुलिस अधीक्षक मेयर्स के नेतृत्व में पुलिस दल चलकद रवाना हुआ। सेना की एक टुकड़ी भी कैप्टन रोसे के नेतृत्व में बंदगाँव से 14 मील दूर दुर्गम जंगली-पहाड़ी रास्तों से गुजरते हुए चलकद पहुँची। गाँव में खलबली सी मच गई, लेकिन वहाँ सेना का पहुँचना इतना झटके में हुआ कि कोई उनसे बचकर गाँव से बाहर निकल नहीं पाया। पूरे गाँव को पुलिस के जवानों ने घेर लिया। पुलिस और सेना के जवान लोगों से बिरसा का पता पूछते और नहीं बताने पर डंडे तथा राइफल के बट से तब तक पिटाई करते, जब तक वह बेहोश होकर गिर नहीं जाते। इसी प्रकार एक ग्रामीण को पकड़कर सेना के जवान पीट रहे थे। उससे बरदाश्त नहीं हो सका। उसने चिल्लाकर कहा, "हमको मत मारो। हम सबकुछ बता देंगे।"

सेना के जवान ने कहा, "वेरी गुड, हाम ये ही टो माँगटा है। टुम बिरसा का पटा बटाएगा टो हाम टुमको छोड़ डेगा। चलो बटाओ।"

युवक ने कहा, "हुजूर, वह जो सामनेवाला मकान है, उसी में बिरसा सो रहा है।"

जवान ने आँखें तरेरते हुए कहा, "इंफॉर्मेशन गलट होगा टो हाम टुमको गोली मार डेगा। बोलो, ह्वेयर इज बिरसा? आई मीन बिरसा कहाँ हाय?"

युवक ने पूरे आत्मविश्वास के साथ कहा, "वहीं है हुजूर। उसी घर में।"

"टुमको भी हमारे साठ में चलना माँगटा हाय। चलो।" युवक को घसीटते हुए सेना के जवान बताए हुए घर में घुस गए। वहाँ जमीन पर लेटे बिरसा को सेना ने गिरफ्तार कर लिया और रातोरात राँची जेल पहुँचा दिया।

सुबह होते ही बिरसा की गिरफ्तारी की खबर जंगल नें आग की तरह फैल गई। इसके बाद बिरसाइतों के नेतृत्व में मुंडा और कोल समाज ने घोषणा कर दी कि अब सरकार के साथ असहयोग किया जाएगा। भयंकर विरोध को देखते हुए ब्रिटिश प्रशासन ने बिरसा पर मुकदमा चलाने का स्थान राँची से बदलकर खूँटी कर दिया। वहाँ भी बिरसा के दर्शनार्थ लोगों की भीड़ उमड़ने लगी, जिनके आक्रोश को देखते हुए मुकदमे की काररवाई रोककर बिरसा को तुरंत जेल भेज दिया गया। डिप्टी कमिश्नर ने बिरसा को राजद्रोही बताते हुए उन पर चलकद में लोगों में ब्रिटिश हुकूमत के खिलाफ नफरत की आग भड़काने, चलकद में अपने कर्तव्य पालन में लगे सरकारी पुलिसकर्मियों पर आक्रमण का नेतृत्व करने तथा मुंडा सरदारों से मिलकर आंदोलन को हवा देने का आरोप लगाया। साथ ही बिरसा को नकली पैगंबर बताते हुए कहा कि वे आदिवासी समाज में भयमुक्ति का ऐसा संदेश फैला रहे हैं, ताकि सरकारी हथियार और गोला-बारूद बेकार हो जाएँ। बिरसा की गिरफ्तारी के बाद उनके कई अनुयायी और मुंडा सरदार भी हिरासत में लिये गए। 19 नवंबर, 1895 को ब्रिटिश अदालत ने बिरसा को दंगा-फसाद का दोषी ठहरा दिया और दो साल के सश्रम कारावास की सजा सुना दी और राँची जेल से हटाकर हजारीबाग जेल भेज दिया।

1897 में झारखंड में भीषण अकाल पड़ा। उसके साथ कोढ़ में खाज की तरह चेचक की महामारी भी आ धमकी। ग्रामीण एक-दूसरे से कहने लगे, "इसकी भविष्यवाणी तो 'धरती आबा बिरसा' ने बहुत पहले की थी। बिरसा की कही बात एकदम सही होती है। उन्होंने कहा था कि अगर नहीं सँभलोगे तो अकाल और महामारी के शिकार बनोगे। वही हो रहा है।"

आदिवासी समाज अकाल और महामारी के साथ ब्रिटिश सरकार के दमन-शोषण से भी जूझता रहा। उसी समय ब्रिटेन की महारानी विक्टोरिया की हीरक जयंती मनाने का अवसर आ गया। सरकार की ओर से देश में समारोहों का आयोजन किया जाने लगा। उस अवसर पर देश में कई आंदोलनकारियों को रिहा करने का निर्णय हुआ। फलस्वरूप 30 नवंबर, 1897 को बिरसा जेल से मुक्त कर दिए गए। वहाँ से वे सीधे चलकद पहुँचे और अकाल तथा महामारी से पीड़ित लोगों की सेवा में जुट गए। एक स्थान से दूसरे स्थान पर घूमते हुए बिरसा ने दु:खियों की सेवा

में दिन-रात एक कर दिया। उनके इस सेवा-कार्य ने झारखंड क्षेत्र में बिरसा के अनुयायियों के संगठन में नए प्राण फूँक दिए। पीड़ितों की सेवा के साथ ही बिरसा का धार्मिक सुधार भी चलता रहा। अब उनका संगठन दो भागों में बँट चुका था। पहला भाग धार्मिक था, जिसका भार सोमा मुंडा पर था, वहीं दूसरे राजनीतिक भाग का नेतृत्व डोंका मुंडा सँभाल रहे थे। बिरसा ने आंदोलनकारियों को तीन श्रेणियों में बाँट दिया—पहली श्रेणी के आंदोलनकारी 'प्रचारक' या 'गुरु' कहे गए, दूसरी श्रेणी को 'पुराणक' तथा तीसरी श्रेणी को 'ननक' कहा गया। प्रचारक बिरसा के विश्वास पात्र एवं विचारक होते थे, जिनमें महान् क्रांतिकारी गया मुंडा भी शामिल थे। पुराणक के हाथ में विद्रोह की गतिविधियों का संचालन था और ननक का काम जन-जन तक आंदोलन को पहुँचाना था।

सामान्यतः बिरसा लोगों को धर्म का उपदेश देते थे और उनके अनुयायी उनके विचारों को जन-जन तक पहुँचाते थे। धार्मिक अभियान और प्रचार का तंत्र राजनीतिक आंदोलन को संगठित करने का सशक्त माध्यम साबित हुआ। परिस्थितियों ने उलगुलान की भूमिका तैयार कर दी थी, जिसके लिए पूर्वजों का आशीर्वाद लेना आवश्यक था। इसलिए बिरसा ने अपने अनुयायियों के साथ चुटिया, नवरतनगढ़, हटिया के जगन्नाथ मंदिर, नागफेनी आदि स्थानों की यात्रा कर पूर्वजों को श्रद्धांजलि अर्पित की। आदिवासियों के परंपरागत धार्मिक मूल्यों को पुनर्जीवित करने का आह्वान किया। उन्होंने बलि देने की सामाजिक प्रथा, भूत-प्रेतों की पूजा, हंड़िया के अंधाधुंध सेवन आदि के खिलाफ जोरदार अभियान चलाया। उस अभियान के फलस्वरूप राजनीतिक आंदोलन की रणनीति पर विचार के लिए आयोजित गुप्त बैठकों में आंदोलन के अहिंसात्मक और शांतिपूर्ण तरीकों पर विचार-विमर्श होने लगा। 22 फरवरी, 1898 को मुंडाओं की बैठक में बिरसा ने कहा, "हमारे लिए अब शोषक जमींदारों, सूदखोर महाजनों, ईसाई मिशनरियों तथा ब्रिटिश सरकार के खिलाफ संघर्ष जरूरी हो गया है, लेकिन हम इस कार्य में किसी प्रकार की हिंसा का सहारा नहीं लेंगे या इनसे सीधा संघर्ष नहीं करेंगे। हमें अपने खोए हुए राज्य को वापस पाने के लिए धर्म और शांति का रास्ता अपनाना होगा।"

"ऐसा नहीं हो सकता।" एक मुंडा सरदार ने उन्हें बीच में ही टोककर कहा, "धर्म और शांति के साथ शोषक जमींदारों, ईसाई मिशनरियों और ब्रिटिश सरकार के खिलाफ संघर्ष नहीं हो सकता।"

तब गया मुंडा ने खड़े होकर सरदार को समझाया, "आप शांत हो जाइए। अगर बिरसा भगवान् कह रहे हैं तो जरूर हो सकता है। आज मुंडा समाज इनके

बिना एक कदम भी आगे नहीं बढ़ सकता। इसलिए हमें इनकी रणनीति को मानकर देख लेना चाहिए।"

मामला शांत हो गया और बिरसा की घोषणा को विद्रोह की पहली रणनीति के रूप में स्वीकार कर लिया गया। इसके बाद दो सालों तक मुंडा समाज को परंपरागत मूल्यों के साथ संगठन को मजबूती देने के लिए शांतिपूर्वक गतिविधियाँ चलती रहीं। इस दौरान धार्मिक अभियान के अंतर्गत सामाजिक एवं सांस्कृतिक पक्षों पर पूरा ध्यान रखा गया। बिरसा के नेतृत्व में कोलेबिरा, बानो, लोहरदगा, तोरपा, कर्रा, बसिया, खूँटी, मुरहू, बुंडू, तमाड़, पोड़ाहाट, सोनाहातू आदि स्थानों पर बैठकें हुईं। इसके साथ ही राँची जिला के तोरपा, खूँटी, तमाड़, बसिया आदि जगहों से लेकर सिंहभूम जिला के चक्रधरपुर थाने तक में विद्रोह की आग भड़क उठी, लेकिन विद्रोही बिरसा के आदेशानुसार हिंसा से बचते रहे। 1897 के अकाल और महामारी से लोग अभी उबर भी नहीं पाए थे कि 1899 में रबी की फसल मारी गई। सरकार ने किसानों की माँग ठुकरा दी और वह आम आदिवासियों की समस्याओं के प्रति उदासीन रही। उलटे विद्रोह की आग भड़की तो सिंहभूम से राँची तक करीब 500 वर्गमील के क्षेत्र में पुलिस की टुकड़ियाँ तैनात कर दी गईं। सेना की एक कंपनी बुला ली गई और सरकार ने घोषणा कर दी कि पुलिस और सेना पर होनेवाले खर्च का बोझ स्थानीय जनता को उठाना होगा।

बिरसा को गिरफ्तार करने का अभियान तेज कर दिया गया। सरदारों पर हमला करने और आंदोलन का साथ देनेवाले मुंडा-मानकियों को गिरफ्तार करने के साथ ही आत्मसमर्पण न करनेवाले विद्रोहियों की घर-संपत्ति कुर्क की जाने लगी। जनवरी 1900 में बिरसा की तलाश में पुलिस और सेना ने पोड़ाहाट के जंगलों तक को छान मारा। सरकार ने बिरसा की सूचना देनेवाले और गिरफ्तारी में मदद देनेवाले मुंडा या मानकी को 500 रुपए का पुरस्कार देने के साथ यह ऐलान भी कर दिया था कि ऐसे व्यक्ति को पूरे जीवन के लिए उसके गाँव का लगानमुक्त पट्टा दिया जाएगा। इन सब प्रलोभनों के बावजूद हुकूमत बिरसा को गिरफ्तार नहीं कर पाई। दूसरी ओर विद्रोह की ज्वाला तेजी से फैलती चली गई। आंदोलन की मजबूती के लिए बिरसा ने उराँव और कोल समाज से भी संपर्क किया एवं उनसे संघर्ष में सक्रिय सहयोग देने की अपील की। साठ स्थानों पर संगठन के केंद्र बनाए गए।

24 दिसंबर, 1899 को डोंबारी बुरु पर मुंडा समाज की सभा होनेवाली थी। सुनरी हातोम बहुत खुश थीं, क्योंकि आज पहली बार बिरसा को देखने का मौका मिलनेवाला था। अपने घर-परिवार के जरूरी काम को झटपट निबटाकर गाँव की

महिलाओं को बटोरने लगी थीं। फिर सभी को साथ लेकर डोंबारी बुरु पहुँच गई थीं। बिरसा को देखना आज उनके लिए किसी पर्व-त्योहार से कम नहीं था। आज तक यही सोचती रही थीं कि न जाने कैसा होगा बिरसा! एकदम भगवान् जैसा! अभी तक तो यही सुनती रही थी कि बिरसा जो कह देते हैं, वह हो जाता है। इस जंगल में सुनरी हातोम अकेली नहीं थीं, बल्कि उसी की तरह हजारों नर-नारियों की भीड़ कुछ ऐसा ही सोच रही थी —बिरसा को देखने के लिए अपनी आँखें बिछा रखी थीं। सुनरी हातोम कह रही थीं, "बिरसा बहुत महान् हैं। बीमार को छू देते हैं तो ठीक हो जाता है। वह जो कह देते हैं, सच हो जाता है। ऐसे ही 'धरती आबा' नहीं कहते हैं लोग। आज बहुत अच्छा मौका मिला है। हम लोग उनका दर्शन करेंगे और उनकी बातें सुनेंगे।"

सोमरी काकी बोली, "मैं तो बिरसा से पहले भी मिल चुकी हूँ। बहुत बहादुर है। अंग्रेजों की हालत खराब कर दी है इसने। मेरा तो मन करता है कि मैं भी इसकी फौज में शामिल हो जाऊँ। मैं तो कहती हूँ···।"

उसकी बात पूरी भी नहीं हो पाई थी कि अपने अनुयायियों के साथ बिरसा आते दिखाई पड़े।

सुनरी हातोम ने कहा, "चल काकी, लगता है बिरसा भगवान् आ गए। वही बिरसा हैं न, जो आगे-आगे चल रहे हैं?"

सोमरी काकी ने जवाब दिया, "हाँ सुनरी।"

"उनके बगल में साथ-साथ चलनेवाला कौन है?"

"गया मुंडा। ये बिरसा के बहुत ही विश्वासी हैं। ये हमेशा इसी तरह इनके साथ रहते हैं।"

"ओऽऽऽऽ!" सुनरी ने अपने होंठों को गोल बनाते हुए कहा।

कुछ ही समय के बाद बिरसा मुंडा समाज की सभा में थे।

"भाइयो, माताओ तथा बहनो, हम मुंडा और उराँव खून-पसीना एक कर काम करते हैं, इसके बावजूद हम गरीबी के चंगुल से निकल नहीं पाते। हमारी गरीबी और मजबूरी का फायदा सूदखोर साहूकार और शोषक जमींदार उठाते हैं। इन सभी को गोरों की सरकार से शह मिलता रहता है। हम नशे का सेवन कर मदहोश रहते हैं और हमें आसानी से लूट लिया जाता है। ये अंग्रेज हमारी ही धरती पर राज कर रहे हैं और हमारी ही तबाही में जुटे हुए हैं। हम जितना बरदाश्त करते हैं, ये उतना ही हमें डरपोक समझकर सताते हैं।"

सुनरी हातोम ने सोमरी काकी से धीरे से कहा, "देखा न, बिरसा कितना अच्छा बोलते हैं!"

सोमरी काकी बोली, "मैंने तो पहले ही कहा था कि बिरसा जैसा कोई नहीं हो सकता। ये बहुत ज्ञानी हैं। सबकी भलाई चाहते हैं।"

"हाँ काकी ?" सुनरी हातोम बोली।

यह मुंडारी क्षेत्रों से आए मुंडाओं की सभा थी। बिरसा का संबोधन जारी था—"हमने ब्रिटिश सरकार चलानेवालों को बहुत बरदाश्त किया, लेकिन ये हमेशा हमारे साथ वादा खिलाफी करते हैं। आपको पता होगा कि अंग्रेजी सरकार ने 1886-87 में मुंडाओं से जमीन छीन ली थी। इसके विरोध में आंदोलन हुआ तो उन्होंने वादा किया था कि जमीन वापस कर देंगे। आज वही सरकार वादाखिलाफी कर रही है। छिनी गई जमीन मुंडाओं को वापस करने के अपने वादे से अंग्रेजी सरकार मुकर रही है। अब आप ही कहें, हम कितना बरदाश्त करें ?"

ग्रामीणों ने एक साथ अपने हाथ उठाकर कहा, "बिल्कुल नहीं। अब हम ईंट का जवाब पत्थर से देंगे।"

बिरसा ने कहा, "हमारी लाख कोशिशों के बावजूद तनाव बढ़ता ही जा रहा है। फिर भी हमें अपना धैर्य नहीं खोना है। हम अंग्रेज शासक, ईसाई मिशनरी और जमींदारों के खिलाफ एक साथ संघर्ष करेंगे, लेकिन हम हिंसा का सहारा नहीं लेंगे। उनके खिलाफ हमारा संघर्ष शांतिपूर्ण तरीकों से चलेगा।"

बिरसा अपनी बात आगे बढ़ाते कि इसी बीच बैठक में खुसर-फुसर शुरू हो गई। बिरसा ने कहा, "अगर मेरी बात पर किसी को कोई आपत्ति है तो बिना झिझक के कहें। हम उस पर भी विचार करेंगे। यह संघर्ष अकेले मेरा नहीं, हम सभी का है, पूरे मुंडा समाज का है।"

एक मुंडा ने खड़े होकर कहा, "हम आपको प्रणाम करते हैं। आप जो शांतिपूर्ण तरीकों से संघर्ष करने की बात कर रहे हैं, उसकी परिस्थितियाँ बदल चुकी हैं। हम शांतिपूर्वक संघर्ष करना चाहते हैं, लेकिन सरकार शांतिपूर्वक हमारी समस्याओं को सुलझाने के लिए तैयार नहीं है। वह हमारे ऊपर शोषण और दमन की सीमा पार कर चुकी है। हम शांति से बात करना चाहते हैं, लेकिन सरकार बंदूकों के बल पर हमारी जुबान बंद करने के लिए तैयार है। ऐसे में हम शांतिपूर्वक अपने अधिकार को कैसे प्राप्त कर पाएँगे ? आज की परिस्थितियों में हथियारबंद संघर्ष की आवश्यकता है। जनता साथ है और फैसला आपके हाथ है।"

इतना कहकर मुंडा बैठ गया। उसकी बात सुनकर बिरसा गंभीर हो गए। कुछ देर तक उन्होंने मौन साधे रखा। फिर बोले, "आपका कहना बिल्कुल सही है। बात इतनी ही नहीं है। आपको बता दूँ कि 1893-94 में पोड़ाहाट वनक्षेत्र को सुरक्षित

वन घोषित कर दिया गया। आप जानते हैं कि आदिवासियों की आजीविका पूरी तरह जंगल पर ही टिकी है। जंगल से जलावन, फल और अन्य वनोत्पादों के उपभोग पर भी प्रतिबंध लगा दिया गया। हम आदिवासियों का जीना मुश्किल हो गया है। हमें अपने जंगल, जल और जमीन के लिए उलगुलान करना होगा। इसलिए कि मुंडाओं को कोर्ट-कचहरी या कानून के रास्ते न्याय नहीं मिलनेवाला। इसलिए संघर्ष जरूरी हो गया है। सरकार की ओर से जो गतिविधियाँ चल रही हैं, उनका मुकाबला अब शांति और अहिंसा से नहीं हो सकता। इसलिए अब हम अबुआ राज के लिए हथियारबंद संघर्ष करेंगे। अब उलगुलान होगा। अंग्रेजों को हमारा देश छोड़कर भागना पड़ेगा। उलगुलान, अबुआ राज के लिए उलगुलान!"

उलगुलान की घोषणा के बाद वहाँ उपस्थित लोगों के बीच नए उत्साह का संचार हो गया। दर्जनों नगाड़े एक साथ गड़गड़ा उठे, जिससे संग्राम का वातावरण बन गया। नगाड़ों को मांदरों का साथ भी मिल गया। सभी अपने हथियार लहरा-लहराकर नाचने लगे और गाने लगे—

काटोंग बाबा काटोंग!
साहेब काटोंग, काटोंग
रारी काटोंग, काटोंग।

सभी नाचने लगे। उनमें सुनरी हातोम और उसके साथ आई सोमरी काकी भी शामिल थीं।

उलगुलान यानी बिरसा के महान् विद्रोह का शुभारंभ! जनता अपनी मुक्ति के लिए जान देने को तैयार। झारखंड की जनता का सांस्कृतिक पुनर्जागरण और बाहरी लोगों के खिलाफ हथियारबंद संघर्ष की इस दोहरी प्रक्रिया ने बीसवीं सदी के शुरू में ही नया इतिहास रच दिया। दलित-पीड़ित जनसामान्य को मुक्ति का मार्ग दिखानेवाले और उस राह पर खुद सबसे आगे चलनेवाले बिरसा एक महान् विद्रोह के नायक और जनता के भगवान् बन गए।

उलगुलान की घोषणा के साथ ही विद्रोहियों के लिए हिंसा से परहेज की समाप्ति हो गई। गुरिल्ला युद्ध में माहिर विद्रोहियों के 60 जत्थों ने एक साथ सरकारी कार्यालयों और भवनों पर हमला बोल दिया। गिरजाघरों पर भी उस समय हमले कर दिए गए, जब सभी ईसाई धर्मावलंबी क्रिसमस त्योहार पर विशेष खुशियाँ मना रहे थे। अफसर, पुलिस, अंग्रेज सरकार के संरक्षण में पलनेवाले जमींदार और महाजन निशाना बने। खूँटी, तोरपा, कर्रा, बसिया, तमाड़, सरबदा, बुर्जू, मुरहू आदि कई इलाकों के मिशनरी केंद्रों और गिरजाघरों पर एक साथ हमले किए गए। चक्रधरपुर,

पोड़ाहाट आदि इलाकों में भी सरकारी कार्यालय और आवास आग के हवाले कर दिए गए। सरकारी कर्मचारियों, मिशन के लोगों, पादरियों, जमींदारों और महाजनों में हड़कंप मच गया। वे कार्यक्षेत्र और घर-बार छोड़कर भाग खड़े हुए। जनवरी के प्रथम सप्ताह में ही खूँटी थाना सहित राँची जिला के कई थानों पर आंदोलनकारियों ने धावा बोला। इन हमलों में आंदोलनकारियों के हाथों कुल आठ लोग मारे गए। उनमें चार कांस्टेबल, एक चौकीदार और तीन अन्य लोग शामिल थे। अब बिरसा आंदोलन को कुचलने के लिए सेना उतार दी गई। बिरसाइतों और सेना के बीच सीधा संघर्ष प्रारंभ हो गया। एक तरफ तीर-धनुष, कुल्हाड़ी और भाले-बर्छों से लैस बिरसाइत और दूसरी तरफ सेना की बंदूकें। 8 जनवरी, 1900 को डोंबारी पहाड़ियों पर जमे बिरसाइत के जत्थे को सेना ने घेर लिया। सेना के नायक ने घोषणा की—"आप लोग सेना से घिर चुके हैं। यहाँ से बचकर नहीं जा सकते। इसलिए आप लोग अपने हथियार डाल दीजिए।"

विद्रोहियों ने नारे के साथ जवाब दिया, "अंग्रेजो, हम अपने देश में हैं। पहले तुम भारत छोड़ दो। अपने देश वापस जाओ। नहीं तो हम तुम्हें नहीं छोड़ेंगे।"

सेनानायक ने कहा, "हथियार फेंककर बाहर आ जाओ, वरना कोई जिंदा नहीं बचेगा।"

विद्रोहियों ने जवाब दिया, "हमें मरने का डर नहीं है, अफसर। तुम्हारी सरकार के अन्याय के खिलाफ हम जो कर सकते हैं, कर रहे हैं। अब तुम भी जो कर सकते हो, कर लो।"

उस दिन तो सेना वहाँ से वापस लौट गई, लेकिन दूसरे दिन विद्रोहियों पर फिर हमला बोल दिया। विद्रोहियों और फौज के बीच भयंकर युद्ध हुआ। करीब 200 मुंडा मारे गए। उनमें महिलाएँ और बच्चे भी शामिल थे। इसी प्रकार सैलरकब पहाड़ी पर भी भारी संघर्ष हुआ, जिसमें सेना और पुलिस के सिपाहियों ने अंधाधुंध गोलियाँ चलाकर कई आदिवासियों को भून दिया। उनमें एक ऐसी महिला भी थी, जिसकी गोद में दूध पीता बच्चा था। दोनों मारे गए। सेना की ऐसी घेराबंदी और संघर्ष के बावजूद बिरसा को गिरफ्तार नहीं किया जा सका। बिरसा आंदोलन के तमाम केंद्रों पर छापामारी की गई। बड़े पैमाने पर गिरफ्तारियाँ हुईं। गाँव-गाँव में पुलिसिया दमन हुआ। आंदोलन को कुचलने के लिए लोगों की जमकर पिटाई होने लगी। सरदारों और मुंडा-मानकियों की तलाशी और कुर्की-जब्ती की काररवाई चलने लगी। आम आदिवासियों की घर-संपत्ति के साथ ही महिलाओं की इज्जत तक लूटी जाने लगी।

राँची जिला में सेना के साथ हुए संघर्ष के बाद बिरसा विद्रोहियों की फौज के साथ सिंहभूम जिला के जमकोपाई के जंगलों की ओर चले गए। पूरे जनवरी माह में अंग्रेज हुकूमत राँची जिला के गाँव-गाँव में कहर बरपाती रही और बिरसा की तलाश में खाक छानती रही। बिरसा ने सिंहभूम के घने जंगलों में संघर्ष संचालन के केंद्र बनाए। रोगोटो नामक स्थान उनकी गतिविधियों का नया केंद्र बना। पोड़ाहाट के विस्तृत जंगल में संगठन और प्रशिक्षण के केंद्र बने। बिरसा रातों में गाँव-गाँव जाकर आदिवासी जनता से संपर्क करते थे। दिन भर घने जंगलों में गुप्त स्थानों पर प्रशिक्षण का काम होता था और संघर्ष की रणनीति तैयार की जाती थी। 22 जनवरी को बिरसा के सेनापति गया मुंडा और उसके बड़े पुत्र सानरे मुंडा को फाँसी की सजा दे दी गई। यह बिरसा के लिए बड़ा झटका था। 28 और 30 जनवरी, 1900 के आसपास सूचना मिली कि दो प्रमुख मुंडा सरदारों के साथ करीब 32 विद्रोहियों ने हुकूमत के समक्ष आत्मसमर्पण कर दिया। बिरसा चौकस और सतर्क हो गए। उनके संगठन के प्रमुख लोगों को यह आभास होने लगा कि कुछ मुंडा हुकूमत के भय अथवा पुरस्कार के लोभ में आकर विश्वासघात कर सकते हैं। उसके तत्काल बाद ही सेना सिंहभूम जिला के गाँवों और जंगलों को रौंदने लगी तो यह साफ हो गया कि कुछ लोगों ने गद्दारी की और बिरसा के पता-ठिकाना की सूचना दी है। बिरसा ने पोड़ाहाट के जंगलों में जल्दी-जल्दी स्थान बदलने की रणनीति अख्तियार की। इस वजह से बिरसाइतों से संपर्क में विलंब होने लगा। संगठन के प्रमुखों से संपर्क और संवाद में मुश्किलें पैदा हो गईं।

3 फरवरी, 1900 को सेंतरा के पश्चिम स्थित जंगल के काफी भीतर बने एक शिविर में बिरसा को उस समय धर-दबोचा गया, जब वे गहरी नींद में थे। उनके साथ 482 आंदोलनकारी भी गिरफ्तार किए गए। उपद्रव की आशंका को देख पुलिस की भारी बंदोबस्ती के साथ उन्हें तत्काल खूँटी के रास्ते राँची ले जाया गया। उन्हें राँची कारागार में बंद किया गया। सब पर मुकदमे चलाए गए। सारी काररवाई गोपनीय ढंग से की गई। उनके खिलाफ ऐटकाडीह में कांस्टेबलों की हत्या, सरवदा में दो मिशनरियों पर हमला, आगजनी, हिंसा-हत्या करने, सरकार उलटने और बिरसा राज की स्थापना के लिए भीड़ इकट्ठा करने, चक्रधरपुर में एक चौकीदार की हत्या, कुंक्तूगुट्टू में गिरजाघर जलाए जाने के आरोप लगाते हुए मुकदमा चलाया गया। गोपनीय ढंग से सारी काररवाई की गई। इस बीच जेल में बिरसा को खूब यातनाएँ दी गईं। उनकी हालत कुछ ही महीनों में खराब हो गई। 9 जून, 1900 को सुबह 8 बजे वे अचानक चिल्लाए और बार-बार खून की उलटियाँ करने लगे।

9 बजे सूचना दी गई कि बिरसा नहीं रहे। यह सूचना लोगों के बीच तेजी से फैली और जेल के बाहर हजारों लोगों की भीड़ इकट्‌ठी हो गई। सबकी आँखों में आँसू थे और दिलों में धधकती आक्रोश की आग। एक व्यक्ति ने रुआँसी आवाज में कहा, "ऐसा कैसे हो गया?"

दूसरे ने कहा, "अंग्रेजी सरकार ने बिरसा को रास्ते से हटा दिया।"

तीसरे ने उसका समर्थन किया, "आप ठीक कहते हैं। बिरसा भगवान् को अंग्रेजी सरकार ने षड्‌यंत्र कर मार डाला।"

वातावरण को गरम होते देखकर तत्काल भीड़ को नियंत्रित करने की व्यवस्था कर दी गई। वहाँ सैकड़ों की संख्या में हथियारों से लैस सेना के जवान आ पहुँचे। उनके साथ पुलिस के जवान भी थे, जो लाठियाँ भाँजते हुए भीड़ को खदेड़ने की कोशिश कर रहे थे। अंततः उन्हें सफलता मिली और बिरसा के पार्थिव शरीर को सेना के घेरे में रखकर राँची के कोकर स्थित डिस्टलरी नदी के पास अंतिम संस्कार कर दिया गया। पुलिस और सेना की सशक्त रोक के बावजूद हजारों लोगों की भीड़ वहाँ भी पहुँच गई। फिर लोगों के गगनभेदी नारे गूँज उठे, "बिरसा भगवान् अमर रहें!"

"अमर रहें, अमर रहें!!"

"बिरसा भगवान् जिंदाबाद!"

"जिंदाबाद जिंदाबाद!!"

"अंग्रेजी शासन मुर्दाबाद!"

"मुर्दाबाद मुर्दाबाद!!"

एक क्रांतिदूत और युगपुरुष से भी ऊपर जन-जन की दृष्टि में भगवान् का दर्जा पा चुके बिरसा तो अनंत में विलीन हो गए। उलगुलान की आग भी ठंडी हो गई, लेकिन उस क्रांतिदूत की अमर आत्मा ने ब्रिटिश सत्ता को भूमि संबंधी समस्याओं के समाधान के प्रयास के लिए विवश कर दिया। परिणामस्वरूप भूमि अधिकार अभिलेख तैयार कर बंदोबस्ती प्रक्रिया चलाने और भू-स्वामित्व के अंतरण की व्यवस्था को कानूनी रूप देने के लिए 'छोटानागपुर काश्तकारी अधिनियम' यानी 'छोटानागपुर टेनेंसी ऐक्ट' की घोषणा की गई। इस अधिनियम के माध्यम से 'मुंडा खुँटकटी व्यवस्था' को कानूनी मान्यता मिली।

□

गया मुंडा

एटकीडीह गाँव में 5 जनवरी, 1900 को गहमागहमी बढ़ी हुई थी। यह गाँव झारखंड के खूँटी जिले में अवस्थित है, जहाँ वीर स्वतंत्रता सेनानी गया मुंडा ने अपने घर पर आजादी के दीवानों की एक गुप्त बैठक बुलाई थी। गया मुंडा बिरसा के सर्वाधिक विश्वासपात्र और सेनापति थे। उनकी पत्नी मानकी भी कम बहादुर नहीं थी। इतिहास ने मानकी को वीरांगनाओं में से एक माना है, जिसने स्वाधीनता संग्राम में महती भूमिका निभाई है। मानकी ने लगभग सभी प्रकार के पारंपरिक हथियारों को चलाने में सिद्धहस्तता प्राप्त कर रखी थी। वह निर्भीक, सशक्त, बुद्धिमान और चतुर महिला थी। वह अंग्रेजों और उनके सिपाहियों से लड़ने में हथियारों से कम, बुद्धि तथा चतुराई से अधिक काम लेती थी। वह इलाके की महिलाओं को भी हथियार चलाने का प्रशिक्षण देकर उनकी एक फौज तैयार कर चुकी थी।

गाँव में हुई गुप्त बैठक से पूर्व मानकी ने गाँव की सभी महिलाओं को अंग्रेजों से लड़ने का तौर-तरीका समझा दिया था। धीरे-धीरे हर्वे हथियार से लैस लोग वहाँ पहुँचने लगे। जब सभी बैठ गए तो गया मुंडा ने कहा, "भाई लोग, आप तो जानते

ही हैं कि हमें 'धरती आबा बिरसा भगवान्' ने आपके पास भेजा है। 'धरती आबा' चाहते हैं कि इस धरती पर एक भी अंग्रेज दिखाई न पड़े। लड़ाई कठिन तो है, लेकिन असंभव नहीं है। इसके लिए हम केवल शरीर और हथियार के बल का ही उपयोग नहीं करेंगे, बल्कि हम बुद्धि और विवेक से भी काम लेंगे। हम उनको बता देंगे कि हम फूहड़ और गँवार नहीं हैं, जैसा कि वे हमें समझते आ रहे हैं। हम उनकी हर चाल को नाकाम कर देंगे।"

इसी समय मानकी बाहर से दौड़ती हुई आई। उसने हाँफते हुए कहा, "अरे सुनो भाइयो, सुनो। पुलिस आ रही है। लगता है कि अंग्रेज अफसरों को यहाँ की मीटिंग की सूचना मिल गई है। आप लोग जितना जल्दी हो सके, यहाँ से भागें। आप लोग हमारी चिंता नहीं करें। उन्हें देख लेने के लिए हम काफी हैं। बाकी हम सबकुछ सँभाल लेंगे।"

सभा का विसर्जन हो गया। सभी उठे और तेजी से तजना नदी की ओर भागते चले गए। इधर गाँव में पुलिस के सिपाही आ धमके। एक ने कहा, "माई डियर, इस विलेज में टो एक भी मैन डिखाई नाईं देटा। केवल लेडीज हाय।"

दूसरे ने कहा, "हाम लेडीज से ही पूछेगा।"

पहले ने एक महिला को देखकर कहा, "ओ लेडी, इडर सुनो। गया मुंडा किडर होटा?"

दूसरे ने कहा, "हाम सही-सही बटाना माँगटा है। अगर हमको झूठ बटाएगा टो हम टुमको ही मार डेगा।"

महिला ने घूँघट की ओट से चीखते हुए कहा, "नहीं साहेब। हमको मत मारना। हम गया को बिल्कुल पसंद नहीं करते। उसको तो हम बराबर मना करते हैं कि हम लोग गरीब आदमी हैं। हमको सरकार से दुश्मनी नहीं करनी चाहिए, लेकिन वह हमारी सुनता ही नहीं है। हम तो कहते हैं साहब, उसको पकड़ लीजिए और उसकी इतनी पिटाई करिए कि उसका दिमाग ठीक हो जाए। मर भी जाए तो भी चलेगा।"

पहले सिपाही ने अपनी मूँछों पर हाथ फेरते हुए कहा, "वेरी गुड। बटाओ, गया कहाँ है?"

महिला ने जवाब दिया, "ए साहेब, गया और उसका साथी उधर तजना नदी की ओर गया है।"

"थैंक यू।" उसने कहा और सभी सिपाही तजना नदी की ओर चल पड़े।

"ही-ही-ही-ही-ही।" पुलिस को तजना नदी की ओर भेजकर वह महिला

खिलखिलाकर हँस पड़ी। उसे हँसती हुई देखकर आसपास से कई महिलाएँ वहाँ पहुँच गईं।

दूसरी महिला ने पूछा, "पागल हो गई हो क्या? हँसती क्यों हो?"

"देखा न दीदी, कैसे उल्लू बना दिया उनको!" उस युवती ने कहा।

दूसरी ने कहा, "अरे पगली, तजना नदी की ओर तुमने सिपाहियों को भेज दिया। उन्होंने कहीं गया को पकड़ लिया तब?"

"ओइसा कुछ नहीं होगा, दीदी।" युवती ने कहा, "इहो प्लान गया का ही है। गया के पास पहुँचें तो ये! छठी का दूध याद आ जाएगा। असली मजा तो दीदी, अब आएगा। ही-ही-ही-ही¨।"

वह पागलों की तरह जोर-जोर से हँसने लगी। उसे देखकर वहाँ पहुँची सभी महिलाओं के होंठों पर मुसकान तिर गई। एक बूढ़ी महिला अपने पोपले मुँह को आँचल से ढकते हुए बोली, "तुम बहुत शरारती हो, मानकी।"

तजना नदी के तट पर सिपाहियों का दल पहुँच गया। उन्हें गया दिखाई पड़ा तो वे बहुत खुश हुए।

एक सिपाही ने कहा, "लुक देयर। वहाँ है गया मुंडा। आज इसको मजा चखाएगा। पकड़ो।"

दूसरे ने हँसते हुए कहा, "अब कहाँ जाएगा, बच्चू? आज हाम टुमको छोड़ेगा नहीं।"

सिपाही बहुत उत्साहित थे, लेकिन अचानक उनकी खुशी तुरंत ही काफूर हो गई, जब उन्होंने आसपास चारों ओर से गया मुंडा के हथियारबंद आक्रामक स्वाधीनता सेनानियों से खुद को घिरा हुआ पाया। गया के वीरों ने ऐसा हमला बोला कि अंग्रेज सिपाही सँभल भी न पाए। इसके बाद तो उनकी ऐसी गति बनी, जिसे हर आदमी के लिए देख पाना भी मुश्किल था। पहले तीर चलता और किसी-न-किसी सिपाही को धराशायी कर देता। गया के साथी एक-एक कर उन्हें पकड़ते गए और गया टाँगी से उन्हें काटता चला गया। यह अंग्रेजी सत्ता के लिए सबसे बड़ी चुनौती थी।

'धरती आबा बिरसा भगवान्' के भरोसेमंद साथियों में गया मुंडा का नाम खास था। उनका जन्म खूँटी (पुराना राँची जिला, झारखंड का अनुमंडल) के मुरहू प्रखंड के अंतर्गत एटकीडीह गाँव में हुआ था। उन्होंने 1850 में हुए 'सरदारी आंदोलन' में सक्रिय भूमिका निभाई थी। उन्होंने स्वाधीनता संग्राम में अपने पूरे परिवार का होम कर दिया था। साथ ही अपनी कुशल रणनीति

से कई बार दुश्मनों को परास्त किया। गया मुंडा जबरदस्त ताकतवर, कुशल रणनीतिकार और दक्ष लड़ाका थे। तलवार-तीर चलाने में बिल्कुल माहिर। सबसे बड़ी खूबी यह थी कि वे टाँगी फेंककर मारने में महारत हासिल कर चुके थे। उन्होंने विद्रोहियों पर अत्याचार करनेवाले जयराम नामक पुलिस के एक सिपाही को खूँटी में टाँगी फेंककर काट डाला था। कुश्ती में उनसे टक्कर लेनेवाला पूरे इलाके में कोई न था। बिरसा के अज्ञातवास के दौरान भी गया मुंडा उनके साथ रहते थे। गया ही बिरसा का संदेश गाँववालों तक पहुँचाते थे। सैलरकब पहाड़ी पर जब अंग्रेजी सेना ने विद्रोहियों को घेर लिया था, उस समय गया मुंडा बिरसा मुंडा के साथ ही थे। उसमें अंग्रेजी सेना ने अंधाधुंध गोलीबारी कर दो सौ से अधिक मुंडा विद्रोहियों को मार गिराया था, लेकिन गया मुंडा किसी तरह बिरसा मुंडा को लेकर वहाँ से निकल भागने में सफल हो गए थे। इसके बाद गया एटकीडीह आ गए।

तजना नदी के किनारे घटी घटना के बाद डिप्टी कमीश्नर स्ट्रीटफील्ड बौखलाया तो था ही, लेकिन जब गया मुंडा के एटकीडीह में होने की सूचना मिली तो उसने इसे बहुत अच्छा अवसर मान लिया। इससे पहले कि ग्रामीणों के मन से अंग्रेजी सरकार की खौफ हमेशा के लिए खत्म हो जाए, गया और उनके साथियों को पकड़ना जरूरी था। अगले ही दिन 6 जनवरी को स्ट्रीटफील्ड दरोगा इल्ताफ हुसैन के साथ एटकीडीह जा पहुँचा। दिन के ग्यारह बजे गया मुंडा सपरिवार भोजन कर रहे थे। पुलिस ने गया के घर को चारों ओर से घेर लिया। गया मुंडा के परिवार के सदस्यों ने भी पारंपरिक हथियार थाम लिये। बिरसाइतों तक यह बात पहुँच चुकी थी। पारंपरिक हथियारों से लैस विद्रोहियों का दल एटकीडीह के लिए रवाना हो चुका था। स्ट्रीटफील्ड जल्द-से-जल्द गया को गिरफ्तार कर सुरक्षित निकालकर ले जाना चाहता था। गाँव पहुँचते ही कमिश्नर ने गया मुंडा की झोंपड़ी में आग लगवा दी।

गया सपरिवार पारंपरिक हथियार थामे बाहर निकल आए। गया की पत्नी मानकी लाठी लिये क्रोधित खड़ी थी। बड़ा बेटा सानरे कुल्हाड़ी ताने गुस्से से लाल था। पोते रामू ने तीर-धनुष के साथ मोरचा ले रखा था। दोनों पुत्रवधुएँ एक हाथ में बच्चा सँभाले और दूसरे में टाँगी लिये गुस्से से हाँफ रही थीं।

तीनों पुत्रियाँ थीगो, नागी और लेंबू हाथों में लाठी, तलवार और टाँगी लिये सिपाहियों को ललकार रही थीं। स्ट्रीटफील्ड ने गया के दाहिने कंधे में गोली दाग दी। बाएँ हाथ में तलवार ले गया कमिश्नर की तरफ लपका। दोनों में मल्ल युद्ध

छिड़ गया। स्ट्रीटफील्ड की जान आफत में जानकर सिपाहियों ने लाठी से वार करते हुए गया को सपरिवार गिरफ्तार कर लिया। गया मुंडा और उनके बड़े पुत्र सानरे मुंडा को 22 जनवरी, 1900 को फाँसी दे दी गई। छोटे पुत्र जयमासी को आजीवन देश निकाले की सजा हुई। बाकी सदस्यों को आजीवन कारावास की सजा दे दी गई। इस प्रकार भारतीय स्वाधीनता संग्राम के इतिहास में गया मुंडा का नाम अमर हो गया।

□

जतरा टाना भगत

आज आषाढ़ की अमावस्या है। गुमला जिले के हेसराग गाँव स्थित तुरिया भगत के घर पर कुल 40 किशोर पहुँचे हैं, जो एक साल से यहाँ भूत-प्रेत भगाने के लिए मंत्र और साधना का प्रशिक्षण ले रहे हैं। तुरिया उन सभी का गुरु है और आज उनका दीक्षांत समारोह है। आज के बाद सभी किशोर अपने-अपने गाँव और इलाके में भूत-प्रेत भगाने का काम शुरू कर देंगे। अपने खपरैल के घर के दालान में उसने साधना और प्रशिक्षण का केंद्र बना रखा है। दालान की एक ओर दो फीट ऊँचा एक चबूतरा बना है। उस पर काले रंग के पत्थर की एक अनगढ़ प्रतिमा और उसके आगे एक त्रिशूल स्थापित है। साथ ही कुछ देवी-देवताओं की तसवीरें रखी हैं। प्रतिमा से लेकर तसवीरों तक में सिंदूर पोता हुआ है, जिससे यह पता नहीं चल पा रहा है कि प्रतिमा या तसवीर किस देवता या देवी की हैं। वहीं जमीन पर मोरपंखों के दो गुच्छे पड़े हैं। बगल में एक छोटा सा हवनकुंड सा बना हुआ है, जिसमें धूप और धुवन जलाया जा रहा है और उसका धुआँ पूरे कमरे में फैलते हुए खपरैल छप्पर के छिद्रों के सहारे बाहर निकलता जा रहा है। एक थाली में उड़हुल का फूल तथा दूसरी में पाकवान है, जिसकी सोंधी महक कमरे में फैल रही है। उसी चबूतरे पर उजले रंग की धोती

पहने तुरिया भगत आँखें मूँदे बैठा है। तुरिया दुबले-पतले कद और काले रंग का अधेड़ है। उसके सिर के लंबे-लंबे बालों में आधे सफेद हो चुके हैं। माथे पर सिंदूर का तिलक। उसके सामने नए ओझा-गुनियों का दल बैठा है। सभी आँखें बंद कर उन मंत्रों को याद कर रहे हैं, जो उन्हें सिखाया गया है। पता नहीं गुरुजी उनसे कौन सा मंत्र पूछ लें! चबूतरे के निकट एक उजले रंग का बकरा मिमिया रहा है और दो मुरगे कोंक-कोंक की आवाजें निकाल रहे हैं। तुरिया की आँखें खुलती हैं। उसने किशोरों को देखकर ऊँची आवाज में कहा, "आज हम तुम लोगों से सवाल पूछेंगे तो तुम लोग उसका जवाब देगा?"

"हाँ गुरुजी!" किशोरों ने समवेत स्वर में कहा।

"तो ठीक है, तैयार हो जाओ।"

"हम तैयार हैं, गुरुजी।"

तुरिया ने कहा, "मंगरू, बाधनी मंतर बोलकर सुनाओ।"

मंगरू ने माथे पर जोर देकर मंत्र-पाठ शुरू कर दिया—"घोट-घोट, बज्जर घोट, फुलकारी, लागे तारी, ससान गेलय, मसान गेलय, देखे गेलय, भैरव पाठ, नाइनी काठ, दूर भैल, लई इवों, बज्जर खेलों। भाज-भाज, भाजत पुर, दूत-भूत करो कपास, साइठ सरसों, सोरों धान, हथे गुन, मसान छई, देखे गेलें, भैरो पाठ, नाइनी काठ, दूर भयल ̈।"

तुरिया ने मुसकराकर कहा, "बस करो। हम समझ गए, तुम सीख गया रे! अब सुखा भगत, तुम हाँकनी मंत्र सुनाएगा।"

सुखा ने सुनाया, "गुन काटौं, काटौं गुन के रेखा, चढ़ल खाटी, उतरल जाय, पानी पथ बिलास करै, धर लाएँ, लुटु-पुटु, धर लाएँ, अपन कान, छड़न बादी, उड़लही बान, सायगुन बान, खैरा अपन गुन बान, राइख के का करै, तार काटे, तरगुन काटे, राम काटे, लखन काटे, धरम काटे, धरमात काटे, बानी चक्कर बान काटे।"

तुरिया ने हँसकर टोका, "तुम तो बीच वाला सुना दिया रे! शुरू वाला मंतर कहाँ गया?"

जतरा बोला, "हमको पूरा याद है, गुरुजी।"

"ठीक है, तुम्हीं सुनाओ।"

जतरा एक साँस में मंतर पढ़ने लगा, "कलकत्ता के काली माई, लोहरदग्गा के लोहरा-लोहराइन, बदला के मुड़ा-मुड़ाइन, कसमार के घींरू टांगर, पाँच पूत, पाँचो पंडा के लागे दोहाई। ठुनुक-ठुनुक करे बीर, हथ कटारी हाथे काटी, टूटे एरंडी, बादी

भूत के टूटे हाड़, जै मुठ मारौं तोर गुरु लवा-तीतर, मोर गुरु छेरछा बादी, उड़ि जाबे डैना तोड़ों, बइठ जाबे डांडा तोड़ों, रिंग जाबे गोड़ तोड़ों, केकर बले, गुरु के बले, गुरु के साधल, तीन सौ साइठ जतन के लगे दोहाई। ओटोम दरहा, पोटोम दरहा, ठूठा दरहा, लँगड़ा दरहा, अंधा दरहा, खोरा दरहा, रूप दरहा के लागे परनाम…।"

तुरिया ने उसे बीच में ही रोककर बोला, "बस करो जतरा। हम समझ गए। तुमको मंतर पूरा याद है।" इसी प्रकार तुरिया ने एक-एक किशोर से अपने द्वारा सिखाए गए मंतर का पाठ कराया। पाठ तो सभी ने किया, लेकिन जतरा ने जिस आत्मविश्वास के साथ पाठ किया, तुरिया उससे बहुत खुश हुआ। जतरा तुरिया का खास चेला था, इसलिए वह उससे तंतर-मंतर के अलावा विभिन्न रोगों में काम आनेवाली जड़ी-बूटियों के बारे में भी अच्छी जानकारी प्राप्त कर चुका था। दोनों गुरु-चेला आपस में तंतर-मंतर, भूत-प्रेत, रोग-दुःख आदि विषयों पर बातचीत करते रहते थे। इसके बाद गुरु और चेलों के समवेत स्वर में शुरू हुआ सुमिरनी गीत। सभी झूम-झूमकर गा रहे थे। उस दालाननुमा कमरे का वातावरण कुछ भयावह और विचित्र सा हो गया था। सुमिरनी गीत के बाद तुरिया ने कहा, "आज से तुम लोग पक्के ओझा हो गए। अब तुम लोगों को देखकर भूत-प्रेत काँपने लगेंगे। कोई तुम्हारे सामने टिक नहीं पाएगा। चलो, पूजाई करते हैं।"

इसके बाद तुरिया ने मंतर पढ़ते हुए हवनकुंड में धूप-धुवन का मिश्रण और घी डाल दिया। हवनकुंड की आग धुआँती हुई जल गई और उससे लपट निकलने लगी। उसने एक पुआ भी आग में डालकर अपने देवी-देवता को अर्पित किया। इससे घी और पुआ के जलने से मीठी-सोंधी महक कमरे में फैल गई। फिर उसने चाकू उठाया और बारी-बारी से दोनों मुरगों का सिर कतर डाला। अब बारी आई बकरे की। उसे घर के बाहर ले जाया गया। दो चेलों ने बकरे के चारों पैर पकड़ लिये। तुरिया ने फरसे से उसका सिर धड़ से अलग कर दिया। बकरा का धड़ जमीन पर पड़ा तड़पने लगा और तुरिया ने तेजी से कटा सिर उठाकर अपने देवता के पास रख दिया। पनढार किया और पूजा संपन्न हो गई। जतरा ने देखा कि बकरे की आँखें अभी भी खुली थीं। मानो पूछ रही हों—मेरा क्या अपराध था, जो मुझे मार डाला?

उसने जतरा से कहा, "गुरुजी, हमको माफ करिएगा। इस बेचारे बकरे और मुरगों की क्या गलती थी, जो इन्हें आपने काट डाला?"

तुरिया ने समझाया, "बेटा, ये हमारे देवता और भूत-प्रेतों के भोजन हैं। इन्हें देने से ये खुश हो जाते हैं। इनको खुश रखना भी तो जरूरी होता है न! तभी तो भूत भागेंगे।"

जतरा ने फिर अपनी शंका बताई, "जो देवता हैं, उनका भोजन ये बकरे और मुरगे कैसे हो सकते हैं? हमने सुना है कि देवता तो सभी जीवों की भलाई चाहनेवाले होते हैं। वे कैसे चाहेंगे कि उनके सामने किसी जीव की हत्या की जाए? रही बात भूत-प्रेत की, तो उन्हें खुश करने की क्या जरूरत है? उन्हें तो भगाया जाना चाहिए। इन अनबोलता जानवरों और पक्षियों की बलि चढ़ाने से किसी की भलाई नहीं हो सकती, दादा! यह सब बंद करिए। एक आदमी को काट दिया जाता है तो कितना थाना-पुलिस हो जाता है। इन जानवरों के शरीर में भी वैसी ही आत्मा है, जैसाकि हमारे या आपके शरीर में। दादा, सिर काटने के बाद ये कितना तड़पते हैं। ऐसा होने पर हम या आप भी तो इतना ही न तड़पेंगे!"

तुरिया ने झुँझलाकर कहा, "क्या फालतू बात करता है?"

"हम ठीक कह रहे हैं, दादा। यह सब अंधविश्वास है, जो हमारे समाज को बरबाद कर रहा है। भूत-प्रेत का मतलब हुआ, जो मर गया। जिसके पास शरीर भी नहीं है तो वह एक जिंदा आदमी को कैसे नुकसान पहुँचा सकता है? हमको आज तक यह समझ में नहीं आया कि भूत आदमी को कैसे पकड़ता है और फिर मुरगे और बकरे की बलि देने के बाद कैसे छोड़ देता है?"

"तुम नहीं समझेगा, जतरा। तुमको समझाना बेकार है।"

जतरा ने मंगरू की ओर देखकर कहा, "चल मंगरू, अब घर चलते हैं। हम भूतों को खुश नहीं करेंगे, बल्कि उन्हें भगाएँगे।"

दोनों उठे और चल पड़े। तुरिया उन्हें देखता ही रह गया।

□

जतरा अकसर कहा करता था कि वह कोई भी काम कर सकता है। तुरिया के घर से अपने गाँव की ओर का रास्ता घने जंगल के बीच से होकर गुजरता था। मंगरू एक पेड़ की ओर देखने लगा। जतरा ने पूछा, "क्या हुआ?"

मंगरू ने कहा, "जतरा दादा, तुम कहते हो कि तुम कोई भी काम कर सकते हो।"

"बिल्कुल कर सकता हूँ!" वह पूरे आत्मविश्वास के साथ बोला।

"इस पेड़ पर चढ़ सकते हो?"

"बिल्कुल।"

"तो जरा चढ़कर दिखाओ तो मान लिया जाएगा।"

यह जतरा के लिए खुली चुनौती थी और उसकी प्रतिष्ठा का सवाल था। इसलिए जतरा पेड़ पर चढ़ गया। वह इतनी आसानी से चढ़ा, जैसे गिरगिट चढ़ता

है खर–खर–खर–खर। उसने पेड़ की पतली डालियों तक जाकर उसे दिखा दिया कि उसके लिए कुछ भी असंभव नहीं है। उसे ऊपरवाले ने कुछ ऐसा खास ढंग से बनाया है कि वह कोई भी काम चुटकी बजाते कर सकता है।

जतरा ने चहककर कहा, "देख मंगरुआ, देख। तुम कहता था न कि मैं पेड़ पर नहीं चढ़ सकता! देख मैं चढ़ गया।"

"हूँह! पेड़ पर तो कोई भी चढ़ सकता है। यह कौन बड़ी बात हुई! जरा डाली को हिलाकर तो दिखा, जतरा।" मंगरू ने एक और चुनौती दे दो।

"देखो!" कहते हुए उसने लपककर एक डाली को पकड़ लिया और उसे झकझोरने लगा। डाली की फुनगी पर एक पक्षी का घोंसला था। डाली के डोलने से घोंसला उलटा लटक गया। उसमें रखे दो अंडे जमीन पर गिर पड़े और चकनाचूर हो गए। उनके भीतर का पीला गाद सफेद तरल पदार्थ के साथ जमीन पर फैल गया। उसे देखकर जतरा का चेहरा सफेद हो गया। वह सँभलकर पेड़ से उतरा और नीचे आकर फूटे अंडे को देखने लगा। फिर जोर–जोर से रोने लगा।

मंगरू ने चौंककर पूछा, "क्या हुआ जतरा दादा?"

जतरा ने रोते हुए ही कहा, "मंगरू, मैं बरबाद हो गया रे⋯मुझसे बहुत बड़ा पाप हो गया। मेरी ही गलती के कारण ये दोनों अंडे फूट गए।"

"अरे तो यह कौन सी बड़ी बात हो गई? ऐसे तो रोज ही कितने अंडे फूटते हैं।"

"बड़ी बात कैसे नहीं हुई? मैंने दो जीवों की हत्या कर दी—हत्या! अब मुझे सिंगबोंगा कभी माफ नहीं करेंगे।"

"जतरा दादा!" मंगरू ने समझाने की कोशिश की, "इन अंडों में बच्चे कहाँ थे कि आप उनकी हत्या करेंगे?"

"तुम समझ नहीं रहा, मंगरू। इन अंडों में बच्चे थे। अगर अंडे नहीं फूटते तो निश्चित रूप से इनसे बच्चे निकलते, जिन्हें मैंने जन्म लेने से पहले ही मार डाला।"

"अच्छा दादा, अगर हत्या भी हुई है तो तुमने जानबूझकर तो किया नहीं। इसलिए इतना रोने–धोने की जरूरत नहीं है। अब चुप भी हो जाओ।"

जतरा ने रोना बंद कर दिया, लेकिन सिसकते हुए कहा, "चलो, आज जो हो गया, सो हो गया। आज के बाद मैं किसी जीव को नहीं मारूँगा, किसी की हत्या नहीं करूँगा। सिंगबोंगा से विनती है कि वे सभी लोगों को ऐसी सुबुद्धि दें कि कोई किसी को न मारे। कोई किसी को न सताए। कोई किसी जीव की हत्या नहीं करे। देवी–देवता के नाम पर भी नहीं। भूत–प्रेत के नाम पर भी नहीं।"

गुमला जिले के बिशुनपुर प्रखंड में एक गाँव है चिंगरी नवाटोली। इसी गाँव में 1888 में महान् स्वाधीनता सेनानी जतरा टाना भगत का जन्म हुआ। पिता का नाम था कोंदरा भगत और माता का नाम लिबरी भगत। सीधी-सादी महिला बुधनी भगत इनकी पत्नी थी। शांत प्रकृति का बालक जतरा हमेशा अकेला ही रहना पसंद करता था। गाँव में उस उम्र के सभी बच्चे जहाँ खेल-कूद और शरारत में रात-दिन एक कर देते थे, वहीं जतरा को खेल-कूद में कोई रुचि नहीं थी। उसके स्वभाव को देखकर माता-पिता चिंतित हुए और स्कूल में दाखिल करा दिया, लेकिन वहाँ भी वह अकेला ही रहता। पढ़ने-लिखने में भी मन नहीं लगा तो उसने स्कूल जाना छोड़ दिया। इसके बाद उसकी रुचि झाड़-फूँक और ओझामती में जग गई। इसी बीच मंगरू उसका दोस्त बन गया। वह उसके साथ ही तुरिया भगत के घर ओझामती सीखने जाया करता था। तुरिया के घर पहुँचने से पहले दोनों अरंगेलिया तालाब में स्नान करना नहीं भूलते थे।

□

एक दिन जतरा अरंगेलिया तालाब में स्नान कर रहा था कि अचानक उसे अद्‌भुत अनुभूति हुई। वह जोर से गाने लगा—

"टाना बाबा टाना, भुतनी के टाना,
टाना टन टाना, कासा पीतर मना,
दोना पतरी खाना,
मांस-मदिरा मना, दारू मना
टाना बाबा, टाना।"

मंगरू ने चौंककर जतरा को देखा। फिर बोला, "जतरा दादा, क्या हुआ?"

"जय सिंगबोंगा...जय धर्मेश! चमत्कार हो गया रे।"

मंगरू ने अपनी आँखें मिचमिचाकर पूछा, "क्या हुआ?"

जतरा ने हँसते हुए कहा, "सुन रे मंगरुआ, चमत्कार हो गया रे। हमको धर्मेश भगवान् ने दर्शन दे दिया रे। जय सिंगबोंगा! हमको सभी सवालों का जवाब मिल गया। धर्मेश ने कहा है—आदिवासी समाज आर्थिक पतन के कारण बरबाद हो रहा है। उसे बचाना है तो आर्थिक रूप से मजबूत बनाना होगा। सामाजिक बुराइयों को दूर करना होगा। धार्मिक रूप से सुधरना होगा। उन्होंने हमको आदेश दिया है कि तुम नए धर्म की स्थापना करो; उस नए धर्म के अनुसार अब हमको समाज की भलाई के लिए काम करना है। आदिवासी समाज की बुराइयों को मिटाना है। भगवान् धर्मेश ने कहा कि जब तक उराँव समाज के लोग दूसरे के अधीन काम करते रहेंगे, उनकी

भलाई नहीं हो सकती। बल्कि वे और गरीब होते जाएँगे और जमींदार मालामाल। हमारे समाज के लोग बहुत दु:खी हैं, बहुत परेशान हैं। अपनी खराब आदतों के चलते लोग बरबाद हो रहे हैं। वे दारू पी रहे हैं और नशे में धुत्त हो जा रहे हैं। इसका फायदा जमींदार और दिकू उठाते हैं। उनकी जमीन हड़प लेते हैं। जरूरत से ज्यादा खर्च करते हैं, जिससे उन्हें कर्ज लेना पड़ता है और वे साहूकार के चंगुल में फँस जाते हैं। फिर अपना सबकुछ बरबाद कर मजदूर बन जाते हैं और गरीबी में ही मर जाते हैं। हमारे समाज में अंधविश्वास भरा है। लोग भूत-प्रेत के चक्कर में ओझागुनी के कहने पर अपने लोगों से झगड़ते हैं और मरने-मारने पर उतारू हो जाते हैं। फिर पुलिस उनको दूहती है। इसके बाद कोर्ट-कचहरी और जेल। इसीलिए भगवान् धर्मेश कहते हैं—टाना बाबा टाना, भुतनी के टाना, टाना टन टाना, कासा पीतर मना, दोना पतरी खाना, मांस-मदिरा मना, दारू मना, टाना बाबा टाना। भगवान् धर्मेश का आदेश है कि सबको हमारी बात माननी होगी। जो नहीं मानेगा, उसे धर्मेश भगवान् सजा देंगे। उसे बरबाद कर देंगे।"

जतरा तालाब से बाहर निकले और मंगरू के साथ अपने गाँव चिंगरी नावाडीह पहुँच गए। घर के बाहर चबूतरे पर भीगे कपड़े में ही बैठ गए और जोर-जोर से 'टाना बाबा टाना' गाने लगे। गाना सुनकर दो-तीन लोग वहाँ पहुँचे और मंगरू को बुलाकर धीरे से पूछा, "इसे क्या हो गया है? यह तो अपने स्वभाव के ठीक उलट गाना गा रहा है?"

मंगरू ने भी उसी प्रकार उन्हें धीरे से कहा, "आज गजब हो गया। जब ये तालाब में नहा रहे थे तो इनको धर्मेश भगवान् ने दर्शन दे दिया है। इससे इनको बहुत ज्ञान हो गया है। अब जतरा ज्ञानी हो गए हैं। केवल धरम-करम की बात करते हैं। ज्ञान की बात करते हैं। इनको धर्मेश भगवान् कुछ अच्छा काम करने और कराने के लिए बोले हैं। जो इनकी बात नहीं मानेगा, उसको धर्मेश भगवान् सजा देंगे।"

जो आए थे, मंगरू की बात सुनकर वहाँ से चले गए। पूरे गाँव में कानोकान यह बात फैल गई कि धर्मेश भगवान् ने जतरा को दर्शन दिया है और समाज की भलाई के लिए कुछ काम करने को कहा है। जो उनकी बात नहीं मानेगा, उसको भगवान् धर्मेश का गुस्सा सहना पड़ेगा। एक-एक कर गाँव के लोग जतरा के पास पहुँचने लगे और वहाँ भीड़ लग गई। जतरा अब तक प्रवचन की मुद्रा में आ गए थे। उन्होंने लोगों को संबोधित करते हुए कहना शुरू किया, "गाँव के छोटे-बड़े सभी लोग ध्यान से मेरी बात सुनो। भगवान् धर्मेश चाहते हैं कि हमारे समाज में किसी को कोई कष्ट न हो। कोई बीमार न पड़े। किसी के पास गरीबी और अभाव न हो।

आपस में लड़ाई-झगड़ा न हो। हर कोई सुखी रहे। सबका परिवार हँसता-खेलता रहे। उन्होंने मुझे बता दिया है कि कैसे धरती के लोग सुखी और संपन्न होंगे। धरती स्वर्ग जैसी सुंदर बन जाए और इसके लिए भगवान् धर्मेश ने हमको आदेश दिया है। इसलिए आज से हम आपके दुःख-दलिद्दर दूर करने के लिए काम करेंगे; लेकिन इसके लिए आप सभी को हमारा साथ देना होगा। भगवान् धर्मेश का कहा मानना होगा। बोलिए, आप लोग तैयार हैं?"

एक बुजुर्ग ने कहा, "बेटा, हम तैयार हैं। भगवान् धर्मेश हमारे देवता हैं। उनकी बात हम कैसे उठा सकते हैं?"

इसके बाद सभी ने एक साथ कहा, "हाँ, हम सभी तैयार हैं और बताइए, हम लोगों को क्या करना होगा?"

एक युवक ने जिज्ञासा प्रकट की, "दादा, हम लोग सुखी और संपन्न कैसे होंगे?"

जतरा ने सिद्ध महात्मा की मुद्रा में कहा, "अगर तुम चाहते हो कि तुमको कोई कष्ट नहीं हो तो तुम सभी को मिल-जुलकर रहना होगा। सबको एक-दूसरे के सुख-दुःख में शामिल रहना होगा। जमींदारों की बेगारी नहीं करोगे। मांस और मदिरा को हाथ भी नहीं लगाओगे। आज संकल्प करो कि कोई किसी जीव की हत्या नहीं करेगा। सब मिलकर संकल्प लो कि आज के बाद हम भूत-प्रेत को भी नहीं मानेंगे और न भूत-प्रेत भगाने के नाम पर किसी जीव की बलि नहीं चढ़ाएँगे। हम भूत को भगाएँगे। ऐसा भगाएँगे कि वे फिर वापस लौटकर नहीं आएँगे। इसलिए कि हम भूत भगाना सीख चुके हैं। हम जनेऊ धारण करेंगे। गाय की सेवा करेंगे। अपने आँगन में तुलसी का एक पौधा जरूर लगाएँगे। सबसे प्रेम करेंगे। जुल्मी अंग्रेजों का आदेश नहीं मानेंगे।"

जतरा टाना भगत की यह बात चिनगारी बनकर नावाडीह गाँव की सीमा से बाहर निकलकर आसपास के इलाके में भी तेजी से फैलने लगी। घटना की चर्चा गाँव-गाँव में होने लगी। सभी कहने लगे कि जतरा को धर्मेश भगवान् ने दर्शन दे दिया है। वह ज्ञानी हो गया। उसकी बात जो नहीं मानेगा, उसे सिंगबोंगा सजा देंगे। सभी लोग जतरा टाना भगत की बात मानने लगे। उनके भक्तों और अनुयायियों की संख्या तेजी से बढ़ने लगी।

21 अप्रैल, 1914 ईसवी को कुछ लोग जतरा के पास पहुँचे। उनमें से एक युवक ने कहा, "हम लोगों के लिए सबसे बड़े दुःख का कारण जमींदार हैं। वे हमसे बेगारी कराते हैं। काम करके मजदूरी भी नहीं देते। अपना दुःख-दर्द लेकर थाना

जाते हैं तो वहाँ भी कोई हमारी बात सुनता नहीं। उलटे हमें डाँट-डपटकर, धमकाकर भगा दिया जाता है। हम क्या करें? अब आप ही कोई रास्ता बताइए। अब तो लगता है कि जमींदार के खिलाफ हथियार उठाने के सिवा और कोई चारा नहीं है।"

जतरा ने कहा, "नहीं-नहीं। कोई हथियार नहीं उठाएगा। हथियार उठाओगे तो हिंसा होगी। किसी-न-किसी की हत्या होगी। भगवान् धर्मेश ने कहा कि हिंसा नहीं होनी चाहिए, किसी की हत्या नहीं होनी चाहिए।"

"लेकिन जमींदार सीधे ढंग से माननेवाला नहीं है।"

जतरा ने कहा, "बिना हथियार उठाए भी जमींदार से लड़ा जा सकता है। हमारा सबसे बड़ा हथियार हमारी एकता है। अगर हम एकजुट होकर खड़े हो जाएँ और जमींदारों के यहाँ बेगारी करना छोड़ दें तो वे अपने आप टूट जाएँगे।"

"मतलब?"

"मतलब यह कि जमींदार के खेतों में काम करना बंद कर दो। आज के बाद कोई उनका काम नहीं करेगा।"

एक अनुयायी ने सवाल रखा, "अगर हम जमींदारों के घर काम नहीं करेंगे तो वे लगान के लिए हमें और अधिक परेशान करेंगे। तब हम क्या करेंगे?"

जतरा टाना भगत ने शांत भाव से सवाल के बदले सवाल रख दिया, "मैं आपसे पूछता हूँ, यह जमीन किसकी है?"

सामूहिक स्वर में जवाब आया, "हमारी है।"

जतरा का अगला सवाल, "खेत-खलिहान किसके हैं?"

"हमारे हैं।"

"ये बाग-बगीचे, ये घर किसके हैं?"

"हमारे हैं।"

जतरा ने अपने शब्दों पर जोर देते हुए कहा, "जब सब हमारे हैं तो ये जमींदार और अंग्रेज कौन होते हैं हमसे लगान लेनेवाले? हम इन्हें किसी भी कीमत पर लगान नहीं देंगे। आज से लगान बंद। हमारा मूल मंत्र है—अहिंसा और असहयोग। हम हर बृहस्पतिवार को प्रार्थना सभा आयोजित करेंगे और उस दिन हल नहीं जोतेंगे।"

जतरा की इस बात का अच्छा-खासा प्रभाव पड़ा। उस प्रभाव ने आंदोलन का रूप ले लिया, जिसे 'बिरसा उलगुलान' के बाद सर्वाधिक सशक्त आंदोलन माना जाता है। चारों ओर अंग्रेज सरकार के खिलाफ बगावत होने लगी। इस आंदोलन के अगुवा थे जतरा टाना भगत। देखते-ही-देखते यह आंदोलन पूरे प्रदेश में जंगल की आग की तरह फैलता चला गया। उनके अनुयायियों की संख्या दिनोदिन बढ़ती चली

गई और हजारों में पहुँच गई। उनमें उराँव के अलावा मुंडा, खड़िया तथा अन्य जातियों के लोग भी शामिल हो गए। एक दिन उनके अनुयायियों की सभा आयोजित हुई और सभी ने जमींदारों के खेत में काम नहीं करने का संकल्प लिया। जतरा ने अपने हजारों भक्तों को आदेश दिया कि वे जमींदारों के खेतों में काम नहीं करें। बस फिर क्या था, सभी ने लगान के साथ चौकीदारी टैक्स भी देना बंद कर दिया। आदिवासियों ने जमींदारों के खेतों में काम बंद कर दिया। खेती का मौसम आया, बारिश भी हुई, पर खेत परती रह गए। सभी अपने-अपने खेतों में काम करते रहे और जमींदारों के खेतों में पानी बहता रहा। धान का एक बान भी रोपा नहीं जा सका। बरसात अच्छी होने के बावजूद जमींदारों के घर में दुर्भिक्ष की स्थिति आ गई। जमींदारों को अंग्रेजी सरकार को भारी-भरकम टैक्स देने होते थे। अन्न उत्पादन नहीं होने से जमींदारों को भारी क्षति उठानी पड़ी। आदिवासी अब बस, अपने ही खेतों में काम करते और आपस में मिल-बाँटकर पेट भर लेते। इस तरह पूरे इलाके में एक अहिंसक आंदोलन शुरू हो गया। उन्होंने अंग्रेजों और जमींदारों को बिना हरवे-हथियारों के पस्त कर दिया था। तब जमींदारों ने अंग्रेज अफसरों से शिकायत कर दी कि जतरा के बहकावे में आकर मजदूरों ने उनके खेतों में काम करना बंद कर दिया है। अफसरों ने थानों को मामले से निपटने का आदेश दिया और आदिवासियों पर पुलिसिया काररवाई सख्त हो गई। कुछ आदिवासियों को चोर-उचक्का बताकर पकड़ा गया तो कुछ को महाजनों का कर्ज नहीं चुकाने के जुर्म में जेल की हवा खिलाई गई। कुछ लोगों पर सरकार को लगान का भुगतान तत्काल करने का दबाव बढ़ाते हुए अत्याचार शुरू कर दिया गया।

परेशान लोग जतरा टाना भगत के पास पहुँचे। उन्हें अपना दुःख-दर्द सुनाया तो उन्होंने कहा, "हम किसी भी हालत में जमींदारों के घर में बेगारी नहीं करेंगे और अंग्रेजों को लगान भी नहीं देंगे।"

एक अधेड़ ग्रामीण ने कहा, "जतरा बाबू, तुम कहते हो कि हम अंग्रेजों की बात नहीं मानेंगे तो क्या ऐसा हो सकता है? वे तो हमारे ऊपर अत्याचार और बढ़ा देंगे। क्या हम उनसे लड़ पाएँगे?"

जतरा टाना भगत ने कहा, "हम केवल अपने भगवान् धर्मेश की बात मानते हैं। उसके अलावा किसी और की बात नहीं मानेंगे। रही बात अंग्रेजों की, तो यह धरती हमारी है। फिर हम अंग्रेजों का जुल्म क्यों सहेंगे? हम उनसे अहिंसा और सच्चाई के हथियार से लड़ेंगे और जुल्मी अंग्रेजों को एक दिन भारत छोड़कर जाना पड़ेगा।"

एक ग्रामीण ने टोका, "बाबा, अगर हम जुल्मी अंग्रेजों के खिलाफ खड़े होंगे तो मार-काट करनी होगी?"

"नहीं, हम कोई हिंसा नहीं करेंगे। अहिंसा सबसे बड़ा हथियार होगा। तुम लोगों ने गांधी बाबा को नहीं देखा है? अब हम अंग्रेजों को टैक्स भी नहीं देंगे। हम उनसे लड़ेंगे और जरूरत हुई तो जेल भी जाएँगे।"

जतरा ने भूत भगाने की नई तरकीब निकाली। उनके बताए गए उपाय के अनुसार रात में गाँवों में मानव कड़ी बनाई जाती। रात भर लोग भूत भगाने के लिए जोर-जोर से गाते रहते—

टन-टन टाना, टाना बाबा टाना, भूत-भूतनी के टाना।
टाना बाबा टाना, कोना-कुची भूत-भूतनी के टाना।
टाना बाबा टाना, लुकल-छिपल भूत-भूतनी के टाना।

इस गाने का मतलब था—ओ पिता! ओ माता! देश की जान लेनेवाले, आदिवासियों को लूटने-मारनेवाले सभी तरह के भूत-भूतनियों को खींचकर देश से बाहर करने में हमारी मदद करो। उनके गाने की आवाज दूर-दूर तक गूँजती हुई जमींदारों के कानों तक भी पहुँचने लगी। टाना भगतों के इस गाने की आवाज से जमींदारों के मन में भय पैदा होने लगा। उन्हें लगने लगा कि भूत भगाने के नाम पर उनके खिलाफ लड़ाई की तैयारी की जा रही है। इसलिए जमींदारों और पुलिस ने मिलकर जतरा के खिलाफ षड्यंत्र रचा। जनवरी 1916 में डोको टोली में एक सरकारी स्कूल बन रहा था। ग्रामीणों ने वहाँ मजदूरी करने से इनकार कर दिया। पुलिस ने जतरा को सरकारी कामों में बाधा पहुँचाने, गाँववालों को लगान न देने के लिए भड़काने तथा दंगा-फसाद करने के आरोप में दर्जनों अनुयायियों के साथ गिरफ्तार कर लिया। उन्हें गुमला के अनुमंडल पदाधिकारी की कचहरी में उपस्थित किया गया। उन्हें डेढ़ वर्ष के सश्रम कारावास की सजा सुनाई गई। जेल में उन पर खूब जुल्म ढाए गए, लेकिन तब भी आंदोलन चलता रहा। जतरा टाना भगत का साथी देवमनिया ने उनके विचारों का प्रचार जारी रखा। एक दिन राँची, गुमला, पलामू, हजारीबाग आदि जिलों से लगभग तीन लाख लोगों ने जेल को घेर लिया। जेल में जतरा टाना भगत के साथ जमकर मारपीट की गई। आंदोलनकारियों के दबाव के कारण उन्हें रिहा कर दिया गया, लेकिन रिहाई के दो माह बाद ही जतरा टाना भगत की मृत्यु हो गई।

उनकी मृत्यु के बाद भी 'टाना भगत आंदोलन' आगे बढ़ता रहा। सिसई थाना क्षेत्र में बभुरी गाँव निवासी देवमनिया भगत, मांडर क्षेत्र में शिबू भगत, घाघरा क्षेत्र में बैलगाड़ा निवासी बलराम भगत, बिशनपुर थाना क्षेत्र में उराँव गाँव निवासी भिखू भगत आदि ने टाना भगत आंदोलन का प्रचार-प्रसार किया। महात्मा गांधी ने 1921

ई. में असहयोग आंदोलन आरंभ किया तो कुड़ू थाना के सिद्धू भगत के नेतृत्व में टाना भगत पहली बार भारतीय स्वतंत्रता आंदोलन में शामिल हुए। टाना भगत ने शराब की दुकानों पर धरना देकर, सत्याग्रहों एवं प्रदर्शनों में भाग लेकर स्वतंत्रता आंदोलन में सक्रिय रूप से भाग लिया। टाना भगत गांधीजी से बहुत प्रभावित थे, इसलिए उन्होंने चरखा को अपनाया, केवल खादी वस्त्रों का उपयोग करना शुरू किया। खद्दरधारी, गांधी टोपी पहने, शंख एवं घंटी बजाते—'टाना बाबा टाना, टान टुन टाना' भजन गाते टाना भगतों की टोली को महात्मा गांधी अपना सर्वाधिक प्रिय अनुयायी बताते थे। 1930 ई. में जब सविनय अवज्ञा आंदोलन के दौरान सरदार पटेल के नेतृत्व में बारदोली में कर न देने का आंदोलन शुरू हुआ तो टाना भगत भी इससे प्रभावित हुए और उन्होंने सरकार को कर देना बंद कर दिया। 1940 में कांग्रेस के रामगढ़ अधिवेशन में टाना भगतों ने महात्मा गांधी को 400 रुपए की थैली भेंट की थी। अंग्रेजी सत्ता के खिलाफ जोरदार आंदोलन के नायकों में जतरा टाना भगत ही ऐसे नेता थे, जो महात्मा गांधी को अपना आदर्श मानते थे और अहिंसा को सबसे बड़ा हथियार समझते थे। उनके द्वारा स्थापित 'टाना भगत संप्रदाय' महात्मा गांधी से प्रभावित स्वतंत्रता आंदोलन का शुद्ध आदिवासी रूप माना जाता है। आज भी झारखंड में जतरा टाना भगत के अनुयायियों की अच्छी आबादी है, जो समाज के लिए आदर्श प्रस्तुत करते हैं।

□□□